Dieter Albert Münster

Aristophanis comoediam Plutum cum selectis Kusteri, Bergleri, Dukeri, Hemsterhusii, nec non veterum interpretum aliorumque notis in iuventutis, litterarum graecarum studiosae usum recensuit

Dieter Albert Münster

Aristophanis comoediam Plutum cum selectis Kusteri, Bergleri, Dukeri, Hemsterhusii, nec non veterum interpretum aliorumque notis in iuventutis, litterarum graecarum studiosae usum recensuit

ISBN/EAN: 9783742822307

Manufactured in Europe, USA, Canada, Australia, Japa

Cover: Foto ©Andreas Hilbeck / pixelio.de

Manufactured and distributed by brebook publishing software (www.brebook.com)

Dieter Albert Münster

Aristophanis comoediam Plutum cum selectis Kusteri, Bergleri, Dukeri, Hemsterhusii, nec non veterum interpretum aliorumque notis in iuventutis, litterarum graecarum studiosae usum recensuit

ARISTOPHANIS COMOEDIAM
PLVTVM
CVM SELECTIS

KVSTERI, BERGLERI, DVKERI,
HEMSTERHVSII,

NEC NON VETERVM INTERPRETVM
ALIORVMQVE NOTIS
IN IVVENTVTIS,
LITTERARVM GRAECARVM STVDIOSAE VSVM

RECENSVIT,

SVASQVE
ANIMADVERSIONES ET EXPLICATIONES

FREQVENTER

ADIECIT

IOANN. DIETER. ALBERT. MVNTER
SCHOLAE CELLENSIS CONRECTOR.

CELLAE
SVMTIBVS RVNGII ET RICHTERI
cIɔIɔCCLXXXIIII.

PRAEFATIO.

Inter vetustissimorum Graecorum monimenta litteris consignata, quae tulerunt aetatem, praecipuum quoque locum obtinent Aristophanis comoediae, antiquitate, auctoris ingenio, multo, quo vrbem perfricuit, sale, et attica scribendi generis elegantia maxime commendabiles. Dantur de patria huius comici, parente Philippo nati, et auctore Suida ex oppido Rhodi Lindo oriundi, deindeque Athenienſi ciuitate donati, diuerſae ſcriptorum ſententiae, quorum alii eum Naucratitem, alii Aeginetam, alii Aegyptium fuiſſe ferunt. Fuit ille princeps veteris commutandae comoediae, quam antea inconditam, nullisque adſtrictam legibus in artem redegit, ac certis circumſcriptam terminis expoliuit, haud tamen more veteri verborum contumeliis et atris abſtinens verſibus, ac multa, (nominatim adeo) notans cum libertate, ſi quis dignus erat deſcribi, quod malus, aut fur, quod moechus foret, aut ſicarius, aut alioqui famoſus. Fecit hoc in omnibus fere fabulis, praeſertim in equitibus, Cleonem Daemagogum propter furta, peculatum et turbas, quas in republica ciebat, acriter et amare inſectatus, cuius ipſe ſuſtinebat perſonam, facie minio fucata. Quare

eſſe-

PRAEFATIO.

effecit, vt Cleoni quinque talentorum mulcta irrogaretur. Odii vero cauffa non folum publica verum etiam priuata fuit. Namque a Cleone in iudicium vocatus Ariftophanes doli erat infimulatus, quod homo alienigena ciuitatem vfurparet, qui tamen, iudicum liberatus fententiis, eft dimiffus, citatis, vt ingenio in iaciendis iocis ac fallis erat alacri ac prompto hifce Homeri verfibus:

μήτηρ μέν ἐμέ φησι τῶ ἔμμωναι, αὐτὰρ ἔγωγε
δκ οἶδ', οὐ γὰρ δή τις ἑὸν γόνον αὐτὸς ἀνέγνω.

*Mater me patris huius dicit filium: fed ipfe nefcio.
Nemo enim fuum nouerit parentem.* Quae forfan calumnia fuit cauffa, vti in patria eius definienda adeo inter fe difcrepent fcriptores. Tandem vero iterum atque iterum dente maledico laceffitus inuidiaeque cedere coactus, vrbem reliquit, hoc tamen fortunae fruens folatio, vt antea de Cleone, inimico fibi infeftiffimo triumpharet, publice inter ciues relatus. Non minori fere a Socrate diffidebat odio, qui comicorum, vtpote hominum mordacium et contumelioforum, quorum numquam fere fpectabat fabulas, ofor et contemtor, vnice delectabatur tragoediis Euripidis, quem viri ingenio, fapientia carminumque elegantia allectus magnopere mirabatur. Penitus igitur infitum expleturus odium Ariftophanes, in comoedia, Nubes dicta, grauiter et afpere eum exagitauit, et tamquam veterum Deorum irriforem, nouorum auctorem, iuuentutis, quam praeceptis fuis imbueret, corruptorem, qui auditores arte infatuaret fophiftica, et malam caufam obiectis glaucomis redderet bonam, derifui habuit. Adferit adeo Aelianus, Anytum Melitumque, capitales

So-

PRAEFATIO.

Socratis inimicos Ariſtophanem data pecunia ad iſtam fabulam, quae ſubſequutae accuſationis quaſi foret praeluſio, ſcribendam impuliſſe, vt intelligerent, quo animo Athenienſes illatam Socrati iniuriam eſſent accepturi: cui tamen recte contradicit Palmerius, hanc fabulam XXV fere annos accuſationem praeceſſiſſe multis probans argumentis. Praeparationem enim tot annos praemeditatam iure putat abſurdam, inſectationis cauſam cum Scholiaſte tribuens contentionibus, quae Philoſophis cum comicis ſolebant intercedere. Interea tamen hoc Aeliani ſomnium ingens ſed immeritum comico apud multos bonos omni tempore conflauit odium. Euripidem quoque Inſectatus eſt Ariſtophanes, qui laudis illius inuidia aeſtuans in cunctis fere comoediis, praeſertim in Ranis, Acharnenſibus et Theſmophoriazuſis eum perſtrinxit atque ludibrio habuit. Verum iſta homines nominatim maledictis inceſſendi licentia, legibus deinde coërcita, nouam Ariſtophani comoediae rationem tentandi, vitiaque ſub fictis perſonis caſtigandi impoſuit neceſſitatem, cui omnes reliqui ſequentibus temporibus parentes vertere modum, ad bene dicendum delectandumque reducti. Lectorem vero, quem, tempora minus conſiderantem, iſta homines publice cauillandi licentia forſan offenderet, plurimae huius poëtae virtutes atque veneres facile placaburit. Subtili enim, feſtiuo, iocoſo et arguto eum fuiſſe ingenio, vndecim teſtantur fabulae, quae ex magna illarum, quas docuit, copia nobis ſuperſunt, quarum exhibet indicem Fabricius in Bibliotheca graeca, in quibus multa amara et aculeata, multa etiam faceta, venuſta et ſale condita occurunt, a Plauto paſſim imitatione

tione expressa. Fuit in eo summa quoque rerum politicarum scientia, vnde est factum, vt quoties aliquid temere et inconsiderate agebant Athenienses, ex quo nonnihil detrimenti capere poterat respublica, grauissime ab eo taxarentur. Sed idem accidit Aristophani, quod plurimis scriptoribus vsu venire solet, vt non solum laudatores suos, verum et vituperatores nancisceretur. Aelianus enim illum nugatorem et ridiculum adpellat, qui omnino talis haberi studuerit: neque minus in illum inuehit Plutarchus in comparatione cum Menandro, tumidum dicendi genus et scenae accommodatum et illiberale ab eo fuisse vsurpatum contendens, cuius tamen vanam insimulationem multis grauibusque refellerunt viri eruditi argumentis, ex quibus Aelianum temerario scriptoris cuiusdam, quem sequutus est, iudicio, Plutarchum vero, nimia Menandri admiratione deceptum, perperam iudicasse liquet. Athenaeus Lib. X. C. 9. grauius adhuc quiddam imputat poëtae nostro; ab eo, nimirum crapula graui, dramata exarata fuisse tradens. Verum sit fides penes auctorem. Nam quis, quaeso sibi persuaderi patiatur, ab homine, vino madente, tam praeclara atque absoluta opera posse proficisci, quibus conficiendis paucissimi sicci et sani sufficiunt. Nonne autem haec criminatio, si veram nobis fingamus, maximam laudem ingenio adferret Aristophanis, a quo sobrio omnibus numeris perfectum aliquid et incomparabile iure possit exspectari', talia quum sint scripta hominis, multo mero incalescentis. E recentioribus comicum nostrum exsibilare prae aliis est ausus Voltarius: sed irrito conatu. Quantum enim potest valere viri, alioquin sollertissimi, iudicium,

qui

PRAEFATIO. vn

qui fabulas Ariſtophanicas, quas graece non guſtauerat, viliſſimis adnumerat nugis, tunicati vix auribus popelli acceptis. Fingamus, homini linguae gallicae rudi, Tragoedias Voltarii ex verſione quadam frigida et ieiuna cenſoria notare virgula, adeoque explodere, veniſſe in mentem. Quot, quaeſo, dicteriis illum hic inceſſiſſet, cunctisque propinaſſet deridendum! Fleuiſſet nimirum criticus talis multo ſale defrictus et inſignis toto fuiſſet orbe cantatus. Longe tamen plures exiſtimationis ſuae inuenit buccinatores, quam obtrectatores hic veteris comoediae haud dubie princeps, a ſua pariter et poſtera aetate magnopere celebratus. Sermonem eius de amore a Platone ſympoſio fuiſſe inſertum ipſe refert Plutarchus, vnde, quanto in pretio ſummo fuerit philoſopho, ſatis adparet, qui etiam vita defunctum teſte Thoma Magiſtro hoc decorauit epigrammate.

αἱ χάριτες τέμενός τι λαβεῖν, ὅπερ ἀχὶ πεσᾶται,
ζητοῦσαι, ψυχὴν εὗρον Ἀριστοφάνει.

quod Franciſc. Vauaſſor latine ſic reddidit.

Numquam caſurum cupidae ſibi ſumere templum
Inuenere animam Gratiae Ariſtophanis.

Eiusdem epigrammatis Olympiodorus faciens mentionem, refert ſubinde, adeo a Platone Ariſtophanem et Sophronem in deliciis eſſe habitos, vt horum opera in eius mortui lecto fuerint inuenta. Perhonorificum exſtat Ciceronis de comico noſtro iudicium, qui eum Lib. II. C. 15. de Leg. *facetiſſimum poëtam veteris comoediae* adpellat; nec non Quintiliani, ſubtiliſſimi diſputatoris, Inſtit. Orat.

* 4   LX.

PRAEFATIO.

LX. dicentis, *antiquae comoediae et grandis et elegantis et venuſtae plures eſſe auctores: Ariſtophanem tamen et Eupolin Cratinumque praecipuos.* Ipſe Chryſoſtomus adſiduus fabularum Ariſtophanicarum lector fuiſſe traditur, quas dormitum iturus puluillo ſubiecit, teſte Aldo Manutio in praefat. ad Dan. Clarium, Ariſtophanis editioni praemiſſa. Inter recenſiores inprimis comicum noſtrum pleno laudauit ore Anna Daciera litteratae illud Galliae decus et ornamentum, in praefatione ad verſionem gallicam Pluti et Nubium, In quapropter ingenii ſubtilitatem ſtylique elegantiam cunctis fere ſcriptoribus, priſca qui floruerunt aetate, eum anteponit. Tempus eius mortis haud habemus quidem compertum; aetatem tamen illum vltra Olympiadem XCVII. egiſſe conſtat, cuius poſtremo anno filio natu maximo Plutum permiſit agendum, in fabulis ſuis praecipue Calliſtrati et Philonidis, artificum ſcenicorum inſignium, opera vſus.

Fabula vero, Plutus dicta, vulgo quae in editionibus agmen ducit, rectius tamen claudit, quum non ſtetiſſet, immutata iterumque edita, duplex eſt, notante Kuſtero, (quo ego in ſequentibus potiſſimum vtor duce) prior nimirum et poſterior. Hanc viginti demum annis poſt illam, teſte Scholiaſte ad Plutum v. 173 Archonte Antipatro Olympiadis XCVII anno quarto eſſe actam in fabulae argumento tradit Anonymus. Quae priſcis temporibus comoedia erat in vſu, in qua poëtae homines nefarios aut inimicos ſuos adeo nominatim perſtringebant, principum etiam virorum vitam et mores ſugillantes, poſtea in aliam formam fuit redacta, quum ſecundum Horatium, dolerent

PRAEFATIO. IX

lerent cruento dente lacessiti, nomenque mediae obtinuit, quae fictas inducens personas vitia tantum exagitabat: quin etiam lex poenaque lata, malo quae nollet carmine quemquam describi. Talis lex Myrichide Archonte est sancta: Anonym. in Myrich. Arch. ψήφισμα τῦ μὴ κωμῳδῶν ἐγράφη. Meminit eius quoque Syrian. νόμος ὀνομαςὶ μὴ κωμῳδεῖν: et Sopater: τί βυλόμενος ὁ νομοθέτης τὸ κωμῳδεῖν ὀνομαςὶ κεκώλυκεν; Hanc igitur fabulam denuo editurus Aristophanes eam corrigere atque reconcinnare cogebatur, vnde Plutus posterior est enatus. Prioris Scholiastes ad Ranas v. 1125 facit mentionem, et posterioris Scholiastes ad Plutum v. 115, 173, et 1147. nec non Athenaeus Lib. IX. Quod autem ad nos peruenit drama, ex priori èt posteriori compositum ac permixtum esse adparet. Non solum enim in eo deprehenduntur vestigia, temporis ratione priori Pluto contraria, vti Scholiastes ad Plutum v. 173 et 1147 atque ex hoc Sam. Petitus Misc. Lib. I. C. 16. notauit; verum etiam apud Scholiasten ad Ranas v. 1125 ex Pluto priori locus quidam legitur, in dramate nostro desideratus. E contrario omnia loca, in quibus nominatim maledictis lacessuntur homines ex priori Pluto huic fabulae inserta esse liquet, lege supra memorata Pluti posterioris temporibus iam constituta, vt multis Sam. Petitus de Leg. att. probat argumentis. Versus quoque 115 et 119 in priori Pluto exstitisse, luculentus est testis Scholiastes, eos in posteriori immutatos esse tradens. Plutus igitur, is, quem hodie adhuc habemus, ex priori et posteriori a veteri quodam Grammatico sine dubio fuit consarcinatus. Fabulas Pluti nomine alii quoque comici docuerunt, vtpote Cratinus, Epicharmus, Nico-

stra-

PRAEFATIO.

'stratus, teste Athenaeo Lib. IV et VI. et Archippus, vti Scholiastes ad Vespas et Aues, nec non Pollux Lib. VII. et X. refert.

Restat, vt instituti mei paucis adhuc reddam rationem. Iuuentutem, optimarum artium studiosam, cuius ego commodis triginta tres, et quod excurrit, annos Iam inseruio, ad veterum graecorum lectionem, ipsi adeo fructuosam, magis magisque excitaturus, commodissimum putaui, scriptorem et aliquem reddere familiariorem, qui adolescentum animos tam materiae suauitate quam styli elegantia et dulcedine caperet. Omnibus igitur circumspectis maxime ad propositum meum comoediae Aristophanicae idoneae mihi sunt visae, leporibus, facetiis, arguto dictorum acumine et attico scribendi genere magnopere se commendantes, ex quibus prae aliis elegi Plutum, egregiis, ad bonos mores confirmandos, virtutemque colendam, praeceptis redundantem; contra ea perpauca admodum petulantia et lasciua; castis inimica auribus continentem. Quo autem satius adolescentum rationibus consuleretur, quibus scriptor tam priscus, qualis Aristophanes, in quo permulta ad explicandum difficiliora et spinosa, ex antiquitatibus altius repetenda, occurrunt, nimis debet esse obscurus, nisi perpetuo fax praeferatur, hanc fabulam copioso illustraui commentario, adnotationibus eruditissimorum virorum, vtpote Kusteri, Bergleri, Dukeri, Hemsterhusii, veterum graecorum interpretum aliorumque vsus, coartatis tamen, ne libelli moles supra modum cresceret, meis quoque notulis, interpretationibus et coniecturis frequenter adiectis. In eo autem praecipue mihi elaborandum esse censui, cuncta

PRAEFATIO.

cta vti loca, intellectu difficiliora, enodatius explanarentur nec vnquam fere senfus intactus relinqueretur, ex lectionibus variantibus iis tantum citatis quae locis obscuris vel ambiguis lucem adferunt, aut metri legibus confirmantur, quum notas mere criticas iuuentuti parum conducere, fugiat neminem. Verborum autem anomalorum, vel raro occurrentium analyfin, multarumque vocum deriuationem aut compofitionem textui fubieci, auctore et fuafore viro litteratiffimo famaque celebratiffimo, experientia mecum edocto, ea re nonnullorum adolefcentum, quibus difcendi licet cupidis, libri defunt neceffarii, inopiam, aliorum vero leuari faftidium, qui indices et lexica grauate euoluere, laboremque ipfis tam moleftum folent fubterfugere. Quilibet aequus rerum aeftimator iudicabit, quid, quantumque praeftiterim, non immemor, me praecipue iuuentutis habuiffe rationem, cuius captui et commodo omni modo fuit inferuiendum. Quare confido, fore, vt conatus mei viris, litteratura graeca politiffimis, non difpliceant, quorum iudicio contentus non modo fatis me adeptum, verum etiam ftimulo ad vnam alteramue ex fabulis Ariftophanicis huic Pluto addendam excitatum effe arbitrabor.

Abfoluto iam opufculo, eique, cuius fumtibus datur foras, tradito, editio fabularum Ariftophanis Brunckiana, eft annunciata. Viri igitur praeftantiffimi, omnique copiarum genere inftructiffimi auxiliis, poft praelium depugnatum aduentantibus, vti minus mihi licuit, quae tamen in fequenti certamine praefto mihi effe futura, magnopere gaudeo.

FABV-

FABVLAE ARGVMENTVM.

Vir quidam, nomen cui erat Chremylo, integer scelerisque purus, sed perpauper, in Attica ditione vitam parce ac duriter ruri agens, Apollinis adit oraculum, consulturus, vtrum filium, quem habebat vnicum, bonis, an malis artibus curaret imbuendum, quum homines nefarios ad vnum omnes ditescere, probos contra ea summa premi egestate videret. Ferens autem ab eo responsum, vt, cui e templo egrediens primum occurreret, eum adsectaretur, caeci cuiusdam, in quem incidit, vestigiis pertinaciter inhaeret. Huius effati ignarus seruus Cario, herum, quem delirare putat, multis obtestatur verbis, vt consilii tam praeposteri rationem sibi exponat; qui precibus hominis tandem victus cuncta illi enarrat. Re deliberata, caecum, qui perpetuo, quasi mutus, dedita silebat opera, ad aperiendum ipsis, quis sit, et quare caecutiat, impellere constituunt. Vi igitur atque minis hic adactus se Plutum esse fatetur, olim excaecatum a Ioue, indignabundo, quod solos bonos locupletare decreuisset. Quo audito maxima Chremylus perfusus laetitia, statim ei visum reddendi init consilium, et Plutum Ioue, quem ille grauiter pertimescebat, longe esse potentiorem, mul-

tis

FABVLAE ARGVMENTVM. XIII

iis probat argumentis. Aegre perfuafus a Chremylo domum deducitur, et benigne ibi accipitur; Carione rus miſſo, ad reliquos agricolos, heri familiares, laborumque focios accerfendos, quorum opera et auxilio in reftituendis Pluto oculis vtatur Chremylus. Senum chorus, cui in via perquam iocofe narrat Cario, quanta fubito fit obiecta hero felicitas, a feruo fe irrideri ratus, compedes et verbera ei minatur, vnde mutuae, quibus fe inuicem ludunt, oriuntur cauillationes. Interea Blepfidemus, Chremyli intimus, mutatae huius fortunae factus certior, accedit, fcifcitaturus, qua re ad tantas tam fubito peruenerit opes? fed perplexa amici oratione deceptus, eum fe furti adligaſſe opinatur, grauiter de hoc illum obiurgans. Re autem cognita Plutum in Aefculapii aedem deducere conftituunt, vti humaniſſimi Dei artem et opem experiatur. Id parantibus de improuifo fuperuenit Paupertas, clamitans: nefandum aliquid moliri ftultos fenes; nec omnino vifum Deo eſſe reftituendum. Quodfi darent effectum, vt omnes pariter ditefcerent, maximam generi humano adferri calamitatem: fore enim, vt, cunctis aequaliter locupletatis, artes omnes et opificia iacerent neglecta. Multum praeterea fe praeftare Pluto, longeque maiorem hominibus quos ad laborem adigat, praebere vtilitatem. Ingens hinc oritur fenes inter et Paupertatem contentio, quae tamen clamoribus magis ac conuitiis quam argumentis,

mentis, victa, et foras proiecta in malam rem abire iubetur. Statim destinata exsequuntur senes, Plutum in fanum Aesculapii deducentes, qui, manibus medicis adhibitis, visum illi reddit. Hunc laetum nuncium Cario, onus laetitia, choro primum, deinde adfert herae, omnia, quae noctu in templo acciderant, lepide satis et ridicule enarrans: nec ita multo post domo egressus maximam rerum abundantiam, et aureos montes, subito in aedibus adparentes praedicans, cunctaque, prae gaudio vix sui compos, in maius extollens. Iam vero Plutus, visu recuperato, pietatis cultores, prout animum induxerat, diuitiis cumulare incipit, quarum quoque factus particeps vir quidam Iustus aduenit, Deo gratias acturus, simulque commemorat, sese olim largiendo, et aliorum inopiam facultatibus suis lenando ad incitas redactum, multos annos in summa versatum esse egestate, nunc autem denuo non deficiente florere crumena. Inter haec adrepit sycophanta, qui, ad famem reiectus, vehementer de mutata queritur forte, a Iusto tamen et Carione miserum in modum exagitatus, adeoque veste spoliatus, cuius loco lacerum atque detritum, quo antea vir Iustus contra frigus se defenderat, pallium induere cogitur. Dum haec geruntur, vetula, iuuenis cuiusdam amore insaniens, ad ianuam accedit, atque de iniuria, a iuuene sibi illata, acriter expostulat, qui antea pauper et famelicus amantis

FABVLAE ARGVMENTVM. xv

tis oftentauerat speciem, nunc autem, ditior factus, ei remiserat nuncium. Ipse interuenit iuuenis, qui vna cum Chremylo surgentem cauillatur aniculam, ac maximo sibi habet ludibrio. Paulo post Mercurius Carionem ex aedibus euocat, ferrum flammamque ei minitans, et grauiter conquerens, post visum Pluto restitutum, cuncta cessare sacrificia: Deos otiosam in coelo agere vitam, seque ipsum dira vexari fame, cui haud quidquam amplius offeratur. Denique Carionem, a quo acerbis iocis et dicteriis luditur, submisse rogat, vt ad vitam sustentandam, Chremyli excipiatur domo. Aegre exoratus Cario supplicibus tandem locum relinquit precibus, vili eum fungi ministerio, et pecudum exta abluere iubens. Adest quoque Iouis sacerdos, fortunam deplorans aduersam, inquiens: templum stare desertum, neque ab hominibus, nisi stercore inquinandi caussa, frequentari: iamque in eo esse, vt sacrificiorum intermissione res sibi ad rastros redeat. Confugisse se igitur ad Deum istum, homines ditantem, a quo opem et auxilium exspectaret. Quo facto Cario, qui consilium inierat, Plutum in pristinum locum, scilicet prope aerarium, vbi olim videns, aureus atque alatus steterat restituendi, opera sacerdotis, qui opportune aderat, et vetulae, ex aedibus redeuntis, ad eam rem vtitur, atque Deum magna cum pompa et comitatu, choro etiam subsequente, eo deducit.

TA

ΤΑ ΤΟΥ ΔΡΑΜΑΤΟΣ ΠΡΟΣΩΠΑ.

Καρίων δᾶλος.
Χρεμύλος δεσπότης.
Πλᾶτος.
Χορὸς ἀγροίκων.
Βλεψίδημος.
Πενία.
Γυνὴ Χρεμύλῐ.
Δίκαιος ἀνὴρ.
Συκοφάντης.
Γραῦς Φίλη τῷ νεανίᾳ.
Νεανίας.
Ἑρμῆς.
Ἱερεὺς Διός.

ΑΡΙΣΤΟ-

ΑΡΙΣΤΟΦΑΝΟΥΣ ΠΛΟΥΤΟΣ

ΔΡΑΜΑΤΟΣ ΤΟΥ ΠΡΩΤΟΥ
ΣΚΗΝΗ Ἡ ΠΡΩΤΗ.
ΤΡΙΜΕΤΡΟΙ ΙΑΜΒΙΚΟΙ
ΚΑΡΙΩΝ, ΧΡΕΜΤΛΟΣ.

Ὡς ἀργαλέον πρᾶγμ' ἐστὶν, ὦ Ζεῦ καὶ Θεοὶ,   1
Δῆλον γενέσθαι παραφρονῆντος δεσπότυ·
Ἢν γὰρ τὰ βέλτιστ᾽ ὁ θεράπων λέξας τύχῃ,

Δέξῃ

v. 1. ἀργαλέον] *difficile*, *molestum*; ab ἄλγος, ἀλγαλέον, et mutato λ in ρ, ἀργαλέον: (vel ſic) ἔργον apud veteres ſignificat *difficile*, *molestum*. Hinc deducitur ἐργαλέον, et mutato ε in α, ἀργαλέον vide *Schol*. Simile eſt ποδαργία pro ποδαλγία.

πρᾶγμα] att. abundat.

ὦ ζεῦ, καὶ θεοὶ] ſcil. ἕτεροι. *Schol.* τὸν Δία παρέλαβε κατ᾽ ἐξοχὴν τῶν ἄλλων θεῶν.

v. 2. παραφρονῆντος] Seruitutem, inquit Cario, per ſe grauem, durioremque adhuc fieri, ſi quis domino inſanienti adeo ſeruire cogatur.

v. 3. λέξας τύχῃ] periphraſis Graecis uſurpata, pro λέξῃ, *loquutus fuerit*.

A

Δόξῃ δὲ μὴ δρᾶν ταῦτα τῷ κεκτημένῳ,
5 Μετέχειν ἀνάγκη τὸν θεράποντα τῶν κακῶν.
Τȣ σώματος γὰρ ȣκ ἐᾷ τὸν κύριον
Κρατεῖν ὁ δαίμων, ἀλλὰ τὸν ἐωνημένον.
Καὶ ταῦτα μὲν δὴ ταῦτα. τῷ δὲ Λοξίᾳ,

Ὃς

v. 4. *κεκτημένῳ*] perf. pass. a κτάομαι, *possideo*, significatione activa. κεκτημένος hic igitur possidentem significat, scil. herum, qui seruum est mercatus. Hinc saepe vsurpatur pro domino. vid. *Suid*. Serui enim ad κτήματα referebantur.

v. 5. *μετέχειν ἀνάγκη*] participem fieri oportet seruum malorum (hero quae accidunt).

v. 6. *τȣ σώματος*] *κρατεῖν* significat, *in potestate habere:* vt apud Aelian. var. hist. Lib. III. C. 18. κρατȣ̃ παμπόλλων ἐθνῶν. Interpretatur *Schol.* αὐτȣ̃ ἑαυτȣ̃, τὸν δȣλον ȣκ ἐᾷ κρατᾶν· μάλιςα γὰρ κύριος τȣ̃ σώματος ἕκαςος ἑαυτȣ̃. Queritur Catio de misera serui conditione, inquiens: Cuius a natura corporis sui dominium esse datum, quod tamen mancipio exercere non liceat, illi potius maxima cum iniuria concessum, qui pretio hominem sibi comparauerit.

v. 7. *ὁ δαίμων*] idem quod τύχη, *fortuna, fatum.*

ἐωνημένον] perf. pass. att. adiecto augm. syllab.

v. 8. *καὶ ταῦτα μὲν δὴ ταῦτα*]i. scil. ἐςί. ad verbum: *et haec quidem certe sunt haec* i. e. et tamen haec ita se habent.

Λοξίᾳ] a λοξός. Sic vocatur Apollo: quasi dicas: qui obliquam vocem emittit. Obscura enim oracula reddebat: vel qui per obliquam viam incedit: Apollo

ARISTOPHANIS

Ὃς θεσπιῳδεῖ τρίποδος ἐκ χρυσηλάτυ,
Μέμψιν δικαίαν μέμφομαι ταύτην, ὅτι
Ἰατρὸς ὢν καὶ μάντις, ὥς φασι, σοφὸς,

A 2   Melag-

enim idem eft, ac Sol. Suid. ex Schol. conf. Macrob. Saturn. Lib. I. C. 17.

v. 9. θεσπιῳδεῖ] *oracula canit*, ex θέσπιον et ᾠδὴ, vel ᾠδὴ, cantus. ἑτραγικεύσατο τῇ φράσει, *tragicorum more loquitur* inquit *Schol.* Euripid. enim atque Aeschyl. hac voce utuntur.

τρίποδος χρυσηλάτυ] χρυσήλατος, *ex auro ductus, fabricatus*, ex χρυσὸς et ἐλατὶς, ductilis, ab ἐλαύνω, *ductile opus facio*. Hoc similiter tragicum sapit. Oracula per Pythiam, sacerdotem, edebantur, aureo in tripode sedentem. Notat *Schol.* locum, vbi sedebat Pythia, ὅλμον, fuisse dictum. Hinc proverbium est enatum ἐν ὅλμῳ ἐκοιμήθη, μαντικὸς ἐγένετο: *dormiit in holmo, vates est factus*. Huius tripodis ortum narrat idem *Schol.* Piscatores nimirum Mileti rete iacientes quibusdam, piscatum spectantibus, quidquid cepissent, pacto vendidisse pretio. Extracto autem tripode aureo, litem inter piscatores atque emtores de eo esse ortam: quam vt componerent, consuluisse Apollinem, respondentem: Omnium sapientissimo tripodem esse dandum: Septem igitur sapientibus oblatum, iisque recusantibus, tandem ad Apollinem remissum.

v. 10. μέμψιν—μέμφομαι] per pleonasm. *iustam queror querimoniam*.

v. 11. Ἰατρὸς ὢν, καὶ μάντις] Plures Apollini virtutes adsignantur: duarum tantum, scilicet vaticinandi atque medendi artis hic meminit Cario, inquiens:

PLVTVS

Μελαγχολῶντ' ἀπέτεμψέ μυ τὸν δεσπότην·
Ὅς τις ἀκολυθεῖ κατόπιν ἀνθρώπυ τυφλῷ
Τἠναντίον δρῶν, ἢ προσῆκ' αὐτῷ ποιεῖν.
15 Οἱ γὰρ βλέποντες τοῖς τυφλοῖς ἡγύμεθα.
Οὗτος δ' ἀκολυθεῖ, κἀμὲ προσβιάζεται.
Καὶ ταῦτ' ἀποκρινομένυ τὸ παράπαν ὐδὲ γρύ.

Ἐγὼ

Quamvis Phoebus medicina et vaticinio feratur infignis, nihilominus tamen herum meum, antea mentis compotem, delirum a fe dimifit, obfcuro oraculo turbatum.

v. 12. μελαγχολῶντα] *atra bili percitum*, compof. ex μέλας et χολάω a χολὴ bilis: μελαγχολῶν faepe quoque *defpere* fignificat, quia, melancholia ingrauefcente, ad vefaniam rediguntur homines.

v. 13. κατόπιν] idem quod κατόπισθεν, *a tergo, pone*.

v. 15. τοῖς τυφλοῖς ἡγύμεθα] ἡγῦμχ; cum datiuo conftruct. per elliplin explicat *Schol*. ac plenius notat dicendum: ἡγῦμχ; σοι τῆς ὁδῦ.

v. 16. προσβιάζεται] cogit me fcil. (fequi coecum).

v. 17. καὶ ταῦτα] fcil. ποιεῖ.

ἀποκρινομένυ] Genitiuum abfolutum hunc quidam effe cenfent, quibus tamen haud fuffragatur *Duker*. atque ad genitiuum τυφλῷ mauult referri. Rectius Bentleius ἀποκρινόμενος fcribendum, et cum antecedenti ὗτος coniungendum putat.

τὸ παράπαν] *in totum, prorfus*. Conlunctim fcribendum effe, docet *Hemfterh*. τοπαράπαν.

γρύ] *Parvum, minimum*. Quidam fic vorant fordes vnguium. Quidam τὸ γρύ dictum volunt a γρυλ-

Ἐγὼ μὲν ἂν ἐκ ἔσθ' ὅπως σιγήσομαι,
Ἢν μὴ φράσῃς, ὅτι τῷ δ' ἀκολϑϑϊμέν ποτε,
Ὦ δέσποτ'. ἀλλά σοι παρέξω πράγματα. 20
Οὐ γάρ με τυπτήσεις, σέφανον ἔχοντά γε.
Χρ. Μὰ Δί, ἀλλ' ἀφελὼν τὸν σέφανον, ἢν λυπῇς τί με,
Ἵνα

λισμὸς, quod porcorum grunnitum significat, vel
minutum numisma: vel quiduis exiguum. Hinc
etiam dictum est γρύτη, scruta, et γρυτοπώλης, scruto-
rum venditor. vide Schol.

v. 18. ἐκ ἔσθ' ὅπως] pro ἔςιν ὅπως, non est, quod.
pro ὡς, hoc autem pro ὅτι.

v. 19. ποτε] tandem, vox inflantis.

v. 20. παρέξω πράγματα] idem, quod latinis,
negotia facessam.

v. 21. τυπτήσεις] att. pro τύψεις, τυπτέω pro
τύπτω.

σέφανον] Oraculum consulturi erant coronati:
Athenaeus L. XV. refert, eos, qui redirent ab oraculo, coronam vnam capiti, alteram fronti, tertiam col-
lo adhibuisse. Hero autem seruum, coronam capite
gerentem, neque ferire, neque adeo atrocioribus verbis increpare licebat. Qua impunitate confisus Cario
maiori vtitur loquendi libertate. vid. Schol.

γε] saltim. Nunc saltim me haud verberabis, coronam gestantem..

v. 22. μὰ Δί'] pro μα δία, non per Iouem. subaud.
τυτπήσω σε, σέφανον ἔχοντα.

ἀλλ'] Minatur Chremylus, se Carioni, antequam
eum verberet, coronam esse detracturum.

6 PLVTVS

Ἴνα μᾶλλον ἀλγῇς. Καρ. λῆρος· ἢ γὰρ παύσομαι,
Πρὶν ἂν φράσῃς μοι, τίς ποτ' ἐςὶν ὕτοσί. ͺ
25 Εὖνες γὰρ ὤν σοι πυνθάνομαι πάνυ σφόδρα·
Χρ. Ἀλλ' ἄ σε κρύψω. τῶν ἐμῶν γὰρ οἰκετῶν
Πιςότατον ἡγῶμαί σε καὶ κλεπ]ίςατον.

Ἐγὼ

ἣν λυπῇς τί με] *Si mihi adferi moleſtiam*, cum
duobus accuſat. per ellipſin (κατά) τι: apud Aelian.
var. hiſt. l. IV. C. 15. τὴν πατρίδα ἐλύπησε πολλά.

v 23. μᾶλλον] Magis ſe adflicturum ſeruum puta-
bat Chremylus, ſi illum vi coërceret, quo tempore
impune ſe aliquid auſurum conſidebat.

λῆρος] ſcil. ἐςίν, *nugae ſunt*. Terentius in plurali
inquit λῆροι, ſabulae. Notat Schol. ſi λῆρος ad herum referatur, ſignificare περιττολογίαν: quali dicat; *ſuper-
vacua loqueris* i. e. *fruſtra minitaris*: ſin ad ὁ γὰρ
παύσομαι, tacite illud ſecum diuiſle, atque interpretatur λῆρος καὶ φλύαρος εἴ: *es nugator*.

v. 25. εὖνες] Quia animo, inquit, in te ſum pro-
penſo, te amplius delirare, et cocci veſtigiis inhaere-
re nolo.

πάνυ σφόδρα] per pleonaſin. *etiam atque etiam*;
ad indicandam vt notat Schol. τὴν ὑπερβολὴν τῆς
εὐτελείας.

v. 26. ἀλλ' ἄ] ἀλλὰ ponitur ab initio vt elegans
et expletiua particula: Latini pro ea *vero* vſurpant.
Aelian. var. hiſt. Lib. I. C. 21. ἀλλ', ὦ ξεῖνε, νόμος
ἐςιν. *Age, vero, hoſpes, lex eſt* etc. Ego vero, inquit Chremylus, *precibus tuis victus, omnem rem ordine tibi iam enarrabo*.

v. 27. κλεπ]ίςα:ον] In huius vocis ambiguitate mira ineſt facetia. κλέπ]ειν enim etiam ſignificat, *clam*

ARISTOPHANIS.

Ἐγὼ θεοσεβὴς καὶ δίκαιος ὢν ἀνὴρ,
Κακῶς ἔπρατ]ον, καὶ πένης ἦν. Καρ. οἶδά τοι
Χρ. Ἕτεροι δ᾽ ἐπλάτων, ἱερόσυλοι, ῥήτορες, 30
A 4 Καὶ

aliquo quid facere, occultare, ut apud Aelian. var. hift.
Lib. III. C. 47. κλέπ]ων τὴν τῶν Ἀθηναίων τάχεσιν:
Munitionem Athenienfium celans (Lacedaemoniis).
Et apud Dionyf. Hal. Lib. IX. dicuntur Veient. κλέπτειν ἐξόδες i. e. *ita exire, ut Fabii non animaduer-
tant.* Quum igitur Cario poſt blandam appellationem
exſpectare poſſet, ſe ab hero ſuo εὐνάςατον quoque
iri nominatum, ex improuiſo audit καὶ κλεπ]ίςατον,
i. e. vel *maxime taciturnum,* vel *furaciſſimum.* Dicitur quoque in ſuperlat. κλέπ]ιςος; vid. *Euſtath.*

v. 29. κακῶς ἔπραττον] *male rem geſſi, inopem ui-
tam uixi.*

οἶδέ τοι] coniunctio completiua ac confirmatiua;
*probe ſcio, experientia edoctus, quam tenui victu mi-
hi apud te fuit uiuendum.*

v. 30. ἱερόσυλοι] ſacrilegi, ex ἱερὸν templum et
ſυλάω ſpolio. τινὲς ἂ τίζωσιν εἰς τὸ ἱερόσυλοι καὶ
ῥήτορες γὰρ ὡς φαῦλοι διεβάλλοντο· διὸ εἶπεν ἱερόσυλοι ῥήτορες. *Schol.*

ῥήτορες] Hoc nomen magnis oratoribus, optime
de republica eloquentia ſua meritis, et optima quaeque populo ſuadentibus, olim eſt inditum. Corrupta
autem ciuitate, prouenerunt homines perditi, diuina
iſta arte abutentes ad ſeſe locupletandos, maximaque
ciuitati detrimenta inferenda, quos comicus noſter in-
ſectatur. Quare Herennius Seneclo, *teſte Plinio*
Lib. IV. ep. 7. Catonis illud de oratore in huncmo-
dum lepide vertit: *Orator eſt vir malus, dicendi im-
peritus.*

Καὶ συκοφάνται, καὶ πονηροί.   Καρ. πείθομαι.
Χρ. Ἐπερησόμενος ὖν ᾠχόμην ὡς τὸν θεόν,

Τὸν

v. 31. συκοφάνται] Lege Athenienſi conſtitutum
erat, vt Vlp. in Mid. refert, ſi quis falſam iuſcripſe-
rit accuſationem, aut eidem ſe ſubſcripſerit notan-
dum eſſe infamia. Quum enim Athenis ſub capi-
tali poena edictum eſſet, vt nemo ciuium alio
frumentum adueheret, quam in Atticum mercatum,
teſte *Demoſth. aduerſus Phorm.* ſycophantae ad hoc a
magiſtratu conſtituti fuerunt; qui vt antea ficus, ita
poſt ſub pactione certae mercedis exportantes frumenta
obſeruabant, et committentes in legem plerumque pro
libidine deferebant, quorum conditio plebi eidem ex-
oſa fuit: vt itaque hi animo mercedis captandae con-
ducti erant, quo delinquentes denunciarent, ita et
propter ſimilitudinem eiusdem negotii Athenis oratores quidam forenſes ſycophantae dicti ſunt, qui fru-
ſtratoriis cauillationibus fraudem legibus faciebant, eas-
que ad ſtudia improborum clientum lucrifaciendi cauſa
accommodabant. *Ioach. Stephan. C. XII. de iuriſd.
vet. Graec.* Grauiſſimae autem poenae ſycophantis et
temerariis delatoribus ſunt conſtitutae. συκοφάντης
comp. ex σῦκον, et Φαίνομαι, qui ficuum exportato-
res defert.

πονηροί] Hac voce ad vnum omnes ſceleratos com-
plectitur Ariſtophanes, nonnullis iam ſigillatim memo-
ratis, qui malis artibus quaeſtum faciebant.

v. 32. ἐπερησόμενος] *interrogaturus.* part. fut. I.
med. ab ἐπερέομαι.

ᾠχόμην] imperf. med. ab οἴχομαι, *abeo.*

ὡς] att. pro πρός.

τὸν θεόν] Ἀπόλλωνα: Voces in conſtructione admodum ſunt diſperſae. Homines enim aegritudine

Τὸν ἐμὸν μὲν αὐτῦ τῦ ταλαιπώρῳ σχεδὸν
Ἤδη νομίζων ἐκτετοξεῦσθαι βίον.
Τὸν δ' υἱὸν, ὅσπερ ὢν μόνος μοι τυγχάνει,   35.
Πευσόμενος, εἰ χρὴ μεταβαλόντα τὰς τρόπας,
Εἶναι πανοῦργον, ἄδικον, ὑγιὲς μηδεέν,
Ὡς τῷ βίῳ τῦτ' αὐτὸ νομίσας ξυμφέρειν.
Καρ. Τί δῆθ' ὁ Φοῖβος ἔλακεν ἐκ τῶν στεμμάτων;
                    Λ 5   Χρ.

atque indignatione adfecti perplexe loqui solent. Sic autem verba sunt ordinanda. ᾠχόμην ἂν ὡς τὸν θεὸν, ἐπερησόμενος, νομίζων, τὸν βίον ἐμὸν αὐτῦ τῦ ταλαιπώρῳ σχεδὸν ἤδη ἐκτετοξεῦσθαι· πευσόμενος δὲ (ᾠχόμην) εἰ χρὴ τὸν υἱὸν, ὅς τυγχάνει ὢν μοι μόνος, μεταβαλόντα τὰς τρόπας, εἶναι πανοῦργον.

αὐτῦ τῦ ταλαιπώρῳ] ad verb. *vitam meam ipsius calamitosi*. ἀντὶ, τῦ ἐμῦ αὐτῦ, ἀτ]ικῶς. *Schol.*

v. 34. ἐκτετοξεῦσθαι] perf. inf. pass. verbi ἐκτοξεύω, *pharetram exhaurio*, ab ἐκ et τόξον. Metaphora ducta a sagittariis. Quemadmodum enim hi exhausta pharetra animo concidunt, ita quoque homines egeni, aetate iam confecti, omnem ditescendi spem deponunt. vide *Schol.*

v. 35. ὢν] apud Graecos saepe abundat.

ὑγιὲς μηδεέν] *nil sani, vel probi*. μηδεὲν pro μηδέν. ὁ γὰρ ἄδικος καὶ ἅρπαξ ὐχ' ὑγιαίνει τῇ ψυχῇ. *Schol.*

v. 39. ἔλακεν] Proprie *sonare*, vel *tinnire* significat. Notat *Eustath.* λακεῖν nunquam de humana voce

PLVTVS

4° Χρ. Πεύσει. σαφῶς γὰρ ὁ θεὸς εἶπέ μοι τοδί.
Ὅτῳ ξυναντήσαιμι πρῶτον ἐξιών,
Ἐκέλευσε τύτυ μὴ μεθίεσθαί μ' ἔτι.
Πείθειν δ' ἐμαυτῷ ξυνακολυθεῖν οἴκαδε.
Καρ. Καί τῳ ξυναντᾷς δῆτα πρώτῳ; Χρ. τυτωΐ.
45 Καρ. Εἶτ' ὦ 'ξύνιης τὴν ἐπίνοιαν τῦ θεῦ,
Φράζυσαν, ὦ σκαιότατέ, σοι σαφέςατα;

Ἀσκεῖν

vſurpari, niſi apud Tragicos, quorum ſermone iocoſe
hic vtitur Ariſtophanes. *Schol.* τραγικώτερον ἀπεφήνα-
το προσδιασύρων, ὥς φασιν, Εὐριπίδην, ſuſpiciens
forſan ad locum Euripidis in Iphig. Taur. αὐδὴν τρίποδος ἐκ χρυσᾶ λακὼν Φοίβος. Occurrit et alibi apud
Ariſtophanem, vbi ſermo de Euripide. vid. *Bergl.*
conſ. *Kuſter.*

ἐκ τῶν ςεμμάτων] Tripus Delphis lauro coronatus
fuit. Conſulentes rediminti lauro in tabellis quaeſita
ſcribebant: Pythia ipſa, quae debat reſponſum, vitta-
ta, coronata. vide *Schol.* pluribus hac de re differen-
tem. Per contemtum igitur rogat Cario; quidnam
Phoebus (i. e. eius ſacerdos) ex tripode laureato bla-
teraſſet?

v. 40. πεύτει] att. pro πεύςῃ, a πυνθάνομαι.

v. 41. ὅτῳ] pro ᾧτινι.
ἐξιών] ſcil. ἐκ τῦ ναῦ.

v. 45. εἶτ'] ſum: quid ſi? cum indignatione.

v. 46. σκαιότατε] σκαιὸς, ſiniſter, prauus. Ob-
iurgat Cario herum, Apollinis oraculum ſiniſtre i. e.
minus recte, interpretantem: σκαιὸς, dicitur quoque *ſtolidus*. vid. *Euſtath.*

Ἀσκεῖν τὸν υἱὸν τὸν ἐπιχώριον τρόπον;
Χρ. Τῷ τᾶτο κρίνεις; Καρ. δηλονοτιὴ καὶ τυφλῷ
Γνῶναι δοκεῖ τᾶθ', ὡς σφόδρ' ἐσὶ συμφέρον
Τὸ μηδὲν ἀσκεῖν ὑγιὲς ἐν τῷ νῦν χρόνῳ.
Χρ. Οὐκ ἔσθ' ὅπως ὁ χρησμὸς εἰς τᾶτι ῥέπει, 50
Ἀλλ' εἰς ἕτερόν τι μεῖζον. ἣν δ' ἡμῖν φράσῃ,
Ὅς

v. 47. *ἀσκεῖν*] proprie, *exercere*, interdum quoque, vti hoc loco, *docere*, *instituere*: ut apud Plat. in Euthyd. σοφίαν τε καὶ ἀρετὴν ἀσκεῖν.

ἐπιχώριον] *vernaculum, patrium*, ex ἐπί et χώρος; de persona et re vsurpatur. Filium tuum, inquit Cario, ciuitatis nostrae moribus esse imbuendum, aperte indicauit Apollo.

v. 48. τῷ] pro τίνι scil. τρόπῳ *qua ratione, quo pacto.*

δηλονοτιὴ] adv. att. pro δηλονότι, ex δῆλον et ὅτι, *nempe, videlicet*: Sunt, qui putant pro τυφλῷ hic esse legendum τυφλὸς, atque ita vertendum: *quia scilicet hoc est tam manifestum, vt vel coecus illud perspicere sc credat.* Sed idem est sensus, si quis τῷ τυφλῷ legere malit. E templo te egredientem, *inquis Cario*, Apollo primum tibi occurrentem sequi iussit: incidit illi autem in hunc coecum, cuius occursu aperto filium tuum esse deprauandum indicat Phoebus, *quoniam vel coeco, malas homini hac aetate artes inprimis conducere, manifestum esse arbitror*; etsi Scholiastae aliud est visum, qui tritum illud, καὶ τυφλῷ δῆλον, locum hic habere sibi persuadet.

v. 51. ῥέπει] *vergit, propendet.* Schol. interpretatur: φέρεται, ἀποβλέπει, ἐκ μεταφορᾶς τᾶ ζυγᾶ.

Ὅς τις ποτ' ἐςὶν ὑτοσί, καὶ τῦ χάριν,
Καὶ τῦ δεόμενος ἦλθε μετὰ νῶν ἐνθαδί,
55 Πυθοίμεθ' ἄν τὸν χρησμὸν ἡμῶν, ὅ, τι νοεῖ.
Καρ. Ἄγε δὴ, σὺ πρότερον σαυτὸν, ὅς τις ἇ,
Φράσον.
Ἡ τἀπὶ τύτοις δρῶ. Χρ. λέγειν χρὴ ταχὺ πάνυ.

v. 53. ὑτοσί] Conſtr. ἦν δὲ ὗτος Φράσῃ ἡμῖν, ὅςις
ἐςίν.

v. 55. πυθοίμεθ' ἄν] Vſitata Atticis conſtructio, et
caſuum mutatio: dicendum eſſet, πυθοίμεθ' ἄν, ὅτι
ὁ χρησμὸς νοεῖ, explorare forſan poſſimus, quid ſibi
velit effatum. vid. Kuſter.

v. 57. τἀπὶ] pro τὰ ἐπὶ per craſ. att. ea, quae poſt
haec (ſcil. verba) ſunt, faciam.

δρῶ] loco fut. δράσω. Minaciter loquitur Cario:
ſi verba mea negligis, verbera tibi ſunt parata: vel
feres pugnum. Schol. λέγει ἄν βέλτιόν σοί ἐςιν ἐξειπεῖν
λόγῳ πειθέντα, ἢ βιαθέντα.

ΔΡΑ-

ARISTOPHANIS.

ΔΡΑΜΑΤΟΣ ΠΡΩΤΟΥ ΣΚΗΝΗ ΔΕΥΤΕΡΑ.
ΤΡΙΜΕΤΡΟΙ ΙΑΜΒΙΚΟΙ.
ΠΛΟΥΤΟΣ, ΚΑΡΙΩΝ, ΧΡΕΜΥΛΟΣ.

Ἐγὼ μὲν οἰμώζειν λέγω σοι. Καρ. μανθάνεις,
Ὅς φησιν εἶναι; Χρ. σοὶ λέγει ταῦτ', οὐκ ἐμοί·
Σκαιῶς γὰρ αὐτὸ καὶ χαλεπῶς ἐκπυνθάνει.
Ἀλλ᾽ εἴ τι χαίρεις ἀνδρὸς εὐόρκου τρόποις,
Ἐμοὶ φράσον. Πλ. κλάειν ἔγωγέ σοι λέγω.
                                            Καρ.

v. 58. οἰμώζειν] Minis adactus tandem fari incipit Plutus. οἰμώζειν, significat lugere, poenas pendere. Adfirmo tibi, inquit Plutus, fore, vt illatam mihi iniuriam magnopere lugeas. Est male imprecandi formula, vt latinorum: male pereas.

v. 59. ὅς φησιν εἶναι] attice pro ἐν, nominat. loco accusatiui.

σοὶ λέγει] Chremylus dirat, quas Pluto ipsi imprecatur, in Carionem reiicit, quippe qui prior ruinas iactauerat.

v. 60. χαλεπῶς] acerbe.
ἐκπυνθάνει] att. pro ἐπυνθάνῃ.

v. 61. ἀλλ᾽ εἴ τι] Missis minis eum blanditiis demulcere studet.

εὐόρκου] εὔορκος, ex εὖ et ὅρκος, significat eum, qui iusiurandum sancte colit, i. e. probum, iustum.

v. 62. κλάειν] κλαίειν, idem, quod supra οἰμώζειν. Hemsterb ex cod. Dorv. κλάειν, vt magis atticum, putat legendum.

PLVTVS

Καρ. Δέχε τὸν ἄνδρα, καὶ τὸν ὄρνιν τῦ Θεῦ.
Χρ. Οὗτοι, μὰ τὴν Δήμητρα, χωρήσεις ἔτι.
65 Εἰ μὴ φράσεις γὰρ, ἀπό σ' ὀλῶ κακὸν κακῶς.

ΠΛ.

v. 63. *δέχε τὸν ἄνδρα*] Irridens hoc ait Cario, atque per ironiam: *Egregium certe tibi Apollo misit virum, adeo tui cupidum, et quaeuis fausta precantem.*

τὸν ὄρνιν τῦ Θεῦ] Ex auium cantu et volatu petebantur auguria. Plutum igitur facete alitem Phoebi appellat Cario, Chremylo diuinitus missum, qui οἰμόζειν et κλάειν iubeat: *Suid.* Vulgo (Graeci) omne omen, quod ab incepto aliquem deterreret, vel ad aliquid faciendum impelleret, auem vocabant. *Aristoph.* auibus: ὑδεὶς οἶδεν τὸν θησαυρὸν τὸν ἐμὸν, πλὴν εἴ τις ἄρ' ὄρνις: *nemo nouit thefaurum meum, nisi forte auis quaedam* etc. Sequentes adhuc ex auibus citat versus: *Auem existimatis omnia, ex quibus futurum cognosci potest. Omen enim vobis auis est, et fternutationem auem vocatis;* omen (auem;) vocem, (auem;) famulum, (auem;) afinum, (auem;). *Eustath.* inquit: πᾶν σύμβολον μέλλοντος ὄρνις ἐκαλεῖτο, ἀπὸ μέρους, quod rectius est, quam apud *Schol.* ἀπὸ μεταφορᾶς.

v. 64. *μὰ τὴν δήμητρα*] δημήτηρ erat Dea frugum, per quam Chremylus, agriculturae deditus, iurabat. vid. *Schol.*

χωρήσεις] fut. att. Blanditiis nihil fefe proficere videns Chremylus, ad minas redit.

v. 65. *ἀπὸ σ' ὀλῶ κακὸν*] per tmesin, pro *ἀπολῶ σε.* idem, quod illud latinum: *malum te male perdam.* Ex cod. Dorv. versus 64 et 65 Carioni adsignat *Kuester.*

Πλ. Ὦ τᾶν, ἀπαλλάχθητον ἀπ' ἐμᾶ. Χρ. Πώμαλα.
Καρ. Καὶ μὴν ὁ λέγω, βέλτιςόν ἐςι, δέσποτα.
Ἀπολῶ τὸν ἄνθρωπον κάκιςα τυτονί.
Ἀναθεὶς γὰρ ἐπὶ κρημνόν τιν' αὐτὸν, κᾆτα λιπὼν
Ἄπειμ', ἵν' ἐκεῖθεν ἐκτραχηλισθῇ πεσών.   70
                                        Χρ.

v. 66. ὦ τᾶν] vocat. dual. pro ὦ ἕτα adiecto ν att.
ab ἔτης ciuis, amicus. Euſtath. ab ἦθος deriuat, vti
et ἑταῖρος, vt vtruinque idem fit, quod ἠθάς: Etymol.
vero ab ἔτος, quaſi ὁμοέτης, aequalis. Interdum qao-
que vſurpatur pro lat. bone vir. Plato in Apol. ὦ τᾶν
ἀπόκριναι nec ita multo poſt, ἀπόκριναι ὦ 'γαθέ.

πώμαλα] nequaquam, nullo modo, τὸ πω eſt dori-
cum, quod ponitur pro πόθεν: at μάλα vel redun-
dat, vel per couſuetudinem vulgi particulae πω adiun-
gitur. Velut ἢ μάλα dicitur pro ἢ, non, vel ἐδόλως,
nullo modo. Eſt autem atticum. Suid. conſ. Etymol.

v. 68. τυτονί] att. pro τῦτον.

v. 69. ἀναθεὶς] Suidas quidem contendit, hanc
vocem de inanimatis dici, Ariſtophanem vero in Pluto
ea eſſe vſum de animatis; ſed multa ſcriptorum loca ei
refragantur: ex g. Aelian. var. hiſt. Lib. III. c. 22 τὸν
πατέρα ἀναθέμενος ὤμοις.

κᾆτα λιπὼν] pro quo Hemſterh. metri cauſa κατα-
λιπὼν cenſet legendum, et αὐτὸν mutat in αὐτῦ, ibi,
ſcil. ἐπὶ τῦ κρημνῦ, quod maiorem orationi vim adferre videatur, voce, τυτονί, modo praecedente.

v. 70. ἄπειμι] praeſens pro futuro, Atticis maxime vſitatum.

ἐκτραχηλισθῇ] ab ἐκτραχηλίζομαι, ex ἐκ et τρά-
χηλον, collum frango.

Χρ. Ἀλλ' αἶρε ταχέως. Πλῦτ. μηδαμῶς. Χρ. ἀκῶν
ἐρεῖς;
Πλ. Ἀλλ' ἤν πύθησθέ μ', ὅς τις εἴμ', εὖ οἶδ', ὅτι
Κακόν τι μ' ἐργάσεσθε κὰκ ἀφήσετε.
Χρ. Νὴ τὰς θεὰς ἡμεῖς γ', ἐὰν βύλῃ γε σύ.
75 Πλ. Μέθεσθε νῦν μη πρῶτον. Χρ. ἠνί, μεθίεμεν.
Πλ. Ἀκύετον δή. δεῖ γὰρ, ὡς ἔοικ', ἐμὲ
Λέγειν, ἃ κρύπ]ειν ἦ παρεσκευασμένος.
Ἐγὼ γάρ εἰμι Πλῦτος. Χρ. ὦ μιαρώτατε
Ἀν-

v. 71. αἶρε] scil. αὐτὸν, *abstrahe illum*.

v. 74. ἡμᾶς γε] scil. ἀφήσομεν.

ἐὰν βύλῃ] Sensus hic est: a te vnice pendet, vtrum a nobis velis discedere, nec ne? Quodsi enim, qui sis, dixeris, te dimittere; sin minus, retinere nobis est decretum. Age igitur, prout lubet.

v. 75. Chremylus atque Cario Plutum veste vel brachio prehensum tenebant, ne sese subduceret.

v. 76. ὡς ἔοικα] perf. med. att. pro οἶκα; *vti videtur*, vel *quantum intelligo*.

v. 77. ἦ] att. pro ἦν; *eram*. Formationis rationem exponit *Schol.* quem vide.

v. 78. ἐγὼ γάρ] τὸ γὰρ confirmatiue ponitur, quod addit Plutus, vt magis sibi fidem habeat Chremylus, aegre sibi persuadens, fieri posse, vt tantus Deus tam misero et squalido habitu incedat.

ὦ μιαρώτατε] μιαρὸς, *spurcus, pollutus*. Chremylus Plutum esse audiens, magnopere terretur, quippe

Ἀνδρῶν ἁπάντων. εἶτ᾽ ἐσίγας Πλᾶτος ὤν;
Καρ. Σὺ Πλᾶτος, ὕτως ἀθλίως διακείμενος; 80
Ὦ Φοῖβ᾽ Ἄπολλον, καὶ θεοί, καὶ δαίμονες,

Καὶ

qui illum tam contumeliose laeserat. Vt autem iniuria, ei illata, fit excusatior, sese adhuc de eius diuinitate dubitare fingit, eamque ob rem omnium hominum foedissimum appellat, qui quum homo sit spurcus, Deum se mentiatur.

v. 79. εἶτα] Eleganter saepe vim interrogandi habet cum admiratione vel indignatione, vt apud Aelian. var. hist. Lib. I. C. 34. εἶτα τολμήσεις τοῖς ὀφθαλμοῖς τοῖς ἑαυτοῦ τὸν υἱὸν ἀποθνήσκοντα ὑπομεῖναι; *Ergone (itane) tu oculis tuis filium morientem videre sustinebis?* Commode autem ita hic potest verti: *Siccine vero Plutum te esse tacuisti?* Schol. inquit. εἰώθαμεν ἐν τοῖς τῆς βαρύτητος σχήμασιν ἐν ἀρχαῖς πολλάκις τιθέναι τὸ, εἶτα.

v. 80. ἀθλίως διακείμενος] *misere adfectus* i. e. *tanto squalore obsitus.* διάκειμαι, *adficior:* Aelian. var. hist. L. XIV. C. 49. πρὸς δὲ τὰς τρυφῶντας αὐτῶν — — διέκειτο, φασί, πολεμίως. *Illis, qui ex ipsis luxui se dederent, infestus fuisse dicitur.*

v. 81. ὦ Φοῖβ᾽ Ἄπολλον] Laetitia exsultans Cario Deos inuocat, inter quos primum nominat Phoebum, cuius oraculo monitus Chremylos Plutum offenderat. Girard.

καὶ δαίμονες] Errat Girard. si putat, tantum minorum gentium Deos, δαίμονας, appellari, quo nomine etiam maiorum Dii gentium insigniuntur: vt apud Homer. Il. γ. Venus, δαίμων, nominatur. In-

B

Καὶ Ζεῦ· τί φῄς; ἐκεῖνος ὄντως ἆ σύ; Πλ. ναί.
Χρεμ. Ἐκεῖνος αὐτός; Πλ. αὐτότατος. Χρεμ. πόθεν
ἒν, φράζον,
Αὐχμῶν βαδίζεις; Πλ. ἐκ Πατροκλέους ἔρχομαι,
85 Ὅς ἐκ ἐλέσατ᾽ ἐξότυ περ ἐγένετο.

Χρ.

terdum tamen θεοὶ καὶ δαίμονες diſtinguuntur, vti hoc
loco, et apud Aeſch. in Ctef. ὦ γῆ, καὶ θεοὶ, καὶ δαίμονες,
καὶ ἄνθρωποι, ὅσοι βάλεσθε ἀκάςιν. Quidam de͜ s indi-
getes eos interpretantur. Putat Philo, ἥρωες, etiam a
Graecis δαίμονας eſſe adpellatos. Ab Heliodo in Erg.
aurei feculi homines, vita functi, δαίμονες, dicuntur.

v. 82. καὶ ζεῦ] Poſtremo loco Iouem honoris cauſa
nominatim adpellat. Elegantiſſima eſt haec confuſa
nımninum inuocatio, prodens hominem, qui prae
gaudio vix apud ſe eſt.

τί φῄς;] Interrogatio cum admiratione. –

v. 83. αὐτότατος] Vox a comico ficta, vt apud
Plautum ipſiſſimus.

v. 84. αὐχμῶν] ab αὐχμάω, *ſqualeo*, ab αὐχμός,
illuuies, ſqualor.

ἐκ πατροκλέυς] (ſcil. οἴκυ) Patroclēs Athenienſis
admodum diues fuit, et fordidus, auarus et tenax, qui
propter nimiam parſimoniam nemini aditum ad ſe re-
linquebat. vid. *Schol.*

v. 85. ἐξ ὑκ ἐλέσατο] Non ſolum munditiae, ſed vale-
tudinis quoque cauſa quotidie balineo vtebantur veteres,
etiam, qui quadrante ioant lauatum. Notat igitur
Ariſtoph. huius triparci tenacitatem, qui nunquam in
vita lauit.

ἐξότυ περ] compoſ. ex praep. ἐξ, ὅτυ (pro ὖ) et
περ, quod abundat.

Χρ. Τυτὶ δὲ τὸ κακὸν πῶς ἔπαθες; κάτειπέ μοι.
Πλ. Ὁ Ζεύς με ταῦτ' ἔδρασεν, ἀνθρώποις φθονῶν.
Ἐγὼ γὰρ ὢν μειράκιον ἠπείλησ', ὅτι
Ὡς τὰς δικαίας καὶ σοφὰς καὶ κοσμίας
Μόνας βαδιοίμην· ὁ δέ μ' ἐποίησεν τυφλόν.   90
Ἵνα μὴ διαγιγνώσκοιμι τύτων μηδένα.
Οὕτως ἐκεῖνος τοῖσι χρηστοῖσι φθονεῖ.
Χρ. Καὶ μὴν διὰ τὰς χρηστύς γε τιμᾶται μόνας,
Καὶ τὰς δικαίας. Πλῦτ. ὁμολογῶ σοι. Χρεμ. Φέρε, τί δ᾽ν,
Εἰ πάλιν ἀναβλέψειας, ὥσπερ καὶ πρὸ τῦ,   95
Φεύγοις ἂν ἤδη τὰς πονηρὰς; Πλ. φήμ' ἐγώ.
Χρ. Ὡς τὰς δικαίας δ' ἂν βαδίζοις; Πλ. πάνυ μὲν ὖν

B 2   Πολῦ

v. 86. τὸ κακὸν] scil. τὴν τυφλότητα.
v. 89. ὡς] pro πρός.

v. 90. τυφλὸν] Plutus coecus fingitur, quia homines, nulla, neque bonorum neque malorum, habita ratione, pro lubitu locupletet.

v. 92. τοῖσι χρηστοῖσι φθονεῖ] Indignabundus haec ait Plutus, Ioui iratus, qui ipsum excoecauerat. Iupiter autem eo consilio hoc fecerat, ne probi, si soli ditescerent, virtutem propter diuitias expetendam esse putarent. Vide Schol. pluribus hac de re disputantem.

v. 93. καὶ μὴν διὰ] Chremylus Pluti beneuolentiam sibi conciliaturus, ei suffragatur, dicens; inique Iovem cum illo simulque cum omnibus egisse probis, a quibus tamen solis coleretur.

v. 95. πρὸ τῦ] πρὸ τύτυ χρόνυ, antea.
v. 96. φήμ' ἐγώ] formula adfirmandi.

Πολλῶ γὰρ αὐτὸς ὀχ ἑώρακα χρόνε.
Χρ. Καὶ θαυμά γ' ἐδέν· ἐδ' ἐγὼ γὰρ ὁ βλέπων.
100 Πλ. ἄφετόν με νῦν. ἴσον γὰρ ἤδη τἀπ' ἐμᾶ.
Χρ. Μὰ Δί', ἀλλὰ πολλῷ μᾶλλον ἐξόμεσθά σε.
Πλ. Οὐκ ἠγόρευον, ὅτι παρέξεις πράγματα
Ἐμέλετόν μοι; Χρ. καὶ σύ γ', ἀντιβολῶ, πιθῦ,
Καὶ μή μ' ἀπολίπῃς· ὁ γὰρ εὑρήσεις ἐμᾶ
105 Ζητῶν ἔτ' ἄνδρα τὸς τρόπες βελτίονα.
Μὰ τὸν Δί'· ὁ γάρ ἐσιν ἄλλος, πλὴν ἐγώ.

Πλ.

v. 99. ἐδ' ἐγὼ γὰρ] fcil. ἑώρακα. Corruptos ciuitatis taxat mores, in qua boni fcelerisque puri adeo fiut rari. vide Schol.

v. 100. τἀπ' ἐμᾶ] pro τὰ ἀπ' ἐμᾶ ἠρωτημένα. ea, quae fcire cupiebatis.

v. 101. μὰ Δί] non per Iouem; μὰ eſt aduerb. iurandi, quod interdum per fe negat, interdum etiam adfirmatiue ponitur. vide v. 22.

ἐξόμεσθά σε] pro ἐξόμεθα. ἔχομαι cum genitiuo conſtructum interdum ſignificat, alicui adhaereo, proxime ſequor aliquem, ve apud Thuc. Lib. I. τῆς μὲν γνώμης ἀεὶ τῆς αὐτῆς ἔχομαι, in eadem perſto ſententia.

v. 103. ἀντιβολῶ] occurro, ſupplico. Sine caſu idem ſignificat, quod latinorum, amabo, obſecro, ab ἀντί et βάλλω.

πιθῦ] a πείθομαι, obtempero.

v. 105. τὸς τρόπες] omiſſa praepoſ. κατά.

v. 106. ἄλλος] fcil. βελτίων.

ARISTOPHANIS.

Πλ. Ταυτὶ λέγυσι πάντες. ἡνίκ' ἂν δέ μα
Τύχωτ' ἀληθῶς, καὶ γένωνται πλύσιοι,
Ἀτεχνῶς ὑπερβάλλυσι τῇ μοχθηρίᾳ.
Χρ. Ἔχει μὲν ὕτως· εἰσὶ δ' ἃ πάντες κακοί. 110
Πλῦτ. Μὰ Δί', ἀλλ' ἁπαξάπαντες. Καρ. οἰμώξει
    μακρά.
Χρ. Σὺ δ' ὡς ἂν εἰδῇς, ὅσα, παρ' ἡμῖν ἢν μένῃς,
Γενήσετ' ἀγαθὰ, πρόσεχε τὸν νῦν, ἵνα πύθῃ.

B 3 Οἴμοι

v. 109. *ἀτεχνῶς*] *fine arte, fine dolo*, et inde, *plane*, *prorſus*. ἀντὶ τᾶ ἁπλῶς· καθάπαξ· ὅ ἐςὶν ἐνὶ λόγω ἀληθῶς· τέχνη γὰρ ὁ δόλος παρὰ τοῖς ἀττικοῖς· τὸ δὲ ἄνευ δόλε ἀληθές. *Schol.*

ὑπερβάλλυσιν] *ſuperant*, ſcil. πάντας.

μοχθηρίᾳ] τῇ κακίᾳ ἐπὶ τὸ χεῖρον μεθίσανται ὑπὸ τῶν χρημάτων. *Schol.*

v. III. ἁπαξάπαντες] *ad vnum omnes, neminе exceptо*. *Schol.* interpretatur, ὁμᾶ πάντες. Elegantеr diсtum: Non, ita me Iupiter amet, inquit Plutus, funt ſcelerati omnes, ſed ad vnum omnes.

οἰμώξει] 2. fut. 1. ind. med. pro οἰμώξῃ. *feres infortunium propter iniuriam probis hominibus illatam, quos locupletatos ad vnum omnes ſceleratos fieri contendis*. In aliis editionibus legitur οἰμάξεις, quod mauult Duker.

μακρά] adiect. neutr. plural. aduerbialiter poſitum pro λίαν, *valde*.

v. 113. γενήσετ'] pro γενήσεται, ſcil. σοι, *quanta tibi contingent bona*.

PLVTTVS

Οἴμωι γὰρ οἴμωι (ξὺν θεῷ δ' εἰρήσεται)
115 Ταύτης ἀπαλλάξειν σε τῆς ὀφθαλμίας,
Βλέψαι ποιήσας. ΠΛ. μηδαμῶς τῦτ' ἐργάσῃ·
Οὐ βόλομαι γὰρ πάλιν ἀναβλέψαι. Καρ. τί φής
Ἄνθρωπος ὗτός ἐςιν ἄθλιος φύσει.
ΠΛ. Ὁ Ζεὺς μὲν ἒν εἰδὼς τὰ τύτων μῶρ', ἔμ', εἰ
Πύ-

v. 114. οἴμωι γὰρ οἴμωι] Haec verbi geminatio magis adfirmat, *etiam atque etiam confido*.
ξὺν θεῷ δ' εἰρήσεται] i. e. *innuente Deo*.
v. 115. ὀφθαλμίας] ὀφθαλμία proprie est oculorum inflammatio: dicendum fuillet τυφλότητος. Plutus enim plane erat coecus. Sed per Euphemismum, vt blande Pluto palpetur, voce ὀφθαλμία vtebatur Chremylus. *Scholiastes* hunc versum in altero Pluto mutatum fuisse notat; Ἰδίως δὲ ὀφθαλμίαν τὴν πήρωσίν φασι, διὸ καὶ ἐν δευτέρῳ μεταπεποίηται. Versus autem ita est mutatus:
τῆς συμφορᾶς ταύτης σε παύσειν, ἧς ἔχεις.
v. 118. ἄθλιος φύσει] *natura mifer, tam infelici natus ingenio, Diisque iratis, vt coecitate adeo se liberari nolit, ac remedia ei propofita refpuat*.
v. 119. ὁ ζεὺς εἰδὼς] Hunc locum obscurum, misere qui vexauit interpretes, sic illustrare tentat Kusterus: ὁ ζεὺς μὲν ἒν εἰδὼς τὰ τύτων μῶρ', ἐπεὶ πύθοιτ' ἄν, ἐπιτρέψοι μες haud tamen scite personam Oedipi hic sustinens. Quis enim, quaeso, verba ὁ μὲν ζεὺς εἰδὼς, et -sequentia, ἐπεὶ πύθοιτ', sibi inuicem adeo repugnantia, potest conciliare? Mendum igitur subesse liquet, non nisi ex vetusto quodam codice corrigendum. Haud sunt audienda, Scholiastes quae somniauit, aeque ac non intelligenda.

Πύθοιτ' ἄν, ἐπιτρέψειε. Χρ. νῦν δ' ὁ τᾶτο δρᾷ,   120
Ὅς τις σε προσπταίοντα περινοςεῖν ἐᾷ;
Πλ. Οὐκ οἶδ', ἐγώ δ' ἐκείνον ὀρρωδῶ πάνυ.
Χρ. Ἄληθες, ὦ δειλότατε πάντων δαιμόνων.
Οἶει γὰρ εἶναι τὴν Διὸς τυραννίδα,
Καὶ τὰς κεραυνὰς ἀξίες τριωβόλε,   125
         B 4   Ἐάν

v. 120. τᾶτο δρᾷ] *hoc agit* ſcil. vt te perdat.

v. 121. προσπταίοντα περινοςεῖν ἐᾷ] ad verbum: *qui te impingentem redire finit.* Coeci enim in res obſtantes incurrunt, ideoque ſaepius reuerti et oberrare coguntur.

περινοςεῖν] κυρίως μὲν ἡ ἀπὸ ἀλλοδαπῆς οἴκαδε ἄφιξις· καταχρηςικῶς δὲ ἡ ἀπὸ τόπυ εἰς τόπον μετάβασις καὶ πορεία. *Schol.*

v. 122. ὐκ οἶδα] *non noui:* Prouide atque circumſpecte reſpondet Plutus, qui veritate conuictus neque Chremyli dicta negare, neque Iouis metu territus, adfirmare audet.

ὀρρωδῶ] *timeo*, ab ὄρρος apud Hippocr. ſacri oſſis extremum, quod et ὀρροπύγιον. *Euſtath.* dicit, ductam eſſe metaphoram ab animantibus, quae metu perculſa caudam ſubter ſemora contrahunt. Teſte eodem ſcribitur quoque ὀρωδέω. vide *Schol.*

v. 123. δειλότατε] Plutum arguit timiditatis Chremylus, atque, vt animum illi addat, Ioue ipſo potentiorem eſſe demonſtrare ſtudet, cuius vires pluribus extenuat verbis.

v. 124. οἶει] att. pro οἴῃ.

v. 125. κεραυνὰς] τὰ μέγιςα ἀμυντήρια τῦ Διός. ἐκ δὲ τέτων τὴν δύναμιν αὐτῦ λέγει. *Schol.*

PLVTVS

Ἐάν γ' ἀναβλέψῃς σύ, κἂν μικρὸν χρόνον;
Πλ. Ἆ, μὴ λέγ', ὦ πόνηρε, ταῦτ'. Χρ. ἔχ' ἥσυχος.
Ἐγὼ γὰρ ἀποδείξω σε τᾶ Διὸς πολὺ
Μεῖζον δυνάμενον. Πλ. ἐμὲ σύ; Χρ. νὴ τὸν ἐρανόν.
130 Αὐτίκα γὰρ· ἄρχει διὰ τίν' ὁ Ζεὺς τῶν Θεῶν;
Καρ. Διὰ τἀργύριον. πλεῖσον γὰρ ἔς' αὐτῷ. Χρ.
       Φέρε,
Τίς ἂν ὁ παρέχων ἐςὶν αὐτῷ τᾶθ'; Καρ. ὀδί.
Χρ. Θύεσί δ' αὐτῷ διὰ τίν'; ἢ διὰ τετενί;
Καρ. Καὶ νὴ Δί', εὔχονταί γε πλετεῖν ἄντικρυς.
           Χρ.

τριωβόλε] triobolus minutum fuit numifma: pro quadam igitur re vili vfurpatur. Inde apud Latinos *homo triobali*.

v. 127. ἆ] vox indignantis, qua Chremylum increpat, indigne de Ioue loquutum.

πόνηρε] *πόνηρος, mifer*, cum acuto in antepenultima.

ἔχ' ἥσυχος] pro μένε ἥσυχος, *quietus eflo*, tace: ita loquuntur attici. Sic Eurip. ἀλλ' ἔχ' ἥσυχος.

v. 129. ἐμὲ σύ] *Tune demonſtrabis, me Ioue eſſe potentiorem?*

v. 130. αὐτίκα] ſcilicet ἀποδείξω.

v. 132. ὀδί] att. pro ὅδε ſcil. πλῦτος.

v. 134. εὔχονταί γε πλετεῖν] Eo igitur, inquit, conſilio ſacrificia Ioui offerunt homines, vt opes ab eo nanciſcantur.

ἄντικρυς] Secundum Suidam, quem vide, ſignificat *penitus, manifeſte, adcurate:* ἀντικρὺ autem *e re-*

Χρ. Οὐκῶν ἐδ' ἐςὶν αἴτιος· καὶ ῥᾳδίως 135
Παύσειεν, εἰ βέλοιτο, ταῦτ' ἄν. Πλ. ὅτι τί δή;
Χρ. Ὅτ' ἐδ' ἂν εἷς θύσειεν ἀνθρώπων ἔτι,
Οὐ βῶν ἄν, ἐχὶ ψαιςὸν, ἐκ ἄλλ' ἐδεέν,

B 5.   Μὴ

gione, *ex aduerfo*. Multa tamen loca poſſunt adferri, in quibus iſtae voces promiſcue vſurpantur.

v. 135. αἴτιος] *cauſa* ſcil. victimarum.

v. 136. εἰ βέλοιτο] *ſi velit* (Plutus,) haud amplius opes hominibus largiens ad ſacrificia Ioui offerenda.

ὅτι τί δή;] ἤγεν πῶς ἂν τὸ τιμᾶσθαι τὸν Δία καὶ βασιλεύειν τῶν θεῶν παύσω, ἤγεν πῶς ἄρα ἢ διὰ τίνα τρόπον τοῦτ' ἔλεξας. *Schol.* Sunt, qui alterum τί abundare, vel pro πότε eſſe poſitum, credunt. Probabilius tamen eſt, τί hic emphatice eſſe repetitum; vt ſi latine dicas: *Quid? Quid autem?* ὅτι pro interrogatiuo τί ſaepe vſurpatur.

v. 138. ψαιςὸν] ψαιςὰ ſecundum Suid. ſunt ἄλφιτα, farinae oleo et vino mixtae et ſubactae, quas Diis adolebant: generaliter autem farinae, molae comminutae, a ψαίειν, *comminuere mola*. ψαιςὸν proprie eſt adiectiuum, atque ſignificat *in farinam redactum:* ſed ſubſtantiue vſurpatur, vel genere maſculino, vel neutro: quodſi priori genere σῖτον; ſin poſteriori ἄλφιτον eſt ſubaudiendum; vide de hac voce Kuſterum. Dicit autem Chremylus, ſi oculi reſtituantur Pluto, aeque minus boues ab opulentioribus, quam liba a tenuioribus Diis iri oblatum, cunctis ſacrificiis plane neglectis.

ἄλλ' ἐδεέν] pro ἄλλο ἐδέν.

Μὴ βαλομένυ σἆ. Πλῦτ. πῶς; Χρεμ. ὅπως; ἐκ
ἔσθ' ὅπως
140 Ὀνήσεται δήπυθεν, ἢν σὺ μὴ παρὼν
Αὐτὸς διδῷς τἀργύριον, ὥστε τῦ Διὸς
Τὴν δύναμιν, ἢν λυπῇ τι, καταλύσεις μόνος.
Πλῦτ. Τί λέγεις; δι' ἐμὲ θύεσιν αὐτῷ; Χρεμ. Φήμ'
ἐγώ.
Καὶ νὴ Δί', εἴ τί γ' ἐςὶ λαμπρὸν καὶ καλὸν,
145 Ἡ χάριεν ἀνθρώποισι, διὰ σὲ γίγνεται.
Ἅπαντα τῷ πλυτεῖν γὰρ ἔσθ' ὑπήκοα.
Καρ. Ἔγωγέ τοι διὰ σμικρὸν ἀργυρίδιον
Δοῦλος γεγένημαι, διὰ τὸ μὴ πλυτεῖν ἴσως.
Χρ. Καὶ τάς γ' ἑταίρας φασὶ τὰς Κορινθίας,
Ὅταν

v. 139. ὅπως] pro πῶς.
ἐκ ἔσθ' ὅπως] fcil. propter argenti penuriam.
v. 140. παρὼν] praesens, it. benignus, vt latin.
praesentem habere Deum.
v. 142. λυπῇ] λυπεῖν τινα, alicui esse molestum.
τι] per ellipf. κατά τι, aliqua in re.
v. 146. τῷ πλυτεῖν] infin. cum articulo pro πλύτῳ.
v. 147. τοι] nimirum.
διὰ σμικρὸν ἀργυρίδιον] pro μικρὸν: vt apud Plaut.
pisciculi minuti.
v. 148. ἴσως] aeque, similiter, vt alii, qui pretio
dato seruitutem effugerunt. Bello enim capti, nisi pecunia sese poterant redimere, in seruitutem fuerunt ab-
ducti. Suo igitur probat exemplo Cario, quanta sit
Pluti potentia, cuius inopia omnium pretiosissimum,
libertatem, amiserit.
v. 149. ἑταίρας — — κορινθίας] Perstringit poëta
dissolutos vrbis Corinthi mores, luxu perditae, et ingen-

Ὅταν μὲν αὐτάς τις πένης πειρῶν τύχῃ,   150
Οὐδὲ προσέχειν τὸν νοῦν· ἐὰν δὲ πλούσιος,
Τὸν περωκτὸν αὐταῖς εὐθὺς ὡς τοῦτον τρέπειν.
Καρ. Καὶ τάς γε παῖδας φασὶ ταυτὸ τοῦτο δρᾶν,
Οὐ τῶν ἐραστῶν, ἀλλὰ τἀργυρίου χάριν.
Χρ. Οὐ τάς γε χρηστὰς, ἀλλὰ τὰς πόρνας· ἐπεὶ   155
Αἰτοῦσιν οὐκ ἀργύριον οἱ χρηστοί. Καρ. τί δαί;
Χρ. Ὁ μὲν ἵππον ἀγαθόν, ὁ δὲ κύνας θηρευτικάς.
Καρ. Αἰσχυνόμενοι γὰρ ἀργύριον αἰτεῖν ἴσως,
Ὀνόματι περιπέττουσι τὴν μοχθηρίαν.
Χρ. Τέχνῃ δὲ πάσῃ διὰ σὲ καὶ σοφίσματα,   160

Ἐν-

ti muliercularum copia infanis, quae turpem faciebant
quaeftum, inter quas Lais, Leaena, Sinope aliaeque
inprimis claruerunt.   vide *Strab.* Lib. VIII. confer.
Schol.

v. 152. ὡς] pro πρός.

v. 155. χρηστὰς] fcil. φατὶ τοῦτο δρᾶν. per ironiam
eos bonos appellat, qui turpitudinis velamentum quae-
runt, dicentes, fe prauae committere, non vt pecuniam lucrentur, fed egregium caballum, aut canes venaticos fibi acquirant.

v. 159. ὀνόματι] nomine i. e. *praetextu.*

περιπέττουσι] att. pro περιπέπτουσι. *occultant*, *contegunt.* Metaphora ducta a piftoribus, qui paftam
craffiorem fpeciofa farina contegunt, eo confilio, vt
coctam facilius vendant.   conf. *Schol.*

v. 160. σοφίσματα] Non ingeniofe inuenta, fed
potius *fraudes, dolos, et malas artes* hic fignificant.

Ἐν τοῖσιν ἀνθρώποισιν ἔσθ' εὑρημένα.
Ὁ μὲν γὰρ αὐτῶν σκυτοτομεῖ καθήμενος·
Ἕτερος δὲ χαλκεύει τις· ὁ δὲ τεκταίνεται·
Ὁ δὲ χρυσοχοεῖ γε, χρυσίον παρὰ σοῦ λαβών·
165 Ὁ δὲ λωποδυτεῖ γε νὴ Δί'· ὁ δὲ τοιχωρυχεῖ·
Ὁ δὲ

quas deinde etiam enumerat; quo fenfu ea vox paffim
apud fcriptores inuenitur.   vide *Suid.*

v. 162. σκυτοτομεῖ] ex σκύτος *corium*, et τέμνω,
feco.   Non futores folum, fed generaliter omnes, qui
ex corio aliquid conficiunt, hac voce comprehen-
duntur.

καθήμενος] fedens fcil. in officina.

v. 163. χαλκεύει] a χαλκὸς, qui ex aere aliisque
metallis aliquid fabricat.

τεκταίνεται] *fabricat, ſtruit.*   Omnes fabri hac
voce continentur. a τεύχω: hinc deriuatur τέκτων,
quae vox tam late patet apud Graecos, quam *faber*
apud latinos. *Girard.*

v. 164. χρυσοχοεῖ] *aurum fundit*, ex χρυσὸς et
χέω. *Hemſterh.* notat ex Cod. Vet. ac Dorv. metri
caufa χρυσοχοεῖ γε effe legendum.

v. 165. λωποδυτεῖ] *viatores veſtibus ſpoliat*.   Putat
Girard hoc verbum effe compofitum ex λώπη, veſtis,
ὁδὸς via, et δύω, τὰ ἐκδύω, exuo, idemque λωποδύ-
την significare hominem, qui vias obſidet, praetereun-
tesque fpoliat.   Apud Dem. Philipp. καὶ ἵνα ἕκαστον
ὑτωσὶ περικόπτειν καὶ λωποδυτεῖν τῶν Ἑλλήνων. conf.
Schol.

τοιχωρυχεῖ] *muros perfringit furandi caufa* a τοῖ-
χος et ὀρύσσω.

Ὁ δὲ κναφεύει τις· ὁ δὲ πλύνει κώδια·
Ὁ δὲ βυρσοδεψεῖ γ'· ὁ δέ γε πωλεῖ κρόμμυα·
Ὁ δ' ἁλεύς γε μοιχὸς διὰ σέ πω παρατίλεται.
Πλ. Οἴμοι τάλας, ταυτί μ' ἐλάνθανε πάλαι.
Χρ. Ὁ μέγας δὲ βασιλεὺς οὐχὶ διὰ τῦτον κομᾷ; 170
Καρ.

v. 166. κναφεύει] pro γναφεύει) a κνάπτω vel γνάπτω, *carpendo vellicandoque expolio:* fullonum proprium, qui pannos et veſtes poliunt, atque dealbant. vid. Schol.

v. 167. βυρσοδεψεῖ] *coria concinnat, subigit,* ex βύρσα *corium* et δέψω, *excorio, subigo.*

κρόμμυα] *cepae:* species pro omni olerum genere.

v. 168. ἁλεύς] *deprehenſus* particip. aor. 2. act. significatione paſſiua, ab ἅλωμι.

παρατίλεται] Haec erat poena in adulteros conſtituta, quam diuitiores, data pecuniae ſumma, poterant effugere. τὰς τρίχας τῦ πρωκτῦ τίλεται. αὕτη γὰρ ὥριςο δίκη τοῖς μοιχοῖς πένησιν. ἀπορραφανίδωσις καὶ παρατιλμός. *Schol.*

v. 169. οἴμοι] adv. indignantis vel dolentis.

ταυτί] pro ταῦτα.

v. 170. μέγας] rex Perſarum κατ' ἐξοχὴν vocatur.

κομᾷ] κομᾶν proprie ſignificat crines alere, quod olim ingenuis tantum erat permiſſum. Artemid. Lib. I. Oneirocrit. C. 19. Per ſynecdóchen autem ſignificat, quolibet titulo ſuperbire. Inuenes enim promiſſo atque compoſito, quem alebant, crine ſeſe efferre ſolebant. Vide Philoſtr. VIII. de vita Apollon. c. 3. ex quo propria et metaphorica huius vocis ſignificatio apparet.

Χρ. Ἡ ἐκκλησία δ' οὐχὶ διὰ τᾶτον γίγνεται;
Χρ. Τί δέ; τὰς τριήρεις ἢ σὺ πληροῖς; εἰπέ μοι.
Καρ. Τό δ' ἐν Κορίνθῳ ξενικὸν οὐχ' οὗτος τρέφει;

Χρ.

Narrat inter alia *regem Spartanum Leonidam crinem pascere isse solitum fortitudinis ergo, visque amicis gravior, hostibus terribilior occurreret.*

v. 171. ἐκκλησία] Concio erat totius populi conventus, penes quem, legitime coactum, summam totius ciuitatis esse voluit Solon, vbi in commune de reipublicae salute consulebatur. Huius igitur arbitrio cuncta regebantur, atque etiam mutabantur, si erat verendum, ne quid detrimenti ciuitas caperet.

v. 172. τριήρεις] Ciues Athenienses, qui in quatuor a Solone deseriptis classibus praeter caeteros diuitiis abundabant, ex eiusdem instituto, pro superioribus magistratibus, qui ipsis potissimum patebant, opes suas ad reipublicae tempora ita conferre debebant, vt aut pacis ornamentis consulerent, aut belli certe subsidiis inseruirent; vnde ipsi λειτουργοί, et praebitiones eorum, λειτουργίαι, vocatae sunt. Inter hos quoque fuerunt trierarchi, qui sumtibus suis armamenta triremis, et victum remigibus dabant, farinam, cepe et caseum, teste Plutarcho in L. de Athenienss. sap. Car. Sigon. de republ. Athen. Lib. II. C. 4. Nonne, inquit Chremylus, Trierarchi Pluti ope et auxilio etiam triremes instruunt?

v. 173. ἐν Κορίνθῳ ξενικὸν] Athenienses, quum ipsi cum Corinthiis pugnare nollent propter periculum, peregrinos milites mercede conductos aluerunt, idque in multis bellis facere solebant. Suid. ex Scholiis, quas rem aliter adhuc narrant: Quoquo autem modo ea se

ARISTOPHANIS. 31

Χρ. Ὁ Πάμφιλος δ' ὐχὶ διὰ τῦτον κλαύσεται;
Καρ. Ὁ Βελονοπώλης δ' ὐχὶ μετὰ τῦ Παμφίλυ;   175
Χρ. Ἀγύῤῥιος δ' ὐχὶ διὰ τῦτον πέρδεται;
                                        Καρ.

habent, idem semper est sensus. Nonne, inquit Cario, Athenicnses peregrinas alunt copias huius Pluti beneficio atque opibus, quas ipsis largitur? quae si eos deficerent, ipsi militiae molestias et labores subire cogerentur. Perstringit simul poëta ciuium suorum imbellem animum, qui vel metu vel mollitie deterriti pugnae discrimina detrectarent.

v. 174. πάμφιλος] Pamphilus Athenis fuit pessimus foenerator, cuius bona, postquam in administratione reipublicae aerarii depeculator erat inuentus, publicabantur. Est igitur, inquit Chremylus, vt Pamphilus magnopere diuitias amissas cum Parasito suo Belonopola lugeat, cui ventrem alienis pascere cibis haud amplius licet. Sunt, qui Belonopolam nomen proprium haud esse putant, sed significare quendam acuum venditorem, ex βελόνη et πωλέω compositum, Athenis hoc nomine satis notum.

v. 176. ἀγύῤῥιος] Suidae etiam ἀγύριος et ἀγύῤῥιος dictus, qui mollitie perditus et immensis diuitiis adeo inflatus erat, vt nulla modestiae habita ratione omnia sibi licere putaret, adeoque in publico pedere haud vereretur. vide Schol. Recte ἀγύῤῥιος scribitur. Facile autem mihi persuaderi patiar, neque hunc Agyrrhium, neque alium quemquam omni decoro tam infestum fuisse hostem, vt in hominum coetibus adeo turpiter se gereret; sed per metaphoram πέρδειν significare: foracius agere, ingentes sibi sumere spiritus. Huius nominis plures narrantur. Vlpianus ad Demost. Agyrrhium hunc, a comico notatum, daemagogum, de

Καρ. Φιλέψιος δ' ἀχ' ἕνεκά σε μύθες λέγει;
Χρ. Ἡ ξυμμαχία δ' ἡ διά σε τοῖς Αἰγυπτίοις;
                                              Καρ.

quo Demosthenes, et cuius Suidas etiam facit mentionem, fuisse opinatur. Qui ἀργύριον scribi volunt, voce, ἄργυρον, decepti, nomen inde deriuandum esse censent.

v. 177. Φιλέψιος] ex φίλος et ἐψιᾶϑαι confabulari, facetiis et iocis delectari. Eustath. interpretatur λόγῳ παίζειν, ἐψιᾶται, γελᾷ, παίζει, διαλέγεται. Suidas narrat, hunc hominem iocorum fuisse amantem, inter concionandum populo fabellas narrare solitum; quam notam ex veteri quodam Scholiasta descripsisse Suidam censet Kuster. Non conuenit autem cum eo, quod ad hunc locum notauit alius Schol. ὗτος πένης ὢν λέγων ἱστορίας ἐτρέφετο. τερατώδης δὲ καὶ λάλος διαβάλλεται.

v. 178. ξυμμαχία] Non conuenit inter interpretes, quale hoc fuerit bellum, quod gesserunt Athenienses, Aegyptiis opem ferentes. *Palmer.* hic Chabriam vult intelligi, qui teste C. Nepote pretio allectus Aegyptum petiit, ad opem Nectanebo ferendam, eique constituit imperium. Diodorus regem Tacho patrem Nectanebi nominat, a quo Chabrias in auxilium contra regem Persarum sit vocatus; alii, sed refragante Chronologia, alia memorant bella, vtpote nonnullos annos post hanc fabulam actam gesta. Quae scholia hic habent, mire confunduntur, vide *Duker.* Sed, vt ego opinor, haud adeo nobis de hocce bello ac tempore, in quod incidit, est laborandum, non in exquirenda historica veritate versantibus. Quodcumque demum id fuerit, sensus hic est: *Nonne Athenienses solius Pluti beneficio adeo inualuerunt, vt Aegyptiis, opem petentibus, suppetias ire possent?*

ARISTOPHANIS.

Καρ. Ἐρᾷ δὲ Λαῒς ἢ διὰ σὲ Φιλωνίδε;
Χρ. Ὁ Τιμοθέε δὲ πύργος; Καρ. ἐμπέσοι γέ σοι. 180
Χρ. Τὰ δὲ πράγματ᾽ ἠχὶ διὰ σὲ πάντα πράττεται;
Μονώτατος γὰρ εἶ σὺ πάντων αἴτιος
                                             Καὶ

v. 179. Φιλωνίδε] Philonides homo erat deformis, inelegans omniumque scientiarum rudis, quem Theopompus *asinum*, *asina matre natum*, nominat. Hunc nihilominus tamen Laïs propter ingentes diuitias amavit, speciem amantis saltim oftentans. *Kuster.* cum Athenaeo Ναῒς legi mauult, quia Laïs tunc temporis quatuordecim annis fuerit minor.

v. 180. ὁ Τιμοθέε] Timotheus, dux Atheniensium, tam prospera semper in bellis vsus est fortuna, vt eius inuidi non virtute et consilio instructum, sed coeco fato adiutum tantas gessisse res contenderent. Quare pictores dormitantem in tentorio pingebant; deinde suspendebatur fortuna, stans supra eius caput, vrbes in rete quoddam trahens. *Aelian. var. hist. Lib. XIII. C. 43.* Admodum autem locupletatus magnis sumtibus altam et splendidam exstruxit arcem, eam non fortunae, sed sua ipsius opera atque industria esse conditam, gloriatus.

ἐμπέσοι] τὸ πρέπον, quod studiose sequitur comicus, non permittit seruo, tam libere atque familiariter cum hero iocari. Cario igitur haec verba auditoribus, tale quidquam haud exspectantibus, risus captandi causa, dixisse videtur, nisi, vt Hemsterh. opinatur, haec verba ὁ Τιμοθέε δὲ πύργος adhuc verba sint Carionis, et sequentia ἐμπέσοι γέ σοι Chremyli, seruum garrientem iocose interpellantis.

v. 182. μονώτατος] vt αὐτότατος supra v. 83.

Καὶ τῶν κακῶν καὶ τῶν ἀγαθῶν, εὖ ἴσθ' ὅτι.
Καρ. Κρατᾶσι γῆν κἂν τοῖς πολέμοις ἑκάστοτε,
185 Ἐφ' οἷς ἂν ὗτος ἐπικαθίζηται μένος.
Πλ. Ἐγὼ τοταῦτα δυνατός εἰμ' εἷς ὢν ποιεῖν;
Χρ. Καὶ ναὶ μὰ Δία τύτων γε πολλῷ πλείονα·
Ὡς τ' ὐδὲ μεςός συ γέγον' ὐδεὶς πώποτε.
Τῶν μὲν γὰρ ἄλλων ἔςι πάντων πλησμονή·
190 Ἔρωτος. Καρ. ἄρτων. Χρ. μυσικῆς. Καρ. τραγη-
μάτων.
Χρ. Τιμῆς. Καρ. πλακύντων. Χρ. ἀνδραγαθίας. Καρ.
. Ἰσχάδων.
Χρ.

v. 183. τῶν κακῶν] quae tolerant homines Pluti, seu
pecuniae inopia.

εὖ ἴσθ' ὅτι] ἴσθ' per syncc. et apostrophum pro ἴσαθι.
Hoc scito, scil. esse verum. ὅτι quibusdam abundare
videtur: verum ellipsis quoque locum potest habere,
ita supplenda: ὅτι (τᾶτο ὕτως ἔχει.)

v. 184. κρατῦσι] h. l. vincunt, sunt superiores,
absolute positum, vt apud Aelian. var. hist. Lib. XIV.
C. 25. ἀλλ' ἐπεὶ κεκρατήκαμεν, sed quia vicimus scil.
aduersarios.

v. 186. εἷς ὢν] ὢν abundat.

v. 190. ἔρωτος] Mire τὸ πρέπον hic obseruat comicus noster, dum tam herus quam seruus personis suis
digna loquuntur, quorum ille memorat decora, hic
tantum gulae inseruientia.

τραγημάτων] τραγήματα idem significant, quod
τρωγάλια et τρωκτὰ, bellaria, in secunda mensa quae
opponuntur, a τρώγω.

Χρ. Φιλοτιμίας. Καρ. μάζης. Χρ. ςρατηγίας. Καρ.
Φακῆς.

Χρ. Σῦ δ' ἐγένετ' ἡδεὶς μεςὸς ἡδεπώποτε.
'Αλλ' ἣν τάλαντά τις λάβῃ τριακαίδεκα,
Πολὺ μᾶλλον ἐπιθυμεῖ λαβεῖν ἑκκαίδεκα·   195
Κἂν ταῦτ' ἀνύσῃ, τετταράκοντα βάλεται,
Ἤ φησιν, ἢ βιωτὸν αὐτῷ τὸν βίον.
        C 2   ΠΛ.

v. 192. μάζης] μᾶζαν, panem, maſſam vel durum panem fuiſſe tradit Suid. Deinde autem refert ex Schol. Ariſtoph. μᾶζαν proprie eſſe cibum ex lacte et farina confectum, atque a μάττεσθαι derivari. Notat autem Girard. delicatiorem quandam fuiſſe μᾶζαν, ex farina, ſale, lacte vel oleo confectam, quandoque etiam ex vino ſubactam. De hac igitur ſermonem eſſe putat, ſi ad bellaria ea a Curione referatur. Sed fieri quoque poſſe arbitratur idem Girard. ut Cario de ſuo more ridicule et facete μᾶζαν et Φακῆν inter lautitias collocet: vt dicat, mazae et lentis eſſe ſatietatem, perinde ac ſi diceret, homines eſu raparum et faoarum ſatiari quandoque. Quae ſententia, vt ego arbitror, ſubiuncta voce. (Φακῆς) quod legumen eſt viliſſimum, confirmatur. Notat Schol. Φακῆν coctam ſignificare lentem, ſed Φακὸν, genere maſc. crudam.
v. 193. ἡδεὶς μεςὸς] ſed creſcit potius habendi cupido.
v. 196. ἀνύσῃ] ab ἀνύω perficio, it. obtineo, lucror. vt in Anth. epigr. ἠνυσάμην τῆτο ἐκ μοιρῶν.
v. 197. βιωτὸν] vitam ſibi non eſſe vitalem dicit i. e. nullam. vt Plat. in Apol. ὁ δὲ ἀνεξέταςος βίος ἢ βιωτὸς ἀνθρώπῳ.
ἔνη] In cunctis Edd. ἢκ ἔνῃ βιωτὸν, ſed Kuſt. et Hemſterh. ſuffragante codice Douz. hanc vocem proſcripſerunt, vtpote metro repugnantem, vno pede abundante.

ΠΛ. Εὖ τοι λέγειν ἔμοιγε φαίνεσθον πάνυ·
Πλὴν ἓν μόνον δέδοικα.   Χρ. Φράζε τῷ πέρι·
200 ΠΛ. Ὅπως ἐγὼ τὴν δύναμιν, ἣν ὑμεῖς φατὲ
Ἔχειν με, ταύτης δεσπότης γενήσομαι.
Χρ. Νὴ τὸν Δί', ἀλλὰ καὶ λέγυσι πάντες, ὡς
Δειλότατόν ἐσθ' ὁ Πλῦτος.   ΠΛ. ἥκις', ἀλλά με
Τοιχωρύχος τις διέβαλ'.   εἰσδὺς γάρ ποτε,

Οὐκ

v. 198. εὖ] iungendum eſt cum πάνυ: *valde, bene; recte omnino*.

v. 199. τῷ πέρι] pro περὶ τῷ, quod pro τινὸς.

v. 200. ὅπως] pro ὅπως μή: nam δείδω conſtr. fere cum μή et μὴ οὐκ, vt apud Xenoph. δέδοικα, μὴ οὐκ ἔχω τοσαύτην σοφίαν; etiam cum Infinitiuo, vt apud Aelian. ἐδεδίει παρελθεῖν εἰς τὸν δῆμον.

τὴν δύναμιν] secund. regul. ſyntaxeos ita eſſet conſtruendum: ὅπως γενήσομαι δεσπότης ταύτης τῆς δυνάμεως, ἣν ὑμεῖς etc. Tale eſt illud Plauti: *iſtum, quem quaeris, ego ſum*. vid. *Bergl*.

v. 202. νὴ τὸν Δί'] ſcil. γενήσῃ δεσπότης τῆς δυνάμεως.

ἀλλὰ καὶ λέγυσιν] Per Iouem iurans Chremylus adſeuerauerat, fore, vt iſtam Plutus nanciſcatur potentiam: ſed incipit iam vereri, ne hic ſibi ipſe ſit impedimento, quia omnes homines hunc Deum longe timidiſſimum eſſe dicunt; quam timiditatem ipſe antea erat profeſſus. Diuites enim perpetuo facultatum ſuarum verentur iacturam.

v. 204. διέβαλ'] *metus me arguit*. Metri cauſa ex codd. διέβαλ' *Kuſter*. et *Hemſterb*. reſcribunt.

Οὐκ εἶχεν, εἰς τὴν οἰκίαν, ἠδὲν λαβεῖν,   205
Εὑρὼν ἀπαξάπαντα κατακεκλεισμένα.
Εἶτ᾽ ὠνόμασέ μα τὴν πρόνοιαν, δειλίαν.
Χρ. Μὴ νῦν μελέτω σοι μηδέν· ὡς ἐὰν γένῃ
Ἀνὴρ πρόθυμος αὐτὸς εἰς τὰ πράγματα,
Βλέπεντ᾽ ἀποδείξω σ᾽ ὀξύτερον τῦ Λυγκέως·   210
Πλ. Πῶς ὂν δυνήσει τῦτο δρᾶσαι, θνητὸς ὢν;
Χρ. Ἔχω τιν᾽ ἀγαθὴν ἐλπίδ᾽, ἐξ ὧν εἶπέ μοι
Ὁ Φοῖβος αὐτὸς, Πυθικὴν σείσας δάφνην.
                C 3   ΠΛ.

v. 205. εἰς τὴν οἰκίαν] ad particip. εἰσδὺς eſt referendum.

v. 208. νῦν] *nunc*, quum te animoſum eſſe ſentio.

v. 210. ἀποδείξω] ἀποδεικνύειν ſignificat *oſtendere*, it. *facere, reddere*. vt apud Xenoph. ἀποδείκνυμι βελτίως, *reddo meliores*.

τῦ λυγκέως] Lynceus, quem alii Aegypto patre, alii Aphareo natum tradunt, acutiſſimi viſus fuiſſe atque cum Argonautis Colchidem petiiſſe fertur. Qui quum metallorum fodinas inueniſſet, aurum atque argentum, tellure abſconditum, proferens, eum adeo terrae ſolum viſu penetraſſe commenti ſunt veteres. Hinc natum eſt illud: *Lynceo perſpicacior*.

v. 212. ἐξ ὧν] ætt. conſtr. pro ἐξ αὐτῶν, ἃ εἶπέ μοι.

v. 213. πυθικὴν δάφνην] laurum Apollineam. Apollo enim ab occiſo ſerpente, cui nomen erat Pytho, Pythius fuit appellatus. πυθικὴ δάφνη ſignificat ramos laureos in adyto Apollinis, quorum motu et concuſſione, per ſpiritum, ex antro prorumpentem, facta, praeſens et propitius indicabatur Deus. Tryphiodorus de

Πλ. Κἀκεῖνος ἓν ξύνοιδε ταῦτα; Χρ. Φήμ' ἐγώ.
215 Πλ. Ὁρᾶτε. Χρ. μὴ φρόντιζε μηδὲν, ὦ 'γαθέ.
Ἐγὼ γὰρ, εὖ τῦτ' ἴσθι, κἂν δῆ μ' ἀποθανεῖν,
Αὐτὸς διαπράξω ταῦτα. Καρ. κἂν βάλῃ γ' ἐγώ.
Χρ. Πολλοὶ δ' ἔσονται χ' ἅτεροι νῷν ξύμμαχοι,
Ὅσοις δικαίοις ἔστιν ἐκ ἦν ἄλφιτα.
220 Πλ. Παπαῖ, πονηρὸς γ' εἶπας ἡμῖν ξυμμάχες.

Χρ.

Caſſandr. *ἱερὰν ἀνεσείσαντο δάφνην*, et Seneca Oed.
v. 227. *Phoebea laurus tremuit.*

v. 214. ξύνοιδε] pro σύνοιδε: *Etiamne Phoebus vobiscum huius rei est conscius?*

v. 215. ὁρᾶτε] *cauete, ne ifthoc vestro consilio me peſſundetis:* hoc vel tale quidquam dicturum interpellat Chremylus.

ὦ 'γαθέ] pro ὦ ἀγαθέ.

v. 216. κἂν] *Ego,* inquit Chremylus, *si tu modo velis, vel capitis mei periculo hoc effectum dare studebo.*

v. 218. χ' ἅτεροι] pro καὶ ἕτεροι.

v. 219. ὅσοις] pro οἷς.

ἄλφιτα] farinam significat proprie hordaceam, et panem ex ea confectum: item, omnem victum, etiam facultates. Sensus, quacunque ἄλφιτα acceperis significatione, est idem: *qui non habent quod edant, vel quibus nihil est in loculis.* confer. Schol.

v. 220. παπαῖ] etiam βαβαί, adv. admirantis seu indignantis.

πονηρὸς] πόνηρος, *laboriosus, miser*, it. *infirmus inutilis.* vid. Suid. a πόνος, labor. Schol. Ἴσον τῷ ἀσθενὴς, ἀπράκτης. ὡς φαμὲν πονήρως ἔχει τὰ πράγματα ἡμῖν.

Χρ. Οὐκ· ἦν γε πλητήσωσιν ἐξ ἀρχῆς πάλιν.
Ἀλλ' ἴθι σὺ μὲν ταχέως δραμών. Καρ. τί δρῶ, λέγε.
Χρ. Τὸς ξυγγεώργυς κάλεσον (εὑρήσεις δ' ἴσως
Ἐν τοῖσιν ἀγροῖς αὐτὸς ταλαιπωρυμένυς)
Ὅπως ἂν ἴσον ἕκαςος, ἐνταυθοῖ παρών, 225
Ἡμῖν μετάσχῃ, τῦδε τῦ Πλύτυ μέρος.
Καρ. Καὶ δὴ βαδίζω· τῦτο δὲ τὸ κρεάδιον,
Τῶν ἔνδοθέν τις εἰσενεγκάτω λαβών.
Χρ. Ἐμοὶ μελήσει τῦτό γ', ἀλλ' ἀνύσας τρέχε.
Σὺ δ', ὦ κράτιςε Πλῦτε πάντων δαιμόνων, 230
                C 4   Εἴσω

v. 221. ἐκ] [scil. ἔσονται πόνηροι.
ἐξ ἀρχῆς πάλιν] ἐκ παραλλήλυ: *ab initio iterum* i. e. *denuo*, quia propter probitatem ad incitas sunt redacti.
v. 222. Θι] ἐπίρρημα παρακελευσματικόν, ὥσπερ τὸ ἄγε, μετὰ προσακτικῦ. *Schol.*
δρῶ] praes. pro fut.
v. 223. ἴσως] *similiter* scil. *mecum aerumnam perferentes*.
v. 225. Ἴσον — μέρος] Ἴσον eleganter refertur ad ἴσως. Quum pares mecum, inquit, sustinuerunt labores, parem quoque eos mecum diuitiarum partem nancisci fas est.
v. 227. κρεάδιον] a κρέας, *paruum carnis frustum*, quod reliquum a sacrificio redeuntibus domum ferre secum erat licitum. vid. *Schol.*
v. 229. ἀνύσας τρέχε] abi curriculo. ἀνύω, *perficio*, it. *festino:* hac autem significatione cum spiritu aspero scribi, docet *Suidas.* conf. v. 349.
v. 230. κράτιςε]. Sic Plutum appellat, eius potentia, qua omnes Deos vincat, satis illi iam probata.

Εἴσω μετ' ἐμᾶ δεῦρ' εἰσιθ'. ἡ γὰρ οἰκία
Αὕτη 'στιν, ἣν δεῖ χρημάτων σε τήμερον
Μεστὴν ποιῆσαι, καὶ δικαίως κἀδίκως.
ΠΛ. Ἀλλ' ἄχθομαι μὲν εἰσιών, νὴ τὰς θεὰς,
235 Ἐς οἰκίαν ἑκάστοτ' ἀλλοτρίαν πάνυ·
Ἀγαθὸν γὰρ ἀπέλαυσ' ἐδὲν αὐτῦ πώποτε.
Ἣν μὲν γὰρ εἰς Φειδωλὸν εἰσελθὼν τύχω,

Εὐθὺς

v. 232. αὕτη ἐστιν] quod *Hemsterh.* rectius αὕτη 'στιν refcripfit.

τήμερον] pro σήμερον.

v. 233. δικαίως κἀδίκως.] Per fas atque nefas. Siue quouis modo, omni arte, quauis ratione. *Suid.* Laudatae enim Chremyli probitati admodum repugnaret, fi per fas atque nefas cuperet ditefcere. ἀντὶ τῦ παντὶ τρόπῳ, ὕτως ἀττικοί. *Schol.*

v. 236. ἀπέλαυσα] ab ἀπολαύειν, quod plerumque cum genitiuo, interdum quoque, vti hoc loco, cum accuf. conftruitur. Generatim fignificat, *fieri participem*, vt in bonam atque malam partem poffit accipi: vt apud Ifocratem, δέδοικα, μή τι κακὸν ἀπολαύσαιμι: et apud Aelian. var. hift. Lib. II. C. 54. IV. 9. et alios fcriptores.

αὐτῦ] adv. loci, *ibi*, *illic*.

v. 237. εἰς Φειδωλὸν εἰσελθών] talem praepofitionis εἰς effe vfum multa probant exempla, vt apud Ifaeum de haered. Apollod. ἐλθὼν εἰς τὴν ἐμὴν μητέρα, et Aelian. v. h. Lib. XII. C. 1. εἰς βασιλέα τὸν μέγαν ἧκεν ἡ δόξα. Plura adhuc citat *Bergl.* εἰς Φειδωλῦ (fcil. οἶκον) legendum effe ceufet *Kuſter.* cui tamen *Hemsterh.* et alii reclamant.

Εὐθὺς κατώρυξέν με κατὰ τῆς γῆς κάτω.
Κἂν τις προσέλθῃ χρηστὸς ἄνθρωπος φίλος,
Αἰτῶν λαβεῖν τι μικρὸν ἀργυρίδιον,   240
Ἔξαρνός ἐςι, μηδ' ἰδεῖν με πώποτε.
Ἦν δ' ὡς παραπλῆγ' ἄνθρωπον εἰσελθὼν τύχω,
Πόρναισι κᾀ κύβοισι παραβεβλημένος,
Γυμνὸς θύραζ' ἐξέπεσον ἐν ἀκαρεῖ χρόνῳ.

C 5   Χρ.

v. 238. κατώρυξεν — — κάτω] per pleonasm.
quasi dicat, *me defodit in terram alte*, thesauri probe
custodiendi causa.

v. 239. κἂν τις] eleganter hic auarorum sordes depingit comicus.

v. 241. ἔξαρνός ἐςι] ad verbum, *negator est*, pro
ἐξαρνεῖται. ἐξ auget significatum, ac si dicas *negat
et pernegat*.

v. 242. εἰς παραπλῆγ'] ita Edd. pr. De hac voce
vid. n. ad v. 237. Quidam ὡς legi malunt.

παραπλῆγα] παραπλήξ, *insanus, amens*, (stolide
prodigus). Si enim apud hominem stolide prodigum
diuerto, scortis et aleae obiicior: παραπλήξ hic dicitur demens per metaphoram, ductam a sonis lyrae,
qui ab harmonia discrepant. *Suid.* confer. *Schol.* Sub-
auditur vox διάνοιαν, quam expressit Aeschin. Ep. II.
παραπλήξ τὴν διάνοιαν ὤν: potest etiam subintelligi
Φρήν, vel tale quidquam: hinc Φρενόπληκτος apud
Aeschyl. in Prometh. v 1053. *Bergl.*

v. 243. παραβεβλημένος] *obiectus, expositus*.

v. 244. γυμνὸς] Plutus de se dicit, quod decocto-
ribus uiu venire solet, qui rem familiarem dilapidan-
tes breui tempore ad incitas rediguntur. vid. *Girard.*

245 Χρ. Μετρίω γὰρ ἀνδρὸς ἐκ ἐπέτυχες πώποτε·
Ἐγὼ δὲ τότε τῷ τρόπῳ πως εἴμ' ἀεί·
Χαίρω τε γὰρ Φειδόμενος, ὡς ἐδεὶς ἀνὴρ·
Πάλιν τ' ἀναλῶν, ἡνίκ' ἂν τότε δέῃ.

'ΑΛ.

ἐξέπεσον] ab ἐκπίπτω, *excido*, it. *prodeo, prolabor*, interdum quoque, *eiicior, expellor:* vt Demosth. Οἰδίπην καὶ τὰς μετ' ἐκείνε ἐκπεσόντας ὑπεδεξάμεθα. Notat *Duker.* haud recte verti. *sum ciectus*, pro *eiici soleo:* ita enim vti Graecos aoristis.

ἀκαρεῖ] ab ἀκαρὴς, quod scindi nequit, ex κείρω, *tondeo, scindo* et a priv. ἐν ἀκαρεῖ χρόνῳ, *breuissimo tempore*, quod adeo exiguum est, vt diuidi et secari nequeat. Metaphora ducta a minimis pilis, qui propter breuitatem secari non possunt. vide *Schol.* Apud Lucian. in Tim. ἐν ἀκαρεῖ τῷ χρόνῳ, et ἐν ἀκαρεῖ absolute. Dicitur etiam ἀκαρῆ scil. χρόνον.

v. 245. μετρίω] hominem, inquit, nunquam es nactus, medium auarum inter atque prodigum tenentem.

v. 246. πως] Non est hoc loco interrogatiuum, *quomodo*, sed enclitica, significans, *certo modo, quodammodo*. vt apud Aelian. v. h. L. XII. C. 1. καὶ πως ἔπρεψεν αὐτῇ: *et aliquo modo decuit illam*. Extra interrogationem caret accentu, vel in antecedentem vocem reiiciendo, vel si haec illum haud admittat, abiiciendo. Iure igitur Hemsterh. accentum in πως expunxit.

ἀεί] perpetuo sese hunc tenuisse morem adfirmat.

v. 247. χαίρω τε γὰρ] Ex hoc et sequenti versu ratio, cur antea πως, *quodammodo*, dixerit, satis elucet.

v. 248. τότε δέῃ] κοινῶς λάμβανε, καὶ πρὸς τὸ ἀναλῶν καὶ τὸ Φειδόμενος. *Schol.* Si vel parcere, vel sumtus facere, res poscat.

ARISTOPHANIS. 43

Ἀλλ' εἴπωμεν, ὡς ἰδεῖν σε βύλομαι
Καὶ τὴν γυναῖκα καὶ τὸν υἱὸν τὸν μόνον, 250
Ὃν ἐγὼ φιλῶ μάλιστα μετὰ σέ. ΠΛ. πείθομαι.
Χρ. Τί γὰρ ἄν τις ὀχὶ πρὸς σὲ τἀληθῆ λέγοι;

ΔΡΑΜΑΤΟΣ ΔΕΥΤΕΡΟΥ
ΣΚΗΝΗ ΠΡΩΤΗ.

Τετράμετροι, ἰαμβικοί, καταληκτικοί,
καὶ ἄλλοι τινές.

ΚΑΡΙΩΝ, ΧΟΡΟΣ.

Ὦ πολλὰ δὴ τῷ δεσπότῃ ταυτὸν θύμον φαγόντες
Ἀν-

v. 251. μετά σε] Hac adfentatiuncula Pluti gratiam magis aucupari fludet.

πείθομαι] χαριέντως τῦτο. Schol. credo fcilicet, inquit Plutus ironice, haud vere atque ex animo haec dicere Chremylum, fed officiofa tantum verborum vrbanitate vti fentiens, blandimenta tamen fibi ab eo data approbans. vid. Girard.

v. 252. πρὸς σέ] Pergit Pluto adfentari Chremylus, inquiens: Quis enim tibi (fcil. Deo tam propitio) baud vera enarret?

v. 253. πολλὰ] pro κατὰ πολλὰ, interdum loco aduerbii πολλάκις vfurpatur.

δεσπότῃ] ellipt. pro σὺν δεσπότῃ.

ταυτὸν θύμον] θύμον herbam vilem interpretatur. Schol. allium Hefych. Secundum Schol. et Suid.

Ἄνδρες φίλοι, καὶ δημόται, καὶ τῦ πονεῖν ἐραςαί·
255 Ἴτ᾽, ἐγκονεῖτε, σπεύδεθ᾽, ὡς ὁ καιρὸς ὐχὶ μέλλειν,
Ἀλλ᾽ ἔς᾽ ἐπ᾽ αὐτῆς τῆς ἀκμῆς, ᾗ δεῖ παρόντ᾽ ἀμύνειν.

Χο.

τὸ θύμον quoque dicitur. Quodcunque demum fuerit,
ſiue thymum, ſiue allium, ſiue cepa, ſenſus, quem
Schol. recte explicat, eſt idem: *O populares, qui eandem paupertatem et miſeriam cum hero ſuſtinuiſtis!*

v. 254. Φίλοι] ſcil. δεσπότυ.
τῦ πονεῖν ἐραςαί] vno verbo Φιλόπονοι: *ſeduli, laboris patientes.*

v. 255. ἐγκονεῖτε] feſtinate, ὁ κόνις, puluis: quia
vel currentes puluere replentur, vel per translationem
ductam ab athletis, qui ſe in puluere et arena exercere
ſolent; vide *Schol.*

μέλλειν] proprie tempus futurum exprimit: dicitur etiam, *cunctari, moras nectere:* vt Demoſth.
Philipp. 4. τί ἀναδρύομεθα, ἢ τί μέλλομεν;

v. 256. ἐπ᾽ αὐτῆς τῆς ἀκμῆς] ἀκμή, *cuſpis, flos
aetatis.* it. temporis punctum, quo res geri debet,
rei gerendae articulus: it occaſio: vt *Heſiod.* ἀκμὴ
καλεῖ, καιρὸς καλεῖ. Dicitur etiam ſupremus gradus,
vt apud Aelian. v. h. L. II. C. 10. ἡ ἀκμὴ τῆς εὐτυχίας. Dicitur modo ἀκμὴ καιρῷ, modo καιρὸς ὢν ἐπ᾽ ἀκμῆς.

παρόντας] Bentlei metri cauſa dedit τάραντ᾽ pro
παραυτίκα; ſed L. Bos in animad. ad ſcript. graec. παρόντ᾽ pro παρόντα, quum de choro comici promiſcue
tam ſingulari quam plurali vtuntur, cui ſuffragatur
Hemſterh.

ἀμύνειν] *ſuccurrere.* Vos, inquit, occaſioni adeſſe oportet, omnemque nauare operam, vt Pluto viſus reſtituatur.

Χο. Οὐκῦν ὁρᾷς] ὁρμωμένης ἡμᾶς πάλαι προθύμως,
Ὡς εἰκός ἐσιν, ἀσθενεῖς γέροντας ἄνδρας ἤδη.
Σὺ δ' ἀξιοῖς ἴσως με θᾶν, πρὶν ταῦτα καὶ φράσαι μοι,
Ὅτου χάριν γ' ὁ δεσπότης ὁ σὸς κέκληκεν ἡμᾶς.   260
Καρ. Οὐκῦν πάλαι δήπου λέγω· σὺ δ' αὐτὸς οὐκ ἀκούεις.
Ὁ δεσπότης γάρ φησιν, ὑμᾶς ἡδέως ἅπαντας
Ψυχρῷ βίῳ καὶ δυσκόλῳ ζήσειν ἀπαλλαγέντας.
Χο. Ἔσιν δὲ δὴ τί; καὶ πόθεν τὸ πρᾶγμα τοῦθ', ὃ
    φησιν;
Καρ. Ἔχων ἀφῖκται δεῦρο πρεσβύτην τίν', ὦ πόνηροι, 265
                                                'Ρυ·

v. 257. ὁρμωμένης] ab ὁρμὴ impetus. ὁρμάομαι, dicitur ad agendum incitor: it. aliquid facere propero, vt Thuc. πρὸς τὴν βοήθειαν μᾶλλον ὡρμηντο.

v. 258. ὡς εἰκός ἐσιν] vt aequum est; quantum scil. senes possunt festinare.

v. 259. ἴσως] i. e. pari tucum gressu.

v. 260. ὅτου] pro ὅτινος.

v. 261. οὐκῦν] Cario chorum illusurus vocem οὐκῦν repetit, a qua hic sermonem inceperat, seque iam diu causam narrasse mentitur, ob quam ab hero suo arcessatur. vide Schol.

v. 262. ἡδέως] cum sequenti ζήσειν est iungendum.

v. 263. ψυχρῷ] ψυχρὸς proprie frigidus, et per metaph. miser, aerumnosus. a ψύχω. Schol. ἤγουν ταλαιπώρῳ, ἢ ἐπιμεμφόμενος τῷ γήρα.

ἀπαλλαγέντας] part. aor. 2. pass. ab ἀπαλλάττω, h. l. libero.

v. 265. ἀφῖκται] perf. pass. ab ἀφικνέομαι. venit (scil. herus meus) δεῦρο, huc (scil. domum nostram) quam manu ostendit.

Ῥυπῶντα, κυφὸν, ἄθλιον, ξυσὸν, μαδῶντα, νωδόν.
Οἴμαι δὲ, νὴ τὸν οὐρανὸν, καὶ ψωλὸν αὐτὸν ἔναι.
Χο. Ὦ χρυσὸν ἀγγείλας ἐπῶν, πῶς φῄς; πάλιν φρά-
σον μοι,
Δηλοῖς γὰρ αὐτὸν σωρὸν ἥκειν χρημάτων ἔχοντα.

Καρ.

ἔχων] pro ἄγων.

v. 266. ῥυπῶντα] fequentia corporis damna atque vitia facete enarrat Cario, fenes exagitaturus, qui iisdem
fere laborabant, quosque geſſit longa narratione atque
multis ambagibus detinere fuſpenſos.
νωδὸν] *edentulum* ex νὴ et ὀδὼς.

v. 267. ψωλόν] ψωλὸς κατὰ Σουΐδαν ὁ λειπόδερμος.
οἱ δὲ αἰγύπτιοι ψωλοὶ λέγονται εἶναι, τουτέςι περιτετ-
μημένοι.

v. 268. χρυσὸν — ἐπῶν] ad verbum: *aurum verborum nuntiaſti*. ſubſtant. pro adiectiuo: pro χρύσεα
ἔπεα, *verba aurea*. Schol. ἀντὶ τῦ, ὦ πλεῖςον ἐκ τῶν
ἐπῶν ἀγγείλας. Suidas, qui in voce, σωρός, hunc
citauit verſum, docet, inter φῄς et φράσον interſe-
rendum eſſe πάλιν, quum vnus pes aperte deeſt: iure
igitur in textum id recipiendum eſſe cenſuit Hemſterb.

v. 269. σωρὸν] *acervum*. Quaeritur, vnde chorus
poſſit colligere, ſenem a Chremylo adductum ingentem ſecum apportare argenti copiam? Putat *Girardus*
ex eo, quod dixit Carion, eſſe πρεσβύτην: illum enim
eſſe ſenum genium, vt non ſolum parta tueri, ſed etiam magis ac magis augere geſtiunt. Sed verius ex
hiſce Carionis verbis, ὑμᾶς ἡδέως ἅπαντας ζητεῖν,
poterat coniicere chorus, huncce ſenem vel ipſum
Croeſum diuitiis ſuperare, cui tantam hominum multitudinem locupletare liceret.

Καρ. Πρεσβυτικῶν μὲν ὂν κακῶν ἔγωγ' ἔχοντα σωρόν. 270
Χο. Μῶν ἀξιοῖς φενακίσας ἡμᾶς ἀπαλλαγῆναι·
'Αζήμιος, καὶ ταῦτ' ἐμῦ βακτηρίαν ἔχοντος; ...
Καρ. Πάντως γὰρ ἄνθρωπον φύσει τοιοῦτον εἰς τὰ
πάντα
Ἡγεῖσθέ μ' εἶναι κ' οὐδὲν ἂν νομίζεθ' ὑγιὲς εἰπεῖν;
Χο.

v. 270. πρεσβυτικῶν — κακῶν] Facete hic Cario fenibus, quos ludere geftit, attalicas conditiones exspectantibus, malorum feuilium cumulum promittit. Multa enim atque maxima mala in fenes folent irruere, quae feneclus fecum habet. Magnam collegit *Bergl.* phrafium copiam, quibus κακῶν σωρὸς varie exprimitur: ex. gr. κακῶν πλῆθος, φόρτος, θησαυρὸς, πηγή, κῦμα, πέλαγος κ. τ. λ.

ἔγωγε] fcil. δηλῶ.

v. 271. μῶν,] *num, annon?*

Φενακίσας] a φενακίζω, *decipio, do verba:* a φέναξ, *impoftor.* Apud *Hefych.* quoque φωνακίζω legitur.

v. 272. ἀζήμιος] *illaefus:* ἀβλαβής· κυρίως δὲ ζημία ἡ τῆς ζωῆς μείωσις. *SchoL*

v. 272. βακτηρίαν] Num, inquit fenex, te impune nugas tuas laturum efle putas, me hunc baculum, (quem Carioni oftendit) gerente, quo te probe depexum dabo, fi nos ludibrio tibi habes.

v. 273. τοιοῦτον] fcil. φένακα.

εἰς τὰ πάντα] fubintellige σοφίσματα, ψεύδη, vel tale quidquam.

v. 274. ὑγιὲς] fignificat quoque, *verum, fincerum:* fic apud *Demofth.* ταύτης τοίνυν ἐπιςολῆς οὐδέν ἐςιν ὑγιές.

275 Χο. Ὡς σεμνὸς ὁ 'πίτριπτος. αἱ κνῆμαι δέ συ βοῶσιν
Ἰώ, ἰώ· τὰς χοίνικας καὶ τὰς πέδας ποθοῦσαι.
Καρ. Ἐν τῇ σορῷ νυνὶ λαχὸν τὸ γράμμα σε δικάζειν,
                                                Σὺ

v. 275. *σεμνὸς*] videte, quaefo, quanta hic nebulo fiducia probi atque ingenui oftentet fpeciem.

ὁ 'πίτριπτος] pro ὁ ἐπίτριπτος, *dignus, qui conteratur*, i. e. *perditus*. ab ἐπιτρίβω, contero.

αἱ κνῆμαι δέ συ βοῶσιν, ἰώ, ἰώ] vox lamentantis. Crura tua, facete inquit fenex, prurire, et compedes expeteffere videntur, quibus, fi nobis illuferis, vinctus, valde lamentaberis. Per metaphoram crura lamentari dicuntur.

v. 276. *χοίνικας*] χοῖνιξ, menfurae nomen, fextarios duos continentis: erat quoque pedica ex ligno craffo et rotundo confiftens, choenicis inftar, in quod crura immittebantur: fubiungit autem πέδας generale vinculorum nomen, quibus pedes conftringuntur.

v. 277. *ἐν τῇ σορῷ λαχὸν τὸ γράμμα*] Quum caetera omnia tribunalia Athenis littera quaeque peculiari fignata effent, Areopagus litteram ἄλφα habuit. Id vt recte teneamus, res latius eft explicanda. Tribunalia decem vniuerfim erant, fuis vnaquaeque iudiciis deftinata. Ex his primum littera A, alterum B, tertium Γ, ac fic deinceps vsque ad decimum, cuius littera K erat, notabatur. Docet ifta, nusquam alibi temere obuia, Scoliaftes comici. Athenis multa erant tribunalia, et in quibusdam de rebus capitalibus ius dicebant, in quibusdam de ciuilibus, atque ipforum vnum quodque a fpeciali quadam littera dictum erat. ex. gr. erat quodpiam tribunal, cui nomen ἄλφα datum, eodem modo alterum βῆτα nuncupatum; tertium

ARISTOPHANIS. 49

Σὺ δ᾽, ἦ βαδίζεις· ὁ δὲ Χάρων τὸ ξύμβολον δίδωσιν.

Χο.

γάμμα: quartum δέλτα, vsque ad κάππα, fiquidem decem tribunalia Athenis erant, fingulisque ante fores tinctura rufa notata erat littera fua, a qua nomen accipiebant. Inde autem certa fatis coniectura eſt, Areopagum, vti dignitate primum, ita quoque primam litteram habuiſſe. Ait vero Schol. rufa tinctura litteras iſtas notatas fuiſſe. Ariſtot. Lib. de republ. Athen. dicit, litteram hanc fuiſſe in obice ianuae, tincturam vero in palo ad introitum poſito, baculumque iudici vnicuique datum, eo colore, quo tribunal, denotatum, et inſcripta item littera, quae in obice exſtaret. Sed tinctura omnimode rufa fuit? Non exiſtimo, et errare Scholiaſten arbitror. Nam vt littera ſingula diſtinguebantur, ſic colore, quem et baculi referebant; et id clare dicunt ſcholia ad eiusdem comici veſpas. Decem tribunalia ea fuiſſe dicit Scholiaſtes: ſed halluclnari non immerito videtur, quippe plura multo inuenio; ordine iudicanda. Io. Meurſ. Areop. C. XI.

τὸ γράμμα σε] Cario ad veterem, modo deſcriptum morem, hic adludens, quo iudicaturis baculus, littera quadam notatus, dabatur, vti tribunal ſibi adſignatum noſcerent, chorum comice irridet. Senſus igitur hic eſt: *Tu, qui iudicis perſonam nunc agere geſtis, compedes et vincula mihi minitans, quare non in eum abis locum, quem baculus, littera ſignatus, tibi adſignat?* addit ἐν τῇ σορῷ, ſcil. *in tumulo ſepulcrali, quo te, decrepitum ſilicernium, ianitor orci, Charon, vocat, atque apud inferos iudicis partes agere iubet. Cur igitur haud propere illuc abis, in loco haudquaquam congruo hic haerens?*

ἐν τῇ σορῷ] σορός, loculus, ſepulcrum. Quum paulo ante σωρὸν χρημάτων apportare Plutum dixiſſet

D

Χο. Διαρραγείης, ὡς μόθων εἶ, καὶ φύσει κόβαλος,
280 Ὅστις φενακίζεις· φράσαι δ᾽ ἄπω τέτληκας ἡμῖν.
Ὅτῳ χάριν μ᾽ ὁ δεσπότης ὁ σὸς κέκληκε δεῦρο·
Οἳ πολλὰ μοχθήσαντες, οὐκ ἄσης σχολῆς προθύμως
Δεῦρ᾽ ἤλθομεν, πολλῶν θύμων ῥίζας διεκπερῶντες.

Καρ. Cario, per iocum hic eiusdem soni, sed aliae significationis, vocem adhibet.

λαχὸν τὸ γράμμα σὺ] Conſtr. attica: nam nominatiuus ponitur pro genitiuo abſoluto; quod notat *Schol.*
λαχόντες τοῦ γράμματός σου: *Quum littera tua, inquit,* (in baculo notata) *naſta eſt iuris dicendi poteſtatem;* δικάζειν ſubintellige σε, ἐν τῇ σορῷ, apud inferos. Forſan quoque legi poſſit λαχὼν τὸ γράμμα, atque λαχών cum ſequente σὺ coniungi.

v. 278. σὺ δ᾽ οὐ βαδίζεις] *tu vero non abis, quo te fors tua vocat*, i. e. *in regnum Ditis.*

τὸ ξύμβολον] *ſignum, teſſera.* alludit ad baculum, iudicaturis datum: Iam, inquit, Charon te vocat ad Inferos, dans tibi ſignum, illic vt iudicem agas. vid. *Bergl.*

v. 279. διαρραγείης] *diſrumparis*; aor. 2. opt. paſſ., a διαρρήγνυμι. maledicendi formula.

μόθων] idem quod μέθαξ. *Heſych.* μόθωνας, inquit, apud Lacedaemonios fuiſſe pueros, qui praeter liberos domeſticos educari atque ali ſolerent. *Schol.* vero et *Suidas*, qui eum exſcripſit, ingenuorum adſeclas et pediſſequos, eamque ob rem homines viles, ſeruili indole praeditos, nugatores, garrulos atque moleſtos fuiſſe tradunt. μόθων ſecundum *Schol.* eſt quoque ſaltationis genus turpe, et ſeruo dignum.

κόβαλος] *illiberalis, aſtutus, latro,* a κοπίς. Vel, qui malis artibus vtitur; κόβαλα enim dicuntur mala. vid. *Suid. Heſych.* et *Harpocrat.*

ARISTOPHANIS. 51

Καρ. ἈΛΛ᾽ ἐκ ἔτ᾽ ἂν κρύψαιμι· τὸν Πλᾶτον γὰρ, ὦ
    ᾽νδρες, ἥκει
Ἄγων ὁ δεσπότης, ὃς ἡμᾶς πλυσίως ποιήσει. 285
Χο. Ὄντως γὰρ ἔςι πλυσίοις ἅπασιν ἡμῖν εἶναι;
Καρ. Νὴ τὺς Θεὺς, Μίδας μὲν ἓν, ἢν ὦτ᾽ ὄνυ λάβητε.
    D 2   Χο.

v. 283. θύμων ῥίζας] Narrat Schol. Athenienses
propter terrae ſterilitatem caruiſſe frugibus, eamque
ob rem θύμοις ſeu βολβοῖς veſci eſſe ſolitos, qui ſecundum Suid. ſunt genus leguminis, vel cepae: vt
apud Xenoph. in ſymp. κρομμύων ὄζειν, *cepas olere.*
Indignatur igitur chorus, ſe ab opere ſuo ruſtico eſſe
auocatum, cepis quam plurimis relictis, quibus in col-
ligendis fuerat occupatus. Putat *Girard.* ideo ῥίζας
adieciſſe comicum, quod praecipua pars ceparum eſt
caput, quod ipſis haeret radicibus.

διεκπερῶντες] *praetereuntes* i. e. opus inceptum in-
termittentes: ἀντὶ τῷ παρορῶντες καὶ παρατρέχοντες.
Schol.

v. 284. ἥκει ἄγων] pro ἄγει.

v. 285. ὑμᾶς] *Kuſter* cum aliis ἡμᾶς legi mauult.

v. 286. ςι] pro ἔξεςι licet.

ἡμῖν] pro quo legit *Hemſterh.* ἤμιν. *Kuſter.* vero
ἡμὶν: vltima enim eſt corripienda.

v. 287. Μίδας] Phrygiae rex, qui Deorum munere
cuncta tactu ſuo in aurum poterat transformare. Ab
Apolline aſininis foedatus eſt auribus, cui, cantu cum
Pane contendenti, palmam negabat. μὲν ἂν eſt cor-
rectio: *non ſolum*, inquit, *diuites, ſed adeo Midas*,
i. e. *omnium ditiſſimos vos fore adfirmo;* addit iocoſe,
ſi eius quoque aures acceperitis. Μίδας hic eſt accuſat.
plural.

Xo. Ὡς ἥδομαι, καὶ τέρπομαι, καὶ βούλομαι χορεῦσαι
'Τῷ' ἡδονῆς· εἴπερ λέγοις ὄντως σὺ ταῦτ' ἀληθῆ.
290 Καρ. Καὶ μὴν ἐγὼ βουλήσομαι Θρεττανελὸ τὸν Κύ-
κλωπα
Μιμούμενος, καὶ τοῖν ποδοῖν ὡδὶ παρενσαλεύων,
Ὑμᾶς

v. 290. Θρεττανελὸ] vox ficta, citharae sonum
exprimens. Philoxenum poëtam dithyrambicum, vel
tragicum (quem comicus noster hic perstringit) aiunt,
scripsisse amorem Cyclopis erga Galateam, et quum
sonum citharae in carmine suo imitari vellet, hac voce
esse vsum. Introducit enim Cyclopem cithara canentem, et Galateam ad amorem sui prouocantem.
Quum igitur chorus dixit; quam laetor, et saltare cupio! seruus subiicit; et ego saltandi sum cupidus, simul
carmen illud canere incipiens. Suid. qui Scholiastes
scrinia compilauit.

τὸν κύκλωπα] Satis notus est ex poëtarum fabulis
Polyphemus, Neptuni filius, statura immani, cui in
fronte vnicus ingens, clypei instar, fuit oculus, quem
Vlysses ei telo acuto terebrauit. Philoxenus autem
poëta, Galateae cuiusdem amore captus, Dionysium,
Siciliae tyrannum, habuit riualem; a quo in lapicidi-
nas est coniectus. Hinc quum aufugisset Philoxenus,
carmen scripsit, quo inducit Polyphemum Galateae
amore saucium, citharam pulsantem, ouesque cum ea
pascentem. Sub Cyclopis persona autem tyrannum
acriter perstringit, qui inuita Minerua ingenium adfectabat poëticum. confer. Schol.

v. 291. μιμούμενος] Ego, inquit Cario, vobis prae-
ibo laetus, Cyclopis instar, canens et tripudians, vosque tanquam oues meas ad heri aedes deducam.

ARISTOPHANIS. 51

'Τμᾶς ἄγειν. ἀλλ' εἶα, τέκεα θαμὰ ἐπαναβοῶντες
Βληχώμενοί τε προβατίων,
Αἰγῶν τε κιναβρώντων μέλη,
Ἔπειθ' ἀπεψωλημένοι τράγοι δ' ἀκρατίσεσθε.   295
Χο. Ἡμεῖς δέ γ' αὖ ζητήσομεν, Θετταναλὰ τὸν Κύ-
κλωπα

D 3   Βλη-

ὡδὶ] pro ὧδε, *hoc modo:* quae quum dicit, cauere
atque tripudiare incipit.

τῶν ποδῶν] *Schol.* putat, Carionem inter haec
verba senibus pedum intulisse ictus.

v. 292. ἀλλ' εἶα τέκεα κ. τ. λ.] haec verba ex Phi-
loxeni Cyclope desumta esse docet *Schol.* Masculi-
num ἐπαραβοῶντες hic cum neutro τέκεα coniungit
Aristophanes, ad genus naturale respiciens; nam τέκεα
idem est quod υἱοί. vid. *Kuster.* Senes autem, ouibus
comparatos, iocose filios appellat suos Cario, seque
patrem gregis, cuius maxima sibi cura sit habenda.

v. 293. βληχώμενοι] a βληχάομαι, *balo,* quod
proprie de capris et ouibus dictum, comicus noster in
vespis ad infantium transtulit vagitum: τὰ δὲ παιδάρια
συγκύπτονθ' ἅμα βληχᾶται.

v. 294. αἰγῶν τε κιναβρώντων] Notat *Schol.* κινά-
βραν proprie esse canum cibum, quasi κυνοβοράν:
significare etiam ingratum odorem, quem caprae ex
alis emittunt: κιναβρᾶν ergo dicitur, *olere hircum.*

μέλη] pro μέλεα, cantus.

v. 295. ἀκρατίεσθε] ab ἀκρατής impotens, incon-
tinens. vid. *Suid.* in voce ἀκράτεια.

v. 296. ἡμεῖς δὲ] verba constructionis eleganter hic
sunt disiecta, vt rusticum prodant ingenium, sic ordi-

Βληχώμενοι, σὲ τυτονὶ πεινῶντα καταλαβόντες,
Πήραν ἔχοντα, λάχανά τ' ἄγρια δροσερὰ, κραιπαλῶντα,

Ἡγύμενον τοῖς προβατίοις,
300 Εἰκῆ δὲ καταδαρθέντα πυ,

Μέγαν λαβόντες ἠμμένον σφηκίσκον, ἐκτυφλῶσαι.

Καρ.

nanda: ἡμεῖς δὲ αὖ βληχώμενοι, λαβόντες σφηκίσκον μέγαν ἡμμένον, ζητήσομεν ἐκτυφλῶσαι τὸν κύκλωπα (ἀείδοντα) Θρεττανελὸ, καταλαβόντες σε τυτονὶ πει-νῶντα κ. τ. λ. ad verbum: *Nos e contrario balantes, quum prebenderimus ingentem palum praeustum, studebimus, Cyclopem, Θρεττανελὸ (canentem) quando te depre-kenderimus esurientem* etc. Chorus indigne ferens, seſe a Carione cum ouibus esse comparatum, pergit in allegoria, minans, se fore alterum Vlyssem, nouo Cy-clopi (Carioni) oculos effossurum.

v. 298. πῆραν ἔχοντα] καὶ γὰρ παρὰ τῷ Φιλοξέ-νῳ πήραν ἔχων εἰσῆλθε. *Schol.*

λάχανά τ' ἄγρια δροσερὰ] Irridet chorus mise-riam et egestatem Carionis, qui personam Cyclo-pis agere gestiat, neque tamen, vt ille Polyphemus, carnibus vesci queat, sed famem herbis agrestibus, rore adhuc madidis, sedare cogatur.

καὶ κραιπαλῶντα] καὶ *Kuster.* cum *Bentl.* deleuit, vtpote metro repugnans. κραιπ. a κραιπάλη, cra-pula.

v. 300. εἰκῆ] *inconsulto* i. e. *quouis loco inconside-rate somno sopiium.*

καταδαρθέντα] a καταδαρθάνω, *obdormisco.*

v. 301. ἡμμένον] partic. perf. pass. ab ἅπτω, ac-cendo.

ARISTOPHANIS. 55

Καρ. Ἐγὼ δὲ τὴν Κίρκην γε, τὴν τὰ Φάρμακ' ἀνα-
κυκῶσαν,
Ἡ τὰς ἑταίρας τῦ Φιλωνίδε ποτ' ἐν Κορίνθῳ
Ἔπειτεν, ὡς ὄντας κάπρας,
Μεμαγμένον σκῶρ ἐσθίειν, αὐτὴ δ' ἔματτεν αὐτοῖς; 305
D 4   Μιμή-

σφηκίσκον] tignum oblongum, in extremitate acu-
minatum, a σφήξ, vespa: vespae enim pone in acutum
desinunt. vid. Schol. qui etiam notat, hisce versibus
Philoxenum perstingi, vtpote haud vera narrantem.
Nam secundum Homerum Cyclopem haud herbis, sed
carnibus vesci fuisse solitum.

v. 302. Κίρκην] Satis nota est de Circe fabula, quae
Vlyssis socios, pharmaca auide haurientes, in canes
atque sues transformauerat. Alia nunc chorum cauil-
latione exagitat Cario, se Circem imitaturum adfir-
mans, senesque in porcos conuersurum. Inde fore,
inquit, vt pascantur stercore, seque non aliter ac porcelli porcam sequantur.

v. 303. Φιλωνίδε] dicendum fuisset ἐξ υσσέως, sed
eleganter et ex improuiso mutato nomine taxat in tran-
situ Philonidem, cuius iam supra facta est mentio.
Hic homo. admodum dines magnam parasitorum ale-
bat copiam, qui omni voluptatum genere sese inqui-
nantes, ventrique obedientes vitam pecudis viuebant.
conf. Schol.

v. 305. μεμαγμένον] part. perf. pass. a μάσσω, pin-
so, subigo.
σκῶρ] Nullibi legitur, Circem hominibus a se transformatis stercus dedisse edendum. Scommatis causa
haec igitur dicit Cario, foedius se adeo senes tractatu-
rum minitans, quam Circe socios habuerat Vlyssis.

Μιμήσομαι πάντα τρόπον.
Ὑμεῖς δὲ γρυλίζοντες ὑπὸ φιληδίας,
Ἕπεσθε μητρὶ χοῖροι.
Χο. Οὐχ ἂν σε τὴν Κίρκην γε, τὴν τὰ φάρμακ᾽ ἀνα-
κυκῶσαν,
310 Καὶ μαγγανεύσαν, πολύνεσάν τε τὰς ἑταίρας,
Λαβόντες, ὑπὸ Φιληδίας
Τὸν Λαέρτῃ μιμύμενοι, τῶν ὄρχεων κρεμῶμεν,

Μιν-

- v. 307. γρυλίζοντες] verbum, quod porcorum vocem ipſo ſono exprimit.
- ὑπὸ Φιληδίας] prae ſuauitate: ex φίλες et ἡδύς. Vos igitur, iocoſe inquit, cibi (ſtercoris) ſuauitate allecti, me ſequimini.
- v. 309. σὲ τὴν Κίρκην] te, qui Circem hic agis.
- v. 310. μαγγανεύσαν] incantantem: a μάγγανον, machina, incantatio, praeſtigiae. vid. Suid.
- v. 311. ὑπὸ Φιληδίας] verba Carionis irriſionis cauſa a choro repetuntur.
- v. 312. τὸν λαέρτη] pro λαέρτε ſcil. υἱόν, vid. Bergl. et Hemſterb.

κρεμῶμεν] praeſ. pro fut. Haudquaquam Circem ab Vlyſſo fuiſſe ſuſpenſam hic comicus noſter adſerit: ſed adludit ad Melanthium, regis caprarium, qui atroci adfectus eſt ſupplicio, propterea quod non ſolum abſente Vlyſſe cum procis colluſerat, verum etiam dominum ſuum, in Ithacam reverſum, mendiciquè veſtibus, vti clam rerum ſuarum ſtatum cognoſceret, indutum contumelioſe acceperat: ἢ ὡς ἐκεῖνος. (ὀδυσσεὺς) Μελάνθιον ἐκρέμασεν. Schol.

ARISTOPHANIS.

Μινθώσεμέν θ', ὥσπερ τράγα,
Τὴν ῥῖνα· σὺ δ' Ἀρίσυλλος ὑποχάσκων ἐρεῖς,
Ἕπεσθε μητρὶ χεῖροι. 315
Καρ. Ἀλλ' εἶα νῦν τῶν σκωμμάτων ἀπαλλαγέντες ἤδη
Ὑμεῖς, ἐπ' ἄλλ' εἶδος τρέπε-
σθ'. ἐγὼ δ' ἰὼν ἤδη, λάθρα

D 5 Βωλή-

v. 313. μινθώσεμεν] *Stercore linemus*, a μίνθος, stercus, quo vtuntur paſtores ad fricandas hircorum nares, ſi male habent ex frigore, vt ſoetore ſternutamentum cieant. vide *Schol.*

v. 314. Ἀρίσυλλος] ſcil. ὡς; poëta fuit ille homo, ſupra quam eſt credibile, impurus et obſcoenus. vid. *Suid.* et *Schol.* Praeter eius animi prauitatem hoc quoque corporis erat vitium, vt ore ſubhiante. i. e. labris fere compreſſis loqueretur, eamque ob rem vocem per nares cum ſtridore emitteret, cuius ſonitus ad grunnitum ſuillum proxime accedebat.

v. 316. νῦν] quum iam ad aedes heri mei peruenimus.

v. 317. ἐπ' ἄλλ' εἶδος] Aliud cantici genus decantate. Aliam enim ſpeciem in hac fabula, vt in quibusdam aliis non poterat inducere chorus, qui perpetuo habitu et cultu agricolarum incedebat. Forſan incoſe ſimul inquit Cario: *Vobis ante a me, altera Circe, in capros ſueſque transformatis, nunc, itinere confecto, humanam denuo figuram licet induere*: Forſan quoque in hanc ſententiam: *Nunc abite, omnemque date operam, vt Plutus viſum recipiat, quo dites facti aliam induere ſpeciem, et detritis panni depoſitis magis nitere poſſitis.*

58 PLVTVS

Βυλήσομαι τῷ δεσπότῃ.
920 Λαβὼν τιν' ἄρτον, καὶ κρέας
Ματσώμενος, τὸ λοιπὸν ὕτω τῷ κόπῳ ξυνεῖναι.

ΔΡΑΜΑΤΟΣ ΔΕΥΤΕΡΟΥ

ΣΚΗΝΗ ΔΕΥΤΕΡΑ.

ΤΡΙΜΕΤΡΟΙ ΙΑΜΒΙΚΟΙ.

ΧΡΕΜΥΛΟΣ, ΧΟΡΟΣ.

Χαίρειν μὲν ὑμᾶς ἐςιν, ὦ 'νδρες δημόται,
Λεχαῖον ἤδη προσαγορεύειν, καὶ σαπρόν.
Ἀσπάζομαι δ', ὅτιὴ προθύμως ἥκετε.

Καὶ

v. 321. ματτώμενος] a μασσάομαι et ματάομαι;
mando, demoro. δείκνυται ἐντεῦθεν, ὡς τοιαῦτα οἱ
δῆλοι ποιεῖν εἰώθασιν. Schol.
ὕτω] fic: fcil. cibo expletus.
κόπῳ ξυνεῖναι] intereſſe labori, quo ad viſum Pluto
reſtituendum eſt opus.

. v. 322. χαίρειν μὲν ὑμᾶς] χαῖρε et χαίρειν σε vulgaris apud Graecos erat ſalutandi formula. Senſus igitur hic eſt; Si vſitata vos nunc ſalutandi formula exci-
perem, nimis frigida atque trita ea eſſet compellatio,
tanta nobis obiecta felicitate, quae maior eſſe nequit.

v. 323. προσαγορεύειν] infin. pro ſubſtant. προση-
γορία.

σαπρὸν] putre: it. inſipidum, ineptum.

v. 324. ἀσπάζομαι] Haud inſolita fuit haec ſaluta-
tio: verum haud adeo vulgaris et magis officioſa ac

ARISTOPHANIS.

Καὶ συντεταμένως. κ' ἡ καταβεβλακευμένως.
Ὅπως δέ μοι καὶ τἆλλα συμπαραςάτᾳ
Ἔσεσθε, καὶ σωτῆρες ὄντες τῷ θεῷ.
Χο. Θάῤῥει· βλέπειν γὰρ ἄντικρυς δόξεις μ' Ἄρη.

Δει-
blandiloqna. Verisimile est, Chremylum amicos suos
quoque esse amplexum.

ὅτιὴ] pro ὅτι.

v. 325. συντεταγμένως] acie quasi instructa, quam
exornare Graecis dicitur συντάσσειν. Schol. interpretatur: καθωπλισμένως μετὰ τάξεως καὶ γοργῶς καὶ μετὰ συγκροτήματός τινος. Sed Kusterus in notis ad Suidam sequutus Bentlei. opinionem, Scholiasten falsam lectionem συντεταγμένως metro et sensui repugnantem, pro vera συντεταμένως, contente, celeriter, non gravate, habuisse recte contendit, vllam hic armaturae mentionem factam esse negans.

κ' ἡ] pro καὶ ἡ.

καταβεβλακευμένως] ignaue, remisso animo a βλάξ, qui piscis est inutilis, nec vlli animanti esui. vide Etymol. et Eustath. dicitur etiam socors, ignaues.

v. 326. τἆλλα] pro κατὰ τὰ ἄλλα: reliquis in rebus, ad quas opera mihi vestra est opus.

συμπαραςάτᾳ] Vox a re militari ducta significat eum, qui a latere alicui adstat adiutor, vel miles auxiliaris, opis ferendae causa, ab ἵςημι.

v. 327. ὄντες] abundat. Sed rectius ὄντως, vere, legitur.

v. 328. βλέπειν μ' Ἄρη] duplicem hic admittit sensum: vel putabis, me videns, videre Martem: vel putabis mihi Martem ex oculis elucere: quod est verisi-

Δεινὸν γὰρ, εἰ τριωβόλυ μὲν εἵνεκα
330 Ὠςιζόμεσθ᾽ ἑκάςοτ᾽ ἐν τῇ 'κκλησίᾳ,
Αὐτὸν δὲ τὸν Πλῦτον παρεῖην τῷ λαβεῖν.
Χρ. Καὶ μὴν ὁρῶ καὶ Βλεψίδημον τυτονί

Προσι-
milius: vt apud Aeschyl. in Septemth. v. 53. λεόντων
Ἄρη δεδορκότων, *leonum, Martis adspectum suc vultum
habentium. Bergl.*
ἄντικρυς] vide v. 134.
δέξαις μ᾽ Ἄρη] pro quo alii, δέξης Ἄρην attic.
δεινὸν γὰρ] scil. εἴη, *indignum foret*.

v. 329. τριωβόλυ] Initio tantum vnus obolus iudi-
cantibus publice est datus, inde bini, et mox terni solui
coepti, teste *Polluc*. Lib. VIII. C. 9. confer. *Schol. in
concion.* Iudicaturi autem mane adesse debebant, antequam daretur signum: serius accedens mercede excí-
debat. v. Aristoph. in Vesp.

v. 330. ὡςιζόμεσθ᾽] *trudimur, conflictamur.* Notat
Biset. a tertia persona pers. pass. ὠςαι. verbi ὠθω, *trudo*
formari, ὠθέειν et inde ὠτίζειν et ὠτίζεσθαι. Sensus igitur hic est: *ad triobolum merendum mane iam* concio-
nem frequentamus, vbi in conserta turba pressi trudimur atque adfligimur. Putat *Suid*. hic taxari Athenienses, quod trioboli gratia litium et iudiciorum adeo sint
amantes.

v. 331. παρεῖην] *sinerem*, aor. 2. opt. verbi παρίημι.
Quum chorus de se modo in singulari, modo in plurali loqui consueuerit, nihil difficultatis esse putat *Duker*.
si quis παρεῖμεν pro παρείημεν legere velit.

v. 332. Βλεψίδημον] Hanc vocem *Schol*. ex βλέ-
πω et δῆμος compositam esse docet, eumque significa-

ARISTOPHANIS. 61

Προσίοντα· δῆλος δ' ἐςὶν, ὅτι τῦ πράγματος
Ἀκήκοέν τι, τῇ βαδίσει καὶ τῷ τάχει.

ΔΡΑΜΑΤΟΣ ΔΕΥΤΕΡΟΥ
ΣΚΗΝΗ ΤΡΙΤΗ.

ΤΡΙΜΕΤΡΟΙ ΙΑΜΒΙΚΟΙ

ΒΛΕΨΙΔΗΜΟΣ, ΧΡΕΜΥΛΟΣ.

Τί ἂν ἦν τὸ πρᾶγμ' εἴη; πόθεν, καὶ τίνι τρόπῳ 335
Χρεμύλος πεπλήτηκ' ἐξαπίνης; ἃ πιθόμαν·
Καί τοι λόγος γ' ἦν, νὴ τὸν Ἡρακλέα, πολὺς
Ἐπὶ τοῖσι κερέοισι τῶν καθημένων,
Ὡς

re, qui oculos in populum conuertit, ab eo vt fublenetur.

v. 333. δῆλος δ' ἐςὶν] et δῆλόν ἐςι gen. neutro, certum, manifeſtum eſt.

v. 334. τῇ βαδίσει καὶ τῷ τάχει] inceſſu et celeritate; pro τῇ βαδίσει ταχεῖ, propero inceſſu. Tale eſt illud latinum: chalybem frenosque momordit. Girard.

v. 336. ἐξαπίνης] καὶ ἐξάπινα· γίνεται παρὰ τὸ ἀφανὴς ἄφινα καὶ ἄπινα. Schol.

v. 338. ἐπὶ τοῖσι κερέοισι] In tonſtrinis nouarum rerum cupidi conſidebant, rumores captantes. Facete igitur Theophraſt. tonſtrinas appellabat abſtemia conuiuia, ἄοινα συμπόσια, διὰ τὴν λαλιὰν τῶν προσκαθιζόντων. Vide Caſaubon. ad Charact. Theophr. c. 11.

Ὡς ἐξαπίνης ἀνὴρ γεγένηται πλύσιος.
340 Ἔςιν δέ μοι τῦτ' αὐτὸ θαυμαςὸν, χ' ὅπως,
Χρηςόν τι πράττων, τὺς Φίλυς μεταπέμπεται.
Οὐκυν ἐπιχώριόν τι πρᾶγμ' ἐργάζεται.
Χρεμύλ. 'Αλλ' ὐδὲν ἀποκρύψας ἐρῶ, μὰ τὺς θεὺς,
Ὦ Βλεψίδημ', ἄμεινον ἢ χθὲς πράττομεν.
Ὡςτε

Dicit *Schol.* comicum hic perſtringere Athenienſes, qui ſaepe male ſeriati totum diem in tonſtrinis perſidere, tempusque garriendo terere conſueuerant.

v. 340. θαυμαςὸν] Miratur Blepſidemus Chremyli mores, qui locupletatus amicos ſuos ſtatim arceſſat, fortunae ſuae eos facturus participes, quum alii ſere omnes mutatam ſortem ſedulo occultare ſtudeant, vel metu vel auaritia adducti.

χ'] pro καὶ.

v. 341. χρηςόν τι πράττων] *rem proſpere gerens.* Graeci hoc ſignificatu τὸ πράττειν non ſolum cum aduerbiis, vt εὐπράττειν, ſed etiam cum adiectiuis iungunt, vt mox. ἄμεινον πράττομεν. vide *Kuſt.*

ἐπιχώριον] ἐπιχώριος, *indigena:* ſi de re vſurpatur, *patrius*, *genticus*, a χῶρος. Dicit *Schol.* iterum hic carpi Athenienſes, inuidiae inſimulatos.

v. 343. ἀλλ' ὐδὲν] Haec verba ad auditores loquitur Chremylus, qui Blepſidemi orationem audiuerat, nondum ab hoc conſpectus.

ἐρῶ] praeſ. loco futuri.

v. 344. χθὲς] *heri:* omne tempus praeteritum hic ſignificat.

ARISTOPHANIS.

Ὥστε μετέχειν ἔξεστιν· ἂ γὰρ τῶν Φίλων· 345
Βλ. Γέγονας δ' ἀληθῶς, ὡς λέγυσι, πλύσιος;
Χρ. Ἔσομαι μὲν ὖν αὐτίκα μάλ', ἢν Θεὸς θέλῃ.
Ἔνι γάρ τις, ἔνι κίνδυνος ἐν τῷ πράγματι.
Βλεψίδ. Ποῖός τις; Χρεμύλ. οἶες; Βλεψίδ. λέγ' ἀνύ-
σας, ὅ, τι φῇς ποτε.
Χρ. Ἢν μὲν κατορθώσωμεν, εὖ πράττειν ἀεί· 350
Ἢν

v. 345. ὥστε] refertur ad πράττομεν. Dixerat enim in plurali, *melius nobiscum ogitur*, adeoque mox addit rationem, quia fas est, te, mihi amicissimum, fortis meae, in melius mutatae, fieri participem.
ἔξεστιν].*aequum est.*
τῶν Φίλων] scil. εἶς.

v. 347. ἔσομαι] nondum, inquit, factus sum dives, sed futurum me confido, ἢν Θεὸς θέλῃ, *fauente Deo*.

v. 348. ἔνι] pro ἔνεστι. Hac oratione perplexa et ambigua adducitur Blepsidemus, vt ingens aliquod facinus a Chremylo esse commissum, sibi persuadeat.

v. 349. οἶες] Animo multa voluens Chremylus cogitata haud eloquitur, vt sit supplendum: *quale vix vnquam homini contigit*, vel tale quidquam.
λέγ' ἀνύσας] coeptum absolue sermonem, *Schol.* λέγε, ὅτι φῄς ποτε ἀνύσας καὶ τελέσας τοῦτο. ἀνύσας quoque *propere* significat: ea autem significatione in prima syllaba spiritu notari aspero tradit *Suidas*.

ὅ τι φῇς ποτε] *quod dicere incepisti.*

v. 350. εὖ πράττειν] infin. pro praes. εὖ πράττομεν; similiter ἐπιτετρίφθαι inf. perf. pass. pro ἐπιτετρίμμεθα: Siue infinitiuus vsurpatur pro substantiuo εὐπραγία, scil. ἡμῖν ἐστι.

64   PLVTVS

Ἢν δὲ σφαλῶμεν, ἐπιτετρίφθαι τοπαράπαι.
Βλ. Τυτὶ πονηρὸν φαίνεται τὸ φορτίον.
Καί μ' ἐκ ἀρέσκει. τό, τε γὰρ ἐξαίφνης ἄγαν
Οὕτως ὑπερπλυτᾶν, τό, τ' αὖ δεδοικέναι,
355 Πρὸς ἀνδρὸς ὐδὲν ὑγιές ἐς' εἰργασμένυ.
Χρεμύλ. Πῶς ὐδὲν ὑγιές; Βλεψίδ. εἴ τι κεκλοφώς,
νὴ Δία,
Ἐκεῖ-

v. 351. σφαλῶμεν] aor. 2. conj. pass. a σφάλλω,
supplanto, *fallo*, i. e. *si Pluto visum restituere frustra
laborauerimus*: ἐπιτετρίφθαι, *pessundabimur*, scil. a
Ioue, *conatus nostros indignante*.

v. 352. τυτί] pro τοῦτο.. *Haec tua formido*, inquit, *miserum mihi videtur onus, male te habens.*

v. 353. μ' ἐκ ἀρέσκει] ἀρέσκειν etiam cum accusat.
personae constructum legitur, vt apud. Plat. ἐς δ' ἂν
μὴ ἀρέσκῃ διδασκάλων: vsitatius tamen cum datiuo.

v. 355. πρὸς ἀνδρός] Praepositio πρός cum genitiuo
constructa significat, *est hominis* scil. *officium vel proprium*: omittitur interdum praepositio vt apud *Thucid.*
ὐ πάσης ἔξαι πόλεως, *non cuiusuis erit ciuitatis.*

v. 356. πῶς ὐδὲν ὑγιές] Chremylus non intelligens mentem Bleptidemi, eum, apertius vt loquatur,
rogat.

εἴ τι] εἰ saepe notat ὅτι, quod tamen non in principio. orationis, sed praecedente aliquo verbo, vel parte
sententiae solet poni. Forte legendum est ἦτι, vt referatur ad sequens ἦτι ἀργύριον. *Duker*. Adsunt autem
exempla, vbi εἰ, an, *nam*, significat vt apud Luc.
παρά μοι, εἰ μέμνηια et Xenoph. ἐπηρώτα, οἱ ἔλεξε,

ARISTOPHANIS. 65

Ἐκεῖθεν ἥκεις, ἀργύριον ἢ χρυσίον
Παρὰ τᾶ θεῦ· κἄπειτ' ἴσως σοι μεταμέλει.
Χρ. Ἄπολλον Ἀποτρόπαιε· μὰ Δί', ἐγὼ μὲν ὄ.
Βλ. Παῦσαι Φλυαρῶν, ὦ 'γάθ'· οἶδα γὰρ σαφῶς. 360
Χρ. Σὺ μηδὲν εἰς ἔμ' ὑπονόει τοιοῦτο. Βλ. Φεῦ,
                                                Ὡς

quae significatio huic loco est accommodata. Fortasse
etiam εἶτα, *itane*, *siccine* legi potest. vide notata ad
versum 79.

κεκλοφώς] part. perf. act. att. pro κεκλεφώς, a
κλέπτω.

v. 357. ἐκεῖθεν] *illinc* scil. *ex Apollinis templo*,
quod digito monstrat. Haud quidem pro certo adfirmat
Blepsidemus, fanum Apollinis a Chremylo fuisse expi-
latum; sed innuit tantum, hoc, vel aliud tale facinus
forsan ab eo fuisse admissum, id quod ex hominis subito locupletati metu coniectat.

v. 359. ἀποτρόπαιε] Quidam esse Dii putabantur
mala auertentes, inde auerruncei dicti, quibus adnumeratur Phoebus. Demosth. contra Mid, Ἀπόλλωνι
ἀποτρεπαίῳ βῶν θύσαι. vide *Bergl*. Verbis Blepsidemi stupefactus Chremylus Phoebum, a cuius modo
reuertebatur oraculo, innocat, vt sese talis criminis
purum atque insontem seruet.

ἐγὼ μὲν ὄ] scil. κέκλοφα.

v. 360. ὦ 'γάθ'] pro ὦ ἀγαθὲ *bone vir*. Chremyli
facinus iam scire se fingit Blepsidemus, quo facilius
verum ab eo expiscetur.

E

Ὡς ἐδὲν ἀτεχνῶς ὑγιές ἐςιν ἐδενός·
ΑΛ' εἰσὶ τῶ κέρδως ἅπαντες ἥττονες.
Χρ. Οὗτοι μὰ τὴν Δήμητρ' ὑγιαίνειν μοι δοκεῖς.
365 Βλ. Ὡς πολὺ μεθέσηχ', ὧν πρότερον εἶχεν, τρόπων.
Χρ. Μελαγχολᾶς, ὦ 'νθρωπε, νὴ τὸν ἐρανόν.

Βλ.

v. 362. ἀτεχνῶς] cum circumflexo, *vere*, *simpliciter*, *manifeste*. τέχνη enim dolum significat. vide Suid.

ἐδενὸς] non abundat, sed suum habet pondus, ac si dicas, *vt nihil quidquam*. Girard. *Ego*, inquit *Blepsid. qui te sceleris plane purum esse putaui, nunc me deceptum intelligo.*

v. 363. ἥττονες] quaesto inferiores i. e. *lucri impotentes, ditescendi cupiditati nulla ratione resistentes*, vt apud Xenoph. Paed. 8. ἥττων οἴνε, vino deditus.

v. 365. μεθέσηχ'] pro μεθέσηκε, a μεθίσημι, muto, constr. cum genitiuo et accusatiuo.

v. 367. κατὰ χώραν ἔχει] κατὰ χώραν ἔχειν Graecis significat *quiescere, in eodem manere loco*, vt apud Xenoph. de matresam. περιελθεῖν δὲ ἐπισκοπουμένην, εἰ κατὰ χώραν ἔχει ἕκαςα. *Ex vultu*, inquit Blepsid. *tuo, te aliquid designasse, satis apparet. Olim enim eras vultu quieto, nunc autem, conscientia territus, perpetuo circumfers oculos.*

v. 368. ἐπίδηλόν τι] Schol. ita explicat: ἀλλ' ἔςι τὸ βλέμμα αὐτῶ ὅμοιον πεπανεργηκότι βλέμματι: Bos in animadv. ita emendat; ἀλλ' ἔςιν ἐπιδηλῶν τι πεπανεργηκότα: *indicat hominem, qui aliqua se contaminauerit culpa*; quia nullum exstat exemplum, τὸ ἐπίδηλον cum datiuo constructum, idem, quod ὅμοιον, significare.

Βλ. Ἀλλ' ἤδε τὸ βλέμμ' αὐτὸ κατὰ χώραν ἔχει·
Ἀλλ' ἔςιν ἐπιδηλῶν τι πεπανεργηκότι.
Χρ. Σὺ μὲν οἶδ', ὃ κρώζεις· ὡς, ἐμᾶ τι κεκλοφότος,
Ζητεῖς μεταλαβεῖν. Βλεψιδ. μεταλαβῶν ζητῶ; τίνος; 370
Χρ. Τό, δ' ἐςὶν ἐ τοιῦτον, ἀλλ' ἑτέρως ἔχον.
Βλεψιδ. Μῶν ἐ κέκλοφας, ἀλλ' ἥρπακας; Χρεμ.
κακοδαιμονᾷς.

E 2   Βλ.

v. 369. κρώζεις] ὡς κόραξ ἢ κορώνη κρώζειν, dicitur de iis, qui temere garriunt, vt cornices. *Suid.* Ad coruos si referas, est praedae inhiare. Chremylus igitur Blepsidemum cum coruo confert, qui in partem praedae venire laborat. *Girard.*

ὡς] ἐκ ἔςι πρὸς τὸ ζητεῖς, ἀλλὰ πρὸς τὸ κεκλοφότες. *Schol.*

v. 370. τίνος] refertur ad μεταλαβεῖν, quod etiam cum genitiuo construitur.

v. 371. ἑτέρως ἔχον] scil. ἐςὶ, aliter se habet i. e. *longe alia ratione rem feci.*

v. 372. ἥρπακας] lepide dictum: dum enim leniori eum absoluit delicto, atrocioris arguit. Fures enim clam, praedones autem palam et vi auferunt illata.

κακοδαιμονᾷς] *laruae et intemperiae te exagitant.* Notat *Bergl.* disiunctim hoc expressisse Aeschylum in Choëphoris v. 564. δαιμονᾷ δόμος κακοῖς. Simplex δαιμονᾶν, significat quoque insanire, esse daemoniacum, a daemone vrgeri, vt apud Plutarch. in Peric. τοῖς δαιμονῶσι περὶ τὰ θεῖα ἢ ταραττομένοις. Κακοδαίμων etiam homo dicitur miser et calamitosus. Ex collatis autem versibus 355 et 366 satis apparet, Chremylum grauiora a Blepsidemo sibi imputata crimina

ΒΛ. Ἀλλ' ἠδεμὴν ἀπεστέρηκάς γ' ἠδένα;
Χρεμύλ. Οὐ δῆτ' ἔγωγ'. Βλε. ᾿Ω Ἡράκλεις· Φέρε,
ποῖ τις ἂν
375 Τράποιτο; τἀληθὲς γὰρ ἠκ ἐθέλεις φράται.
Χρ. Κατηγορεῖς γὰρ, πρὶν μαθεῖν τὸ πρᾶγμά μου.
ΒΛ. ᾿Ω τᾶν· ἐγώ σοι τῦτ' ἀπὸ σμικρῦ πάνυ
Ἐθέλω διαπράξαι, πρὶν πυθέσθαι τὴν πόλιν,
Τὸ

grauioribus coërcere conuiciis, eamque ob rem κακοδαιμονᾶν, *intemperiis agitari*, hic eſſe vertendum.

v. 373. ἀλλ' ἠδεμὴν] *ſed annon ye ſaltim* i. e. ſi neque ſacrilegio, neque furto, neque rapina opes tibi paraſti, annon ſaltim fraude aliqua et dolo cuiuspiam bona tibi quaeſiſti? *Girard.*

ἀπεστέρηκας] ἀποστερῶ ἐστὶν, ὅταν παρακαταθήκην τινὸς λαβὼν εἰς διαβολὴν χωρήτω, καὶ ἠκ ἐθέλω διδόναι αὐτῷ, ὃ ἔλαβον. *Schol.* ἀποστέρησιν interpretatur *Suid.* τὸ τὰ ἀλλότρια λαβόντας κατέχειν.

v. 374. Φέρε] *agedum* ſcil. *ipſe narra, qua ratione factus ſit diues.*

v. 375. τράποιτο] aor. 2. opt. med. ● τρέπω. *Quam*, inquit Blepſidemus, *diuinandi viam quisquam ingrediatur, qua ratione ſubito tantas congeſſeris opes, niſi malis artibus fuerint partae.*

v. 377. τῦτο] ſcil. ἁμάρτημα, hoc tuum delictum, quod ſibi fingit Blepſidemus.

ἀπὸ σμικρῦ] ſcil. ἀργυρίᾳ exigua pecunia, vt apud Iſocr. ἀπὸ ταλάντων ἑξήκοντα, *impendio ſexaginta talentorum*.

ARISTOPHANIS. 69

Τὸ σόμ' ἐπιβύσας κέρμασιν τῶν ῥητόρων.
Χρ. Καὶ μὴν Φίλος γ' ἄν μοι δοκῆς, νὴ τὰς θεὰς, 380
Τρεῖς μνᾶς ἀναλώσας λογίσασθαι δώδεκα.
Βλ. Ὁρῶ τιν' ἐπὶ τῦ βήματος καθεδύμενον.
E 3 Ἱκε-

v. 379 τὸ σόμ' ἐπιβύσας] ἐπιβύω, obstruo. Ego, inquit Blepsidemus, paruo pretio rhetorem, in ius te vocaturum, corrumpam, vt delictum tuum minus vrgeat, teque plane absolutum dimittat. Taxat autem poëta rhetorum nequitiam, qui fidem proponebant venalem, quamuis sese nulla in re saluti communi deesse gloriarentur. Demosthenes ipse aliquando a Milesiarum legatis, quibus in concione acriter erat aduersatus, largitione fuit inductus, ne sequenti die contra ipsos ageret. Vsus igitur anginae excusatione tacuit: quod quidam persentiscens, eum non angina, sed argentangina laborare dixit.

κέρμασι] κέρμα, nummulus minutus, a κείρω, tondeo, item scindo.

v. 380. Φίλος] ironice: Talem, inquit, te amicum mihi esse arbitror, qui quum occusatori tres dederis minas, duodecim in rationes fit relaturus. Φίλος refertur ad praecedens ὦ 'τᾶν.

δοκῆς] Ex cod. Dorv. legit Hemsterb. δοκεῖς, nec non versu sequenti post ἀναλώσας particulam γε, vtpote metro repugnantem, reiicit.

v. 381. ἀναλώσας] ab ἀναλίσκω pro ἀναλόω, insumo, impendo.

v. 382. ὁρῶ τιν'] Cerno, inquit Blepsidemus, aliquem scil. te Chremylum, (cui metum est incussurus) a iudicibus commissi delicti veniam suppliciter praesentem.

καθεδύμενον] part. fut. 2. med. ab ἔζομαι, fut. 2. ἐδοῦμαι, sedeo.

Ἱκετηρίαν ἔχοντα, μετὰ τῶν παιδίων
Καὶ τῆς γυναικός· κ' ἢ διοίσοντ' ἄντικρυς
385 Τῶν Ἡρακλειδῶν ἠδ' ὁτιῆν, τῶν Παμφίλυ.
Χρ. Οὐκ, ὦ κακόδαιμον, ἀλλὰ τὰς χρηςὰς μόνας
Ἔγωγε, καὶ τὰς δεξιὰς καὶ σώφρονας

Ἀπαρ-

v. 383. Ἱκετηρίαν] oliuae ramum, quem manu tenebant supplices: ab ἱκέτης. vide Schol.

μετὰ τῶν παιδίων, καὶ τῆς] Mos erat de crimine quodam postulatis vxorem et liberos secum ducere in iudicium, vt eorum fletu atque eiulatu misericordiam iudicibus mouerent. vide Schol.

v. 385. Ἡρακλειδῶν] Eurystheus post obitum Herculis, cui grauissime suit infensus, summo etiam odio Heraclidas i. e. Herculis liberos, quos funditus delere decreuerat, est persequutus, per legatos bellum ferrumque minitans omnibus, qui in fidem illos recipere auderent. Extorres igitur, ac multa peruagantes loca Athenas tandem venerunt, opem atque auxilium suppliciter rogantes, quorum historiam Pamphilus, pictor egregius, mire expressit. Alii hunc Pamphilum insignem ferunt fuisse poëtam, qui misera Heraclidarum fata carmine descripserit. vide Schol. Sed nihil refert, vtrum comicus noster ad picturam, an ad carmen alludat.

ὁτιῆν] quantulumcunque: tantillum.

τῶν Παμφίλυ] eorum scil., quorum historiam Pamphilus descripsit.

v. 386. τὰς χρηςὰς μόνας ἔγωγε] Ex eo, quod solos bonos ditare constitui, neque furtum, neque aliud facinus me commisisse apparet. Bonorum enim amicus ipse sit bonus, necesse est.

Ἀπαρτὶ πλητῆσαι ποιήσω. ΒΛ. τί σὺ λέγεις;
Οὕτω πάνυ πολλὰ κέκλοφας; ΧΡ. οἴμοι τῶν κακῶν,
Ἀπολεῖς. ΒΛ. σὺ μὲν ἂν σεαυτόν, ὥς γ᾽ ἐμοὶ δοκεῖς. 390
ΧΡ. Οὐ δῆτ᾽. ἐπεὶ τὸν Πλῦτον, ὦ μόχθηρε σὺ,
Ἔχω. ΒΛ. σὺ Πλῦτον; ἐποῖον; ΧΡ. αὐτὸν τὸν θεόν.
ΒΛ. Καὶ πῦ 'στιν. ΧΡ. ἔνδον. ΒΛ. πῦ; ΧΡ. παρ᾽ ἐμοί.
ΒΛ. παρὰ σοί; ΧΡ. πάνυ.
ΒΛεψ. Οὐκ ἐς κόρακας; Πλῦτος παρὰ σοί; ΧΡ. νὴ
τὺς θεύς.
ΒΛ. Λέγεις ἀληθῆ; ΧΡ. Φημί. ΒΛ. πρὸς τῆς Ἑςίας; 395
                    E 4   ΧΡ.

v. 388. *ἀπαρτί*] adverbium, eodem modo forma-
tum, quo *ἀμογητί*, ab *ἀπηρτισμένον*, perfectum et
plenum: vt apud Herod.: *ἀπὸ τύτυ εἰσὶ σάδιοι ὁ ἄπαρ-
τί*. Schol. Sed *ἀπάρτι* paroxytonon, ex *ἀπὸ* et *ἄρτι*
significat *modo*, ab *hoc tempore*. Vtraque significatio
hic locum habere poteſt.

v. 389. *οἴμοι τῶν κακῶν*] interdum *οἴμοι* cum ge-
nitiuo coustruitur, subaudita particula, ἕνεκα: *Apollon.
Argon.* L. 2. *οἴμοι ἐμῆς ἄτης*; ac si hic latine dicas:
Heu mihi, propter scelera mihi adficta.

v. 390. *σὺ μὲν ἂν σεαυτόν*] scil. *ἀπολεῖς*: non ego
te perdo, sed tu te ipse furto, vt ego suspicor, a te pa-
trato.

v. 394. *ἐκ ἐς κόρακας*] scil. *ὑπάγεις*: *nonne abis in
malam crucem* (ad coruos pascendum?)

v. 395. *πρὸς τῆς Ἑςίας*] Blepsidemus, quo magis
fidem habeat Chremylo, hunc per Vestam vult iurare,
quam tanta veneratione prosequebantur veteres, vt hominem, ei sacra haud facientem, *ἀνέςιον* i. e. improbum et irreligiosum haberent.

Χρ. Νὴ τὸν Ποσειδῶ. Βλ. τὸν Θαλάττιον λέγεις;
Χρ. Εἰ δ' ἔςιν ἕτερός τις Ποσειδῶν, τὸν ἕτερον.
Βλ. Εἶτ' ἐ διαπέμπεις καὶ πρὸς ἡμᾶς τὰς φίλας;
Χρ. Οὐκ ἔςι πω τὰ πράγματ' ἐν τύτῳ. Βλ. τί φής;
400 Οὐ τῷ μεταδῦναι; Χρ. μὰ Δία, δεῖ γὰρ πρῶτα.
Βλ. τί;
Χρ. Βλέψαι ποιῆσαί νω. Βλ. τίνα βλέψαι; φράσον.
Χρ.

v. 396. νὴ τὸν Ποσειδῶ] contr. pro ποσειδάωνα: morem vt gerat Blepsidemo, per Neptunum, maius adhuc Vesta numen, iurat.

τὸν θαλάττιον λέγεις;] Vexauit hic locus interpretés, quibus non liquet, quid sibi velit, τὸν θαλάττιον, quum vnius tantum Neptuni mythologia faciat mentionem. Sed, mea quidem sententia, non multum res habet difficultatis. θαλάττιος erat maris Dei cognomen, quo solo eum saepe insigniebant. Blepsidemus autem Chremylum per Neptunum adeo iurantem audiens, mirans interrogat: tune testem inuocas τὸν θαλάττιον? quod idem est, ac si dixisset, ποσειδῶνα, vsitato illo vsus cognomine: per iocum igitur respondet Chremylus, quasi amicum suum τὸν ποσειδῶνα a θαλασσίῳ distinguere putaret, in hanc sententiam: ego vnum modo noui Neptunum; sed si alius adhuc, quem nescio, exsistat, per hunc alterum quoque iuro.

v. 399. τὰ πράγματ' ἐν τύτῳ] vt apud latinos: nondum in eo est.

ἐκ ἔςι πω] pro ὄπω ἔςιν.

v. 400. ὁ τῷ μεταδῦναι] scil. τὰ πράγματα ἐκ ἔςιν ἐν τῷ μεταδῦναι; nonne in eo iam est, vt Plutum ad alios possis transmittere?

v. 401. νώ] accusat. dual. refertur ad praecedens δεῖ.

Χρ. Τὸν Πλῦτον, ὥσπερ πρότερον, ἑνί γε τῳ τρόπῳ.
Βλ. Τυφλὸς γὰρ ὄντως ἐςί; Χρ. νὴ τὸν ὐρανόν.
Βλ. Οὐκ ἰτὸς ἄρ', ὡς ἔμ' ἤλθεν ὐδὲ πώποτε·
Χρ. Ἀλλ', ἢν θεοὶ θέλωσι, νῦν ἀφίξεται. 405
Βλ. Οὐκ ἐν ἰατρὸν εἰσαγαγεῖν ἐχρῆν τινα;
Χρ. Τίς δῆτ' ἰατρός ἐςι νῦν ἐν τῇ πόλει;
Οὔτε γὰρ ὁ μισθὸς ὐδέν ἐς', ὅθ' ἡ τέχνη.
Βλ. Σκοπῶμεν. Χρ. ἀλλ' ὐκ ἔςιν. Βλ. ὐδ' ἐμοὶ δοκεῖ.
Χρ. Μὰ Δί', ἀλλ' ὅπερ πάλαι παρεσκευαζόμην 410
Ἐγώ, κατακλινεῖν αὐτὸν εἰς Ἀσκληπιῦ,

E 5 Κρά-

v. 402. ὥσπερ] *Hemsterh.* ὡς τὸ πρότερον propter metrum rescripsit.

ἑνί γε τῳ τρόπῳ] eodem modo, pari ratione vt videat, qua olim, puer quum esset.

v. 404. ὐκ ἐτὸς ἄρ'] ἐτὸς aduerb. positum significat, frustra. Non igitur, inquit, sine causa factum est, vt Plutus, oculis priuatus, nunquam ad me venerit.

ὡς ἔμ'] pro πρός.

v. 407. τίς δῆτ' ἰατρός] Iosectatur comicus non modo sui temporis medicos, qui artis suae inscitia maximum sibi pariant contemtum; sed etiam Athenienses, qui litteras flocci pendant, ad quarum studium homines praemiis et honoribus excitantur; his autem cessantibus earum fiunt incuriosi.

v. 410. πάλαι] antequam me conuenisti.

v. 411. εἰς] att. pro ἐν.

Ἀσκληπιῦ] scil. ναόν.

Κράτιςόν ἐςι. Βλ. πολὺ μὲν ἕν, νὴ τὰς θεάς.
Μή νυν διάτριβ᾽· ἀλλ᾽ ἄνυε πράττων ἕν γέ τι.
Χρ. Καὶ δὴ βαδίζω. Βλ. σπεῦδέ νυν. Χρ. τᾶτ᾽ αὐτὸ
δρῶ.

ΔΡΑΜΑΤΟΣ ΔΕΤΤΕΡΟΤ

ΣΚΗΝΗ ΤΕΤΑΡΤΗ.

ΤΡΙΜΕΤΡΟΙ ΙΑΜΒΙΚΟΙ,

ΠΕΝΙΑ, ΧΡΕΜΤΛΟΣ, ΒΛΕΨΙΔΗΜΟΣ.

415 Ὦ θερμὸν ἔργον, κἀνόσιον, καὶ παράνομον,
Τολμῶντε δρᾶν ἀνθρωπαρίω κακοδαίμονε·

Ποῖ

v. 413. διάτριβε] scil. χρόνον: *noli frustra consume-
re tempus.*
ἄνυε πράττων] *perfice sedulo,* vt antea λέγ᾽ ἀνύσας.
ἕν γέ τι] vnum ex duobus: *vel vt arcessas medicum, vel ad Aesculapium hunc ducas.*

v. 414. τᾶτ᾽ αὐτὸ] id ipsum faciam (vt Pluto oculi
restituantur.)

v. 415. ὦ θερμὸν ἔργον] θερμὸς proprie calidus,
item inconsultus, audax. Inconsulte enim agere solet,
qui calidiori animo rem adgreditur.
κἀνόσιον] pro καὶ ἀνόσιον. Duobus his verbis,
ἀνόσιον καὶ παράνομον, diuina simul et humana com-
prehenduntur: *facinus Diis hominibusque inuisum.*
Girard.

v. 416. τολμῶντε] dual. partic. praes. a τολ-
μάω.

ΑRISTOPHANIS.

Ποῖ παῖ; τί Φεύγετον; ὃ μενᾶτον; Χρ. Ἡράκλεις.
Πε. Ἐγὼ γὰρ ὑμᾶς ἐξολῶ κακὼς κακῶς.
Τάλμημα γὰρ τολμᾶτον ὐκ ἀνασχετὸν,
Ἀλλ᾽ οἷον ὐδεὶς ἄλλος ὐδεπώποτε,   420
Οὔτε θεὸς, ὅτ᾽ ἄνθρωπος· ὥς᾽ ἀπολώλατον.
Χρ. Σὺ δ᾽ εἶ τίς; ὠχρὰ μὲν γὰρ εἶναί μοι δοκεῖς.
Βλ. Ἴσως Ἐριννύς ἐςιν ἐκ τραγῳδίας·
Βλέπει γέ τοι μανικόν τι καὶ τραγῳδικόν.
Χρ. Ἀλλ᾽ ὐκ ἔχει γὰρ δᾷδας. Βλ. ὐκῦν κλαύσεται. 425
                                                Πε.

ἀνθρωπαρίω] ἀνθρωπάριεν dimin. homuncio.

v. 417. τί Φεύγετον;] Citato enim gradu ad deſti-
nata perficienda domum properabant.

Ἡράκλεις] Paupertatis ſordido cultu atque habitu territus Herculem inuocat, qui Diis adnumeratur, quos
dicunt ἀποτροπαίως.

v. 421. ἀπολώλατον] perf. med. ab ἀπολύω: vt
Latini loquuntur: periiſtis i. e. certe peribitis.

v. 422. ὠχρὰ] pallida, lurida: pallent enim fame
macerati.

v. 423. Ἐριννύς ἐςιν ἐκ τραγῳδίας] Perſtringit Aeſchylum, qui in Tragoedia, Eumenides dicta, furiarum
inducit chorum, quae monſtra horrenda, faces atras
manibus geſtantia, ſpectatoribus terrorem incutiebant,
quamquam aliis quoque Tragoediarum ſcriptoribus
erat vſitatum introducere furias. vid. Schol.

v. 424. βλέπει μανικὸν] vi apud Aelian. var. hiſt.
Lib. II. C. 44. γοργὸν μὲν αὐτῷ βλέπȣσιν οἱ ὀΦθαλ-
μοί: toruum enim cernunt oculi.

v. 425. δᾴδας] contr. pro δαΐδας. Negat paupertatem eſſe furiam, vtpote faces haud manibus gerentem.

Πε. Οἴεσθα δ᾽ εἶναί τίνα με; Χρ. πανδοκεύτριαν,
Ἡ λεκιθόπωλιν· ἢ γὰρ ἂν τοτυτονὶ .
Ἐνέκραγες ἡμῖν, ἠδὲν ἠδικημένη. *
Πε. Ἀληθες; ἢ γὰρ δεινότατα δεδράκατον,
430 Ζητεῦντες ἐκ πάσης με χώρας ἐκβαλεῖν;

Χρ.

ἠκῦν κλαύσεται] *Quare*, inquit, *feret infortunium,
quae, quum non est furia, terribili sivo habitu pauo-
rem nobis offundere gestit.*

κλαύσεται] vt apud Horat. Sat. Lib. II. v. 45. At
qui me commorit, flebit etc.

v. 416. πανδοκεύτριαν] Cauponariam, ex πᾶν et
δέχομαι sic dictam, quod omnes excipiat sua caupona.
Mulierum autem id genus clamosum et difficile est,
vt quod oporteat modo cum domesticis, modo cum
extraneis rixari et contendere. Idcirco Chremylus
Peniam cauponariam quandam interpretatur. *Girard.*

v. 427. ἢ λεκιθόπωλιν] *leguminum venditricem:*
compositum ex λέκιθος et πωλέω. λέκιθος quod etiam λέκυθος scribitur (proprie vitellus) genus est leguminis, πίσον, *pisum*, vocatum, sic dictum, quod
oui vitellum colore referat. A parte igitur λεκιθό-
πωλιν leguminum venditricem adpellat. vid. *Schol.*
Ouorum venditricem itidem potest significare. Hisce
adpellationibus Chremylus paupertatem sibi ludibrio
habet.

τοτυτονὶ] ait. pro τουτὶ.

v. 428. ἠδὲν] subintell. κατά: *nulla in re.*

v. 429. ἄληθες] *reuera.* Primam huius vocis syl-
labam acuendam censent; quum per interrogationem
accipitur pro, *an vere? Suid.*

δεινότατα δεδράκατον] atrocissimam mihi fecistis
iniuriam.

Χρ. Οὐκᾶν ὑπόλοιπόν σοι τὸ βάραθρον γίνεται.
Ἀλλ' ἤ τις εἶ, λέγειν ἐχρῆν σ' αὐτίκα μάλα.
Πε. Ἡ σφῷ ποιήσω τήμερον δῶναι δίκην,
Ἀνθ' ὧν ἐμὲ ζητᾶτον ἐνθένδ' ἀφανίσαι.
Βλ. Ἆρ' ἐςὶν ἡ καπηλὶς ἡ 'κ τῶν γειτόνων,   435
Ἡ

v. 431. βάραθρον] Barathrum, ſiue locus profundus, in quem' malefici et capite damnati Athenis praecipitabantur, vt in Ceadam apud Lacedaemonios: Senſus eſt: *Quodſi e cunctis te eiecerimus locis, barathrum tibi eſt reliquum, in quod te des praecipitem.*

v. 434. ἀνθ' ὧν] idem, quod ἀνθ' ὅτε, *propterea quod*. Lucian. ἀπόδος ἀνθ' ὧν σε διεπορθμευσάμην.

ἀφανίσαι] proprie. *e conſpectu auferre, abolere*, ita vt nulla rei veſtigia appareant, vt apud Aelian. v. h. Lib. III. C. 43. Καὶ ἡ πόλις αὐτῶν ἀφανίσθη. et Lib. IV. C. 6. ὅτι ἡνίκα ἐβάλοντο Λακεδαιμόνιοι τὴν Ἀθηναίων πόλιν ἀφανίσαι, ita diruere, vt ne locus quidem, vbi ſteterat, poſſit cognoſci. Significat quoque corrumpere, polluere; foedare formam, it. occultare et obſcurare. Prima ſignificatio, vt ego quidem arbitror, huic loco maxime eſt accommodata.

v. 435. καπηλὶς] Sunt, qui putant, κάπηλον, cauponem, vel vini venditorem ſignificare, nixi auctoritate Sophoclis, qui vocabulo πηλὸς pro οἶνος frequenter vti ſolet. vide *Suid*. Ponitur etiam pro vini adulteratore, et inde apud Aeſchylum pro fraudulento. Generatim autem quemuis propolam notare, patet ex loco quodam Nicoſtrati apud Athenaeum Lib. XV. ὁ κάπηλος γὰρ ὁ ἐκ τῶν γειτόνων ἄν τ' ἔλαιον ἀποδῶται τινι, ἄν τ' ὄξος· ἀπέπεμψ' ὁ κατάρατος δὺς ὕδωρ. vid. *Bergl*.

Ἡ ταῖς κοτύλαις ἁσί με διαλυμάνεται;
Πε. Πενία μὲν ἆν, ἡ σφῷν ξυνοικῶ πόλλ᾽ ἔτη.
Βλ. Ἄναξ Ἄπολλον, καὶ θεοί· ποῖ τις φύγοι;
Χρ. Οὗτος, τί δρᾷς, ὦ δειλότατον σὺ θηρίον,
440 Οὐ παραμενεῖς; Βλιψ. ἥκιστα πάντων. Χρεμύλ. ἐ
μενεῖς;

'AB'

τῶν γειτόνων] ἡ ἐκ τῶν γειτόνων, ex vicinis, i. e.
vicina, vel in vicinia habitans: vt attici loquuntur.
Simpliciter autem ἐκ γειτόνων line articulo, ὁ, ἡ, adverbialiter vſurpatur, ſignificans, in vicinia. vide
Kuſter.
v. 436. κοτύλαις] κοτύλη, quae etiam. dicitur ἡμί-
ξεςον, ſignificat ſemiſextarium, latinis heminam dictam. De variis vocis κοτύλη ſignificationibus vide
Athenaeum Lib. XI.
διαλυμάνεται] Inedit, nocet. Vel de minori menſura
queritur Blepſidemus, vel etiam de vino corrupto,
quo eſt deceptus. conler. Schol.
v. 437. σφῷν] regitur a praepoſ. σὺν cum verbo
εἰκέω coniuncta.
v. 438. ἄναξ] Diis ſaepe tribuitur, vt apud Homer.
Iliad. L. II. ἐρμείας δὲ ἄναξ.
ποῖ τις φύγοι] Quo quis aufugiat, ſcil. tale monſtrum
videns?
v. 439. ὖτος] pro ὦ ὖτος: heus tu! ὦ δειλότατον
σὺ θηρίον) idem legitur in auibus v. 86. θηρίον dimin.
a θῆρα. ˘fera. Quo fugis, inquit Chremylus, tanquam
fera timidiſſima?
v. 440. ἥκιστα πάντων] ſicut latini, minime omnium,
quod auget negationem. Similiter dicitur μάλιστα
πάντων. Schol.

ΑRISTOPHANIS. 79

'Αλλ'· ἄνδρε δύο γυναῖκα Φεύγομεν μίαν;
Βλ. Πενία γάρ ἐςιν, ᾧ πόνηρ'· ἦς ὐδαμῦ
Ουδὲν πέφυκε ζῶον ἐξωλέςερον.
Χρεμύλ. Στῆθ', ἀντιβολῶ σε, ςῆθι. Βλεψ. Μὰ Δί,
ἐγὼ μὲν ὖ.

Χρ. Καὶ μὴν λέγω, δεινότατον ἰργον παραπολὺ   445
Ἔργων ἁπάντων ἐργασόμεθ'· εἰ τὸν θεὸν
Ἔρημον ἀπολιπόντε ποι Φευξύμεθα,
Τηνδὶ δεδιότε, μηδὲ διαμαχόυμεθα.
Βλ. Ποίαισιν ὅπλοις, ἢ δυνάμει πεποιθότες;
Ποῖον γὰρ ὁ θώρακα, ποίαν ἀσπίδα   450
Οὐκ ἐνέχυρον τίθησιν ἡ μιαρωτάτη;
Χρ. Θάῤῥει· μόνος γὰρ ὖτος οἶδ' ὁ θεὸς, ὅτι

Τρο-

v. 443. ἐξωλέςερον] perniciosius, comparatiuus ab ἐξώλης, quod ab ὀλλύω.

v. 447. ἔρημον] ἔρημος, desertus, inhabitatus, it. homo praesidio destitutus. construitur etiam cum genitiuo, vt apud Isocr. ἔρημος βοηθείας.

Φευξύμεθα] pro Φευξόμεθα.

v. 448. δεδιότε] dual. particip. perf. med. a δείδω.

v. 449. πεποιθότε] secundum editt. pristinas melius πεποιθότες.

v. 451. ἐνέχυρον τίθησιν] pignori ponit: i. e. nos oppignorare cogit, inopia adductos?

v. 452. ὖτος οἶδ'] ita construe: οἶδα γὰρ, ὅτι ὖτος ὁ θεὸς μόνος κ. τ. λ.

Τροπαῖον ἀναςήσαιτο τῶν ταύτης τρόπων.

Πε. Γρύζειν δὲ καὶ τολμᾶτον, ὦ καθάρματι,
455 Ἐπ' αὐτοφώρῳ δεινὰ δρῶντ' εἰλημμένῳ;

Χρ. Σύ δ', ὦ κάκιϛ' ἀπολυμένη, τί λοιδορεῖ

Ἡμῖν

v. 453. τρόπαιον ἀναϛήσαιτο] Tropaea victoriae
erant monumenta: Sensus ergo est: Paupertatem a
Pluto iri superatum et profligatum. Notat *Schol.* τρόπαιον a τροπῇ τῶν ἐχθρῶν esse dictum.

ἀναϛήσαιτο] per ἂν ϛήσαιτο, e Suida corrigit Kusterus; recte.

ταύτης τρόπων] mores et ingenium pro persona,
(vt apud Terent.) *vxorem his moribus nemo dabit* i. e.
homini his moribus praedito: et *qui cum ingeniis con-
flictetur ciusmodi* i. e. cum viris, tali ingenio praedi-
tis. v. *Girard.*

v. 454. γρύζειν] *mutire, hiscere*, de quo supra.

καθάρματι] κάθαρμα, victima, piacularis homo,
scelestus et sacer: Solebant autem ciuitatis expiandae
gratia hominem quendam ornatiore velle indutum oc-
cidere, quem vocabant κάθαρμα. *Schol*

v. 455. ἐπ' αὐτοφώρῳ] a φὼρ, fur; hinc φωράω,
furtum peruestigo, in furto deprehendo; vnde αὐτό-
φωρος in ipso furto deprehensus: quod de aliis quoque facinoribus dicitur, vt in ipsa caede deprehensus.
vide *Schol*

δεινά] *nefanda, indigna.*

δρῶντ'] pro δρῶντε. a δράω.

v. 456. τί λοιδορεῖ] 2. praes. med. att. pro λοιδορῇ,
melius secundum Aldinam, quam λοιδορεῖς, quod aliae
habent. Hanc veram esse lectionem, indicat datiuus

Ἡμῖν προσελθῦσ', ὡδ' ὅτι ἠν ἀδικημένη;
Πε. Οὐδὲν γὰρ, ὦ πρὸς τῶν θεῶν, νομίζετον
Ἀδικεῖν με, τὸν Πλῦτον ποιεῖν πειρωμένω.
Βλέψαι πάλιν; Χρ. τί ὦν ἀδικῦμεν τῦτό σε,   460
Ἐι πᾶσιν ἀνθρώποις πορίζομεν ἀγαθόν;
Πε. Τί δ' ἄν ποθ' ὑμεῖς ἀγαθὸν ἐξεύροισθ'; Χρεμύλ. ὅ,
  τι;
Σὲ πρῶτον ἐκβαλόντες ἐκ τῆς Ἑλλάδος.
                                           Πε.

ἡμῖν, quia actiuum λοιδορεῖν semper cum accusatiuo,
λοιδορεῖσθαι autem cum datiuo et accus. constructum
occurrit. vid. Schol. Kuster. et Hemsterh. Quidam da-
tiuum ἡμῖν ad προσελθῦσα referunt.
  v. 457. προσελθῦσ'] Constructio, quam Latini imi-
tantur: Siccine nos venis iniuria adfectum? Girard.
  v. 458. ὑδὲν γὰρ — ἀδικεῖν με] ἀδικεῖν cum duobus
construitur accusatiuis, vt apud Demosth. πάνθ' ὅσα
ἠδίκησέ με, quascunque mihi intulit iniurias: legitur
etiam apud Aristot. Politic. 5. ἀδικῶ σε εἰς τῦτο: et
apud Platon. de leg. ἀδικῶ τῦτο περὶ σε.
  v. 460. τί ἂν;] Hemsterh. sic putat distinguendum:
τί ἂν; ἀδικῦμεν τῦτό σε; Quid igitur? Num te adfi-
cimus iniuria, si cunctis hominibus benefacimus?
  v. 461. Hoc versu sic censet legendum Bentleius:
εἰ πᾶσιν ἀνθρώποις ἀγαθὸν πορίζομεν.
  v. 462. τί δ' ἄν γ' ὑμεῖς] Quum prima in ὑμεῖς est
longa, metri causa γε ὑμεῖς vel γὰρ ὑμεῖς scribendum
existimat Duker. Cod. Dorv. habet τί δ' ἄν ποθ' ὑμεῖς.
v. Hemsterh. Bentleius emendauit: τί δῆτ' ἄν ὑμεῖς
ἀγαθὸν ἐξεύροισθ';

F

Πε. Ἔμ' ἐκβαλόντες; καὶ τί ἂν νομίζετον
465 Κακὸν ἐς γάτατ ϑαι μεῖζον ἀνθρώπῳς; Χρ. ὅ, τι;
Εἰ τᾶτο δρᾷν μέλλοντες, ἐπιλαθοίμεθα.
Πε. Καὶ μὴν περὶ τᾶτα σφῷν ἐθέλω δᾶναι λόγον
Τὸ πρῶτον αὐτᾶ· κἂν μὲν ἀποφήνω, μόνην
Ἀγαθῶν ἁπάντων ᾖσαν αἰτίαν ἐμὲ
470 ̔Υμῖν, δι' ἐμέ τε ζῶντας ὑμᾶς· εἰ δὲ μὴ,
Ποιεῖτον ἤδη τᾶθ', ὅ, τι γ' ἂν ὑμῖν δοκῇ.

             Χρ.

v. 466. εἰ τᾶτο δρᾷν μέλλοντες] Paupertati interroganti; *quidnam maius delictum committere potestis, quam ut e Graecia me eiiciatis?* facete respondet Chremylus, *grauius hoc fore crimen, si consilii eius expellendae obliuiscantur.*

v. 467. καὶ μὴν περὶ τᾶτα] hac de re scil. vtrum meruerim eiectionem, nec ne?

v. 468. τὸ πρῶτον] prius scil. quam me eiiciatis.

αὐτᾶ] vel cum τᾶτα est iungendum, vel aduerbialiter pro *hic* ponitur. v. *Schol.*

κἂν μὲν ἀποφήνω — — δι' ἐμέ τε ζῶντας ὑμᾶς] deest hic apodosis Attice post εἰ μ' ν seu ἐὰν μὲν subintelligenda. *Quodsi*, inquit paupertas, *vobis demonstrauero, me solam omnium bonorum vobis esse causam, vosque meo viuere beneficio*, non addit, quid senibus sit faciendum, sed auditori diuinandum relinquit. Supplendum est igitur, μηδαμῶς μ' ἐκβάλλετον, vel ἐάσατε, vel hoc genus aliud. Exempla huius ellipseos ex Homero et Thucid. adfert *Schol.* quem vide. confer. *Kuster.* et *Hemsterh.*

v. 469. ᾖσαν]. pro εἶναι, vti et ζῶντας pro ζῆν.

ARISTOPHANIS. 83

Χρ. Τυτὶ σὺ τολμᾷς, ὦ μιαρωτάτη, λέγειν;
Πε. Καὶ σύ γε διδάσκει· πάνυ γὰρ οἶμαι ῥᾳδίως
Ἄκανθ' ἁμαρτάνοντά σ' ἀποδείξειν ἐγώ,
Εἰ τὰς δικαίως φῂς ποιήσειν πλυσίας.   475
Βλ. Ὢ τύμπανα, καὶ κύφωνες, οὐκ ἀρήξετε;
Πε. Οὐ δεῖ σχετλιάζειν καὶ βοᾶν, πρὶν ἂν μάθῃς.
Βλ. Καὶ τίς δύναιτ' ἂν μὴ βοᾶν, ἰὼ, ἰὼ,
Τοιαῦτ' ἀκούων; Πε. ὅστις ἐσὶν εὖ φρονῶν.
Χρ. Τί δῆτά σοι τίμημ' ἐπιγράψω τῇ δίκῃ,   480
F 2   Ἐὰν

v. 474. ἄπανθ'] pro καθ' ἅπαντα.

v. 476. τύμπανα] a τύπτω, sunt baculi, fustes, quibus in iudiciis sontes caedebantur, teste Scholiaste. Kusterus hunc versum et sequentes 478 et 483 ex M. S. Vatic. V. Chremylo adsignandos esse monet, et versum 484 Bleplidemo. confer. *Hemsterh.*

κύφωνες] Sunt ligna, quae ceruicibus damnatorum imponuntur, ne caput erigere possint. κύφων vero est vinculum ligneum, quod alii κλοιὸν, alii vero καλιὰν vocant. Hinc etiam homo malus κύφων dicitur: de omnibus quoque rebus molestis et perniciosis haec vox vsurpatur. κύφων autem dictum a κύφειν, quod vinctos cernuare cogat. *Suid.* ex *Schol.*

οὐκ ἀρήξετε] Prosopopoeia: *non opem feretis? In cruciatum Peniae (ipsius nos beneficio viuere adfirmantis, atque impudentissima mendacia fundentis), non adhibebimini?* v. *Girard*.

v. 479. ὅςις ἐσὶν εὖ φρονῶν] scil. μὴ βοᾶται.

v. 480. τίμημα] Variae sunt huius vocis significationes. Notat generaliter qualemcunque poenalem rei aestimationem. *Pollux* Lib. VIII. τὰ τιμήματα,

Ἐὰν γ' ἁλῷς· Πε. ὅ, τι σοι δοκεῖ. Βλ. καλῶς λέγεις.
Πε. Τὸ γὰρ αὐτό γ', ἐὰν ἡττᾶσθε, καὶ σφῷν δεῖ παθεῖν.

Βλ. Ἱκανὸς νομίζεις δῆτα θανάτους εἴκοσιν;
Χρ. Ταύτῃ γε. νῦν δὲ δι' ἀποχρήσευσιν μόνω.
485 Πε. Οὐκ ἂν φθάνοιτον τοῦτο πράττοντ'; ἤ τί γ' ἂν
Ἔχοι τις ἂν δίκαιον ἀντειπεῖν ἔτι.

ΔΡΑ-

inquit, eſſe, ζημίαν, mulctam pecuniariam, φυγὴν,
exſilium, ἀτιμίαν, infamiam i. e. iuris ciuium et ma-
ximè honorum priuationem, θάνατον, quodcunque mortis genus. δεσμὸν, vincula ſeu carcerem, στίγματα,
ſigna maleficis inuſta, στήλην, adligationem ad columnas.
Demoſth. contra Androt. ἄτιμον definit eum, cui neque dicere, neque ſcribere liceret: στηλίτας dicit in
tertia Philippica, quos in pila ad perpetuam memoriam, vt impios aut ingratos, deſcripſerunt. Specia-
tim ſignificat τίμημα mulctam, ab actore ſcripto edito
conſtituendam, quae reo debeat irrogari, ſi cauſa ca-
dat, quod τίμημα ἐπιγράφειν nominabant, quae ſignificatio huic loco eſt accommodata.

v. 482. τὸ γὰρ αὐτὸ] ſcil. τίμημα. Pro γ' ἂν legit
Schol. ἐὰν. Hemſterh ex Cod. Dorv. dedit γ' ἐὰν.

v. 484. ταύτῃ γε] ſcil. εἴκοσι θάνατοί εἰσι ἱκανοί.
Peſſima haec, inquit, mulier eſt digna, quae vicies
mortem oppetat.

ἀποχρήσευσιν] ab ἀπόχρη ſufficit, fut. ἀποχρήσει
ex ἀπὸ et χράομαι.

v. 485. ὐκ ἂν φθάνοιτον] In opt. cum antecedente
negatione et particula ἂν ſignificat φθάνειν non effugere quin: vt apud Lucian. ὐκ ἂν φθάνοις ὠνησάμενος,
non effugies, quin emas.

ΔΡΑΜΑΤΟΣ ΔΕΥΤΕΡΟΥ
ΣΚΗΝΗ ΠΕΜΠΤΗ.

Τετράμετροι, Καταληκτικοί, Ἀναπαιςι-
κοί, Ἀριςοφάνειοι.

ΧΟΡΟΣ, ΧΡΕΜΥΛΟΣ, ΒΛΕΨΙΔΗΜΟΣ,
ΠΕΝΙΑ.

Ἀλλ᾽ ἤδη χρῆν τι λέγειν ὑμᾶς σοφὸν, ᾧ νικήσετε
τηνδί,
Ἐν τοῖσι λόγοις ἀντιλέγοντες· μαλακὸν δ᾽ ἐνδώσετε
μηδέν.

F 3 Χρ.

πράττοντε] πράττειν interdum, vti hoc loco, significat πάσχειν, quod notat *Schol.* vt apud Euripid. in Hec. ὡς πάντα πράξας, ὧν σε δεῖ, *cuncta passus, quae te pati oportet.* Sensus hic est: *non poteritis euitare, quin hoc patiamini* i. e. quin mortem oppetatis, certo enim scio, me causam esse victuram. *Kuster.* hanc vocis, πράττειν, significationem pluribus illustrat, quem vide.

ἢ τί γ᾽ ἂν ἔχοι τις] Cum interrogatione sensus hic est: *aut quisquam habeat, mihi quod iure opponere possit: vel quidnam quis adferat, quo me vincere queat?* Sola Aldina habet ἢ τί γ᾽ ἂν sine interrogatione. v. *Bergl.* *Hemsterh.* putat legendum: ἢ τί γὰρ ἔχοιτον ἂν κ. τ. λ.

v. 487. ἀλλ᾽ ἤδη χρῆν] Hortatur chorus Chremylum, vt missis iam dicteriis Paupertatem argumentis refellere studeat.

v. 488. μαλακὸν δ᾽ ἐνδώσετε] ἐνδιδόναι proprie signi-

Χρ. Φανερὸν μὲν ἔγωγ' οἶμαι γνῶναι τῦτ' ἄναι πᾶσιν
ὁμοίως,
490 Ὅτι τὰς χρηςὰς τῶν ἀνθρώπων εὖ πράττειν ἔςι δί-
καιον·
Τὰς δὲ πονηρὰς καὶ τὰς ἀθέυς, τέτων τἀναντία
δήπυ.
Τῦτ' ὂν ἡμεῖς ἐπιθυμῶντες, μόλις εὑρομεν, ὥς τε γενέσθαι,

Βή-
ficat, *tradere*, *porrigere*: it. *cedere*, *non reniti*, *re-
miſſius agere* i. e. ſeſe alicui in poteſtatem tradere: vt
apud Thuc. ὡς εἶδον αὐτὰς ἐνδόντας, ὑκέτ' ὑπέμειναν ;
et apud Ariſt. ἐνδῦναι πρὸς τὴν ἡδονὴν, vel τῇ ἡδονῇ.
voluptati ſuccumbere, vbi μαλακόν τι, *molle* vel *ſegne*
ſubauditur, id quod ex hoc loco adparet. vid. *Kuſter*.
copioſius hanc vocem illuſtrantem. Locum ex Hero-
doto in Thal. citauit Scholiaſtes: τὰς δὲ θηλέας ἀνα-
μιμνησκομένας, ὧν ἔλιπον τέκνων, ἐνδιδόναι μαλακὸν
ἀδέν.

v. 489. Φανερὸν μὲν ἔγωγ'] Ita conſtr. ἔγωγε μὲν
οἶμαι γνῶναι, τῦτο εἶναι Φανερὸν πᾶσι. *Egomet mihi
perſuadeo, cunctis hoc eſſe manifeſtum.*

v. 491. ἀθέυς] ἄθεος ſceleratum, Deorum con-
temtorem ſignificat atticis.

τέτων] ſcil. χρηςῶν.

τἀναντία] pro τὰ ἐναντία, *contraria* ſcil. πράττειν
κακῶς, *infelicem agere vitam*.

v. 492. τῦτ' ὂν ἡμεῖς] conſtr. ἡμεῖς ὂν ἐπιθυμῶντες, ὥςε τῦτο γενέσθαι: *nos igitur cupientes, hoc dare
effectum*: ſcil. vt boni reddantur felices, *vix tandem
impetramus* etc. ὡς ſaepe cum infinitiuo iungitur.

Βέλημα καλὸν, καὶ γενναῖον, καὶ χρήσιμον εἰς ἅπαν
ἔργον.
Ἢν γὰρ ὁ Πλῦτος νυνὶ βλέψῃ, καὶ μὴ τυφλὸς ὢν πε-
ριοςῇ,
Ὡς τὺς ἀγαθὺς τῶν ἀνθρώπων βαδιεῖται, κὰκ ἀπο- 495
λείψει.
Τὺς δὲ πονηρὺς καὶ τὺς ἀθέυς φευξεῖται· κᾆτα ποιήσει
Πάντας χρηςὺς καὶ πλυτῦντας δήπυ, τά τε θεῖα
σέβοντας.
Καί τοι τύτυ τοῖς ἀνθρώποις ·τίς ἂν ἐξεύροι πότ'
ἄμεινον;
Βλ. Οὔτις. ἐγώ σοι τύτυ μάρτυς· μηδὲν ταύτην γ'
ἀνερώτα.
F 4 Χρ.

v. 494. περινοςῇ] de quo vide supra v. 121.

v. 498. τίς ἂν ἐξεύροι] Inceptum suum hominum generi maxime salutare fore contendit Chremylus, quia impios, videntes, probitati tantum proposita esse praemia, scelestos e contrario egestate premi, relicta nequitia ad frugem redituros esse putat. Hinc fore, inquit, vt ad vnum omnes virtutis sint studiosi.

v. 499. μηδὲν ταύτην] Blepsidemus hic Paupertatis, quam interrogauerat Chremylus, responsioni praevertit, eiusque nomine in hanc respondet sententiam. *Quod modo dixisti, adeo est perspicuum, vt nullam, quod tibi adfirmo, admittat contradictionem. Noli ergo ex hac quaerere muliercula, quae non habet, quod tibi opponat.*

500 Χρ. Ὡς μὲν γὰρ νῦν ἡμῖν ὁ βίος τοῖς ἀνθρώποις διά-
κειται,
Τίς ἂν ὑχ ἡγοῖτ' εἶναι μανίαν, κακοδαιμονίαν τ' ἔτι
μᾶλλον;
Πολλοὶ μὲν γὰρ τῶν ἀνθρώπων ὄντες πλουτῦσι πο-
νηροὶ,
Ἀδίκως αὐτὰ ξυλλεξάμενοι. πολλοὶ δ' ὄντες πάνυ
χρηςοὶ
Πράτ-

v. 500. ὡς μὲν γὰρ] *Nam vt nunc nobis hominibus viuendi conditio est constituta.*

v. 501. μανίαν, κακοδαιμονίαν τ' ἔτι μᾶλλον] *infaniam, quin immo furorem.* Non posse fieri, inquit Chremylus, quin quilibet vir probus, vitae suae conditionem reputans, ad infaniam adeoque furorem adigatur, si nefarios omnes ditescere, contra ea sceleris puros fame et inopia premi intelligat.

v. 502. πολλοὶ μὲν γὰρ] Putat *Duker.* in modum haec dicta esse sententiosum: neque enim αὐτὰ habere, quo referatur, sed inferri, quia praecessit πλουτῦσι, quod idem est, ac si dixisset, χρήματα συλλέγυσι.

v. 504. μετὰ σῦ] *tecum* scil. cum paupertate semper versatur.

v. 505. ὑκῦν ἥναί φημ'] Nonnulli hunc locum arguerunt obscuritatis, quamuis Scholiastes ei facem praeferat. Constr. haec est: ὑκῦν φημ' εἶναι ὀδὸν, ἢ παύσει ταῦτα, ἤν ποθ' ὁ πλῦτος βλέψῃ, ἥν τιν' (ὁδὸν) ἰὼν (πλῦτος) πορίσειεν ἂν κ. τ. λ. *Quare adfirmo, vnam esse viam, quae reprimet haec,* (scil. solōs improbos fieri

Πράττυσι κακῶς, καὶ πεινῶσιν, μετὰ σῦ τι τὰ πλεῖ-
  σα σύνεισιν.
Οὐκῶν ἔναί φημ', ἢ παύσει ταῦτ', ἢν βλέψῃ ποθ' ὁ 505
  Πλῶτος,
Ὁδὸν, ἢν τιν' ἰὼν, τοῖς ἀνθρώποις ἀγαθ' ἂν μεῖζω πο-
  ρίσειεν.
Πε. Ἀλλ', ὦ πάντων ῥᾷσ' ἀνθρώπων ἀναπεσθέντ' ἐχ
  ὑγιαίνειν,
Δύο πρεσβύτα, ξυνθιασῶτα τῦ ληρεῖν καὶ παρα-
  παίειν·

dinites) *fi Plutus visum recuperet, quam* (viam) *fi
ingressus fuerit Plutus, maioribus homines emolumentis
beabit.* Putat *Duker.* ἢν τιν' ἰὼν, ad Plutum non posse
referri, quia Plutus ipse eam viam vel rationem inire
neque voluit neque potuit: verum falso. Voluisse
enim Plutum visum recuperare, ex effectu apparet,
quum in templum Aesculapii se duci pateretur. Haec
igitur dicit Chremylus, sibi persuadens, fore, vt Plutus argumentis suis victus, tandem sibi morem gerat.

v. 507. ῥᾷσα] Omnium facillime persuasi, vt sto-
lida iniretis consilia.

v. 508. ξυνθιασῶτα] pro συνθ. proprie consors
chori Bacchici, et simpliciter socius, a θίασος, coetus,
sacrorum causa confluens: proprie *turba, Bacchicos cho-
ros agens,* vt apud. Eurip. ὁρῶ δὲ θιάσυς τρεῖς γυναι-
κείων χορῶν: generatim est collecta turba, vt Philo de
mundo: ψυχῶν ὁ θίασος ὅτος ἀσωμάτων ἐςί.

παραπαίειν] delirare. Luc. παραπαίεις, ὦ γέρων,
καὶ μειρακιεύῃ.

Εἰ τῦτο γένοιθ᾽, ὁ ποθεῖθ᾽ ὑμεῖς, οὔ φημ᾽ ἂν λυσι-
τελεῖν σφῶν.

510 Εἰ γὰρ ὁ Πλῦτος βλέψειε πάλιν, διανείμαιέ τ᾽ ἴσον
ἑαυτὸν,
Οὔτε τέχνην ἂν τῶν ἀνθρώπων, ἔτι σοφίαν με-
λετῴη
Οὐδείς· ἀμφοῖν γ᾽ ὑμῖν τύτοιν ἀφανισθέντοιν, ἐθελήσει
Τίς χαλκεύειν, ἢ ναυπηγεῖν, ἢ ῥάπτειν, ἢ τροχοποιεῖν,
Ἡ σκυτοτομεῖν, ἢ πλινθυργεῖν, ἢ πλύνειν, ἢ σκυλοδεψεῖν,

Ἡ

v. 510. ἴσον ἑαυτὸν] sese aequalem scil. omnibus:
si omnes sine ullo discrimine aequaliter locupletaret.

v. 511. μελετῴη] praes. opt. a μελετάω: pro ter-
minatione optativi ῳμι vsurpant attici ῴην. *Hemsterh.*
metri causa pro ἔτι σοφίαν, ἔτ᾽ ἂν σοφίαν ex cod. Orvill. rescribit.

v. 512. τύτοιν ἀφανισθέντοιν] genit. dual. absoluti:
his (artibus) sublatis: de verbo ἀφανίζειν vide v. 434.

v. 514. πλύνειν] lauare, proprie de vestimentis vsurpatur, sicut λέω de corpore, et νίπτω de manibus:
improprie de aliis rebus: significat quoque conuiciis
incessere et contaminare. vide *Suid.*

σκυτοδεψεῖν] Propter primam in σκύτος longam
Bentl. legit σκυλοδεψεῖν, cui adsensit *Kuster. Hemsterh.*
autem textui inseruit. Nam σκύτος et σκύλον eiusdem significationis sunt voces.

ARISTOPHANIS. 91

Ἡ γῆς ἀρότροις ῥήξας δάπεδον, καρπὸν Δηᾶς θερί- 515
σασθαι,
Ἠν ἐξῇ ζῆν ἀργοῖς ὑμῖν τύτων πάντων ἀμελῦσιν;
Χρ. Λῆρον ληρεῖς· ταῦτα γὰρ ἡμῖν πάνθ᾽, ὅσα νυνὶ
κατέλεξας.
Οἱ θεράποντες μοχθήσυσι. Πε. πόθεν ἕν ἕξεις θε-
ράποντας;
Χρ. Ὠνησόμεθ᾽ ἀργυρίω δήπυ. Πε. τίς δ᾽ ἔσαι πρῶ-
τον ὁ πωλῶν,
Ὅταν ἀργύριον κἀκεῖνος ἔχῃ; Χρ. κερδαίνειν βυλό- 520
μενός τις
Ἔμπορος ἥκων ἐκ Θετταλίας παρὰ πλείςων ἀνδραπο-
δισῶν.
Πε. Ἀλλ᾽ ὑδ᾽ ἔσαι πρῶτον ἁπάντων ὑδεὶς, ὑδ᾽ ἀνδρα-
ποδιςής,
Κατὰ τὸν λόγον, ὃν σὺ λέγεις, δήπυ· τίς γὰρ πλυ-
τῶν ἐθελήσει
Κιν-

v. 515. δάπεδον] pauimentum, solum. Eſt agriculturae circumſcriptio.
Δηᾶς] genit. a Δηώ, οος. Ceres.
v. 517. λῆρον ληρεῖς] per pleonaſm. pro ληρεῖς.
v. 519. ὁ πολῶν, ὅταν] ſi nemo argenti penuria ad
vendendum adigatur.
v. 521. πλείςων ἀνδραποδιςῶν] ἀνδραποδιςής, ab
ἀποδίδοσθαι ἄνδρα, qui homines in ſeruitutem abducit,
non ſolum liberos, ſed 'etiam ſeruos dominis ſuis ſur-
ripit atque vendit, cuius criminis Theſſali inprimis in-
ſimulabantur. v. Schol.

Κινδυνεύων περὶ τῆς ψυχῆς τῆς αὑτῦ. τῦτο
ποιῆσαι;
525 Ὥστ' αὐτὸς ἀρῶν ἐπαναγκασθεὶς, καὶ σκάπτειν, τἆλλά
τε μοχθεῖν.
Ὀδυνηρότερον τρίψεις βίοτον πολὺ τῦ νῦν. Χρεμ. ἐς
κεφαλήν σοι.
Πεν. Ἔτι δ' ὐχ' ἕξεις ὗτ' ἐν κλίνῃ καταδαρθεῖν· ὐ γὰρ
ἔσονται·
Οὔτε τάπησιν. τίς γὰρ ὑφαίνειν ἐθελήσει, χρυσίε
ὄντος;

Οὔτε

v. 525. τἆλλα] reliqua scilicet munera: si ipse opi-
ficiis vacare cogeris, quae nunc alii pro te tractant.

v. 526. τῦ νῦν] scil. καιρῦ. τρίψεις βίοτον, vt Latinorum: teres aetatem.

ἐς κεφαλήν σοι] scil. τράποιτο. Formula imprecandi: in caput tuum omne recidas malum, quod omi-
naris. De ritu Aegyptiorum, qui immolatorum boum abscissa capita, multis imprecationibus devota,
vel Graecis vendebant, vel in amnem coniiciebant,
vide Herod. Lib. II.: vnde hanc formulam nonnulli
ortam esse existimant.

v. 527. ὐχ' ἕξεις] non poteris. Interdum ἔχειν
hanc admittit significationem, vt apud Xenoph. Paed. 5.
ἔχεις τινα πλεονεξίαν ἐμῦ κατηγορῆσαι.

καταδαρθεῖν] aor. 2. infin. act. a δαρθάνω. κυρίως καταδαρθεῖν τὸ ἐν δέρμασι κοιμηθῆναι. Schol.

κλίνη] pro quo Reiske κλίνης pro κλίναις legendum
putat: quae lectio sequente voce ἔσονται confirmari
videtur.

ARISTOPHANIS.

Οὔτε μύροισιν μυρίσαι ςακτοῖς, ὁπόταν νύμφην ἀγά-
γηθον·
Οὐδ' ἱματίων βαπτῶν δαπάναις κοσμῆσαι ποικιλο-
μόρφων.
Καὶ

v. 529. ςακτοῖς] *liquidis, stillantibus*, ad differentiam scilicet eorum vnguentorum, quae sicca sunt: *Suid.* qui etiam μύροισιν scribendum esse docet: confer. *Schol.* qui μύρεισιν interpretatur per ὑγροῖς καὶ χρισίμοις, πρὸς ἀντιδιαςολὴν τῶν ξηρῶν.

v. 530. Ἱματίων βαπτῶν] Multa hic disputat *Duker.* neque in Scholiis, neque in interpretatione Suidae vllam commodam sententiam, aut quidquam sani sensus inveniens. Scholiastes inquit: βαπτὰ γὰρ ἱμάτια φοροῦσιν οἱ νυμφίοι, πρὸς τὸ φαίνεσθαι τεκμήριον, οἷμαι τῆς βαφῆς, quod Kullerus vertit: *vt tincturae essent indicium*, id quod nemo facile intelliget. Sed missis interpretum veterum tricis verba comici ipsa reputemus, verus vt inde eliciatur sensus, mea quidem sententia, haud adeo abstrusus: βαπτὸς a βάπτω significat *tinctus, colore infectus.* Aelian. v. h. L. VII. C. 9. ὑ βαπτῶν χιτωνίσκων: *non tinctis tunicis:* δαπάνη dicitur *sumtus, impensa:* et ποικιλόμορφος, *multiformis, pictus, versicolor.* idem Aelian. L. IV. C. 22. ποικίλας ἐνέδυνον χιτῶνας, *pictas induerunt tunicas:* nec non Lib. VIII. C. 7. et Lib. XII. C. 1. quibus in locis, ποικίλος, idem est, quod hic ποικιλόμορφος: ad verbum igitur sic est vertendum: *Neque,* (poteritis) *vos ornare impensa tinctarum vestium versicolorum:* i. e. *non licebit vobis amplius vestes gestare variegatas, pretiosis coloribus* (eamque ob rem magna impensa) *tinctas.* Lex erat Athenis a Zaleuco lata, quae meretrices vestes variorum colorum gestare iubebat teste *Suida*

Καί τοι τί πλέον πλυτεῖν ἐςιν, πάντων τύτων ἀπορῦντας;
Παρ᾽ ἐμῦ δ᾽ ἐςιν ταῦτ᾽ εὔπορα πάνθ᾽ ὑμῖν, ἂν δείδον
ἐγὼ γὰρ
Τὸν χειροτέχνην, ὥσπερ δέσποιν᾽, ἐπαναγκάζυσα κάθημαι,
Διὰ τὴν χρείαν, καὶ τὴν πενίαν. ζητεῖν, ὁπόθεν βίον
ἕξει.

535 Χρ. Σὺ γὰρ ἂν πορίσαι τί δύναι ἀγαθὸν, πλὴν Φῴ-
δων ἐκ βαλανείω,

Καὶ

in voce ἑταῖρα et ζαλεύκος; sed ἐν ἑορταῖς καὶ πανη-
γύρεσι cum iis procedere viris quoque fas fuit. vid.
Salmaf. ad Vopifci Aurel. Veteres quoque Athenienfes purpurea fibi circumdedisse pallia, pictas induisse
tunicas, et infignem capitis gestasse ornatum, tradit
Aelian. Lib. IV. C. 22.

v. 531. καί τοι τί πλέον] ita construe: τί ἐςὶ (ὑμᾶς)
πλυτεῖν πλέον, ἀπορῦντας κ. τ. λ. *quid est, quid iu-
vat vos magis ditefcere, bis tamen (quae dixi) rebus
deinde egentes?*

v. 532. εὔπορα] *expedita, adfluentia.*

v. 533. τὸν χειροτέχνην, ὥσπερ δέσποινα] *Ego tanquam domina fedeo, opificem imperio meo ad laborem
adigens.*

v. 535. Φῴδων] Φῶδες, a Φῶς, erant pustulae vel
maculae rubentes, quas fibi pauperes in pedibus ex
nimio calore contrahebant, quum frigore coacti, in
balneis, in quibus etiam dormire folebant, proxime ad
ignem calefcendi caufa accederent. vide *Schol.* Notat

Καὶ παιδαρίων ὑποπινώντων, καὶ γραϊδίων κολοσυρτὸν,

Φθειρῶν τ' ἀριθμὸν, καὶ κωνώπων, καὶ ψυλλῶν (ἠδὲ
λέγω σοι

Ὑπὸ τῦ πλήθυς) αἳ βομβῦσαι περὶ τὴν κεφαλὴν
ἀνιῶσιν.

Ἐπε-

Bergl. Φωδῶν vt χειρῶν debere τονίζεσθαι: fed hoc a
regula telle *Etymologo* difcedere atque vt παίδων ac-
centuari.

v. 536. κολοσυρτὸν] κολοσυρτὸς eft tumultus, quo
ingens puluis, excitatur. *Euftath.* dicit: κολοσυρτὸς δὲ
κυρίως κτύπος, ὁ ἀπὸ κάλων, ἤγυν ξύλων, συρομένων
ἐν ὄρει: addit autem: ἕτεροι δὲ τὴν ἐκ φρυγάνων συρομένων ἀιρομένην κόνιν ὕτω καλῦσι. κόλα γὰρ φασὶ τὰ
φρύγανα. Notat etiam quemlibet fonum grauem, au-
ribusque moleftum. Antea genitiuo φωδῶν vtitur Ariftophanes, nunc accufatiuo κολοσυρτὸν et feq. verfu
ἀριθμὸν. quod factum effe dicit *Bergl.* ad genitiuorum
multitudinem vitandam: nec abfurde: poffe enim genitiuum referri ad πλὴν, duos autem accufatiuos ad
ποιήσαι.

v. 537. ἠδὲ λέγω σοι ὑπὸ τῦ πλήθυς] numerum tibi
non dico quantum: innumera ergo effe ait. *Girard.*

v. 538. βομβῦσαι] neque ad φθειρῶν neque ψυλλῶν poteft referri, quum horum animalculorum natu-
rae haud conueniat, boiatum vel ftrepitum edere,
qualem edunt culices. *Bergl.* putat, quum κώνωψ
tantum fit mafculinum, generis hic quandam effe enal-
lagen, per quam βομβῦσαι conueniat genere cum fy-
nonymo τῶν κωνώπων, nempe ἐμπίδων, cuius anal-

Ἐπεγείρυσαι καὶ φράζυσαι, ποιήσεις; ἀλλ' ἐπα-
νίσω.

540 Πρὸς δέ γε τύτοις, ἀνθ' ἱματίω μὲν ἔχειν ῥάκος· ἀντὶ
δὲ κλίνης,
Στιβάδα σχοίνων κόρεων μεστήν. ἢ τὺς εὕδοντας ἐγεί-
ρει·
Καὶ Φορμὸν ἔχειν ἀντὶ τάπητος σαπρόν· ἀντὶ δὲ προσ-
κεφαλαίυ,
Λίθον εὐμεγέθη πρὸς τῇ κεφαλῇ· σιτεῖσθαι δ' ἀντὶ
μὲν ἄρτων
Μαλάχης πτόρθυς· ἀντὶ δὲ μάζης, φυλλεῖ' ἰσχνῶν
ῥαφανίδων·
Ἀντὶ

Iages exemplum adfert ex Homero. Suidas tamen adfirmat κώνωψ effe foemininum apud Ariftoph. confer.
Schol.

v. 539. φράζυσαι] Profopopoeia.
ἐπανίσω] pro ἐπανίσασο, ion. ao, att. per contr. ω.

v. 540. ῥάκος] *vestis lacera, pannus detritus*, a
ῥήσσω.

v. 541. ςιβάδα] ςιβὰς eft lectus, humi ſtratus, ex
virgis frondibusque congeſtis factus. Suid. Addit,
σχοίνων, ex iuncis, ad miseriam magis declarandam.

v. 542. φορμὸν] φορμός, *sporta, calathus*: item
teges. πᾶν πλεκτὸν, ἐνταῦθα καὶ τὸ ψιάθιον. Schol.

v. 544. μαλάχης] μαλάχη et dor. μολόχη, mal-
va, a μαλάσσω, mollio; herba a molliendo ventre sic
dicta, teste Plin. Lib. XX. C. 21. Hunc versum esse
vitiosum notat *Duker.* propter duas priores in μαλάχη
breues.

Ἀντὶ δὲ θράνες, σάμνε κεφαλὴν κατεαγότος· ἀντὶ δὲ 545
μάκτρας,
Πιθάκνης πλευρὰν, ἐρρωγυῖαν καὶ ταύτην; ἄρα γε
πολλῶν
Ἀγα-

φυλ'] pro quo φυλεῖ legendum cenfet *Duker*.
duce ipfo comico noftro in Acharn. v. 468. ἐς τὸ σπυ-
ρίδιον ἰχνά μοι. Φυλεῖα δός, nec non propter ea, quae
ibi notauit *Schol*. Cum Dukero fentiunt *Hemfterh*.
Kufter. et *Bergl*.

ἰχνῶν ῥαφανίδων] Attici ῥαφανίδα vocant, quam
nos raphanum, et viciffim ῥάφανον, quam nos κράμ-
βην. Dicta vero eft ῥαφανὶς a ῥαδίως φαίνεθαι,
quod facile apparere fignificat. vid. *Schol*.

v. 545. ἀντὶ δὲ θράνες] Notat *Duker*. vitiofe hic legi
θράνες, quia eft mafculinum fecundum Polluc. apud
quem θρᾶνε legitur. θρᾶνος derinatur a θράω, *fedeo*,
proprie fellam fignificans: item *fcabellum ὑποπόδιον*,
vti interpretatur *Schol*. Sed parum referet, vtrum pro
fella, an fcabello hic occipias. Chremylus multis pau-
perum calamitatibus recenfitis, ad tantam eos quoque,
inquit, redigi inopiam, vt ne fellam quidem, vel fcabellum fibi poffint comparare, quorum loco diffractis
amphoris maxima cum moleftia vti cogantur.

σάμνε κεφαλὴν] σάμνος, *vrna, hydria, amphora*.
κεφαλὴ] caput i. e. pars fuperior, vt apud *Demofth*.
κεφαλὴ τῆς τάφρε, *faftigium foffae*.
κατεαγότος] part. perf. med. ion. pro κατηγότος,
a καταγνύω, *diffringo*.
μάκτρας] μάκτρα, vas, in quo *farina aqua fub-
igitur*.

v. 546. πιθάκνης πλευρὰν ἐρρωγυῖαν] dolioli latus,

Ἀγαθῶν πᾶσιν τοῖς ἀνθρώποις ἀποφαίνω σ' αἰτίαν
οὖσαν;
Πε. Σὺ μὲν ὖ τὸν ἐμὸν βίον εἴρηκας, τὸν τῶν πτωχῶν
δ' ὑπεκρύσω.
Χρ. Οὐκῶν δήπυ τῆς πτωχείας πενίαν φαμὲν εἶναι
ἀδελφήν.
550 Πε. Ὑμεῖς γ', οἵπερ καὶ Θρασυβέλῳ Διονύσιον εἶναι
ὅμοιον·

ΑΛ.

idque fiſſum (rimis plenum) per quas aqua cum farina
facile poſſit penetrare atque dilabi. Lepide maximam tenuiorum hic depingit inopiam.

ἐῤῥωγυῖαν] part. perf. med. pro *ἐῤῥηγυῖαν*, a *ῥήσσω*.

v. 547. *αἰτίαν*] pro quo legi mauult *αἴτιον* Bentleius. Vulgatam enim lectionem metrum reſpuit.

v. 548. *ὑπεκρύσω*] 2. f. aor. 1. ind. med. ab *ὑποκρύω*, *fides pulſo*, *ſubagito*: it. *indico*, *oblique ſignifico*. Translatio ducta eſt a citharis, vel alio quodam inſtrumento muſico. vid. *Schol.* Melius autem legitur cum primar. editt. τὸν τῶν πτωχῶν, *Kuſter.* in notis ad *Suidam* dedit τῶν δὲ πτωχῶν. Notat *Duker*. Pollucem legiſſe, ἐπεκρέσω, qui dicit apud Ariſtoph. Pluto τὸ ἐπικρέεσθαι ſumi ἐπὶ τῦ νεθετῆσαι.

v. 549. *πτωχείας πενίαν — ἀδελφὴν*] ſororem:
i. e. mendicitati maxime connexam. Ex ſeqq. verſibus 551. 552 et 553 apparet, quomodo πτωχὸς et πένης inter ſe differant.

v. 550. *ὑμεῖς γ'*] ſubaudiendum eſt φατε, etiam poſt *οἵπερ* repetendum.

Ἀλλ' ἐχ οὑμὸς τῦτο πέπονθεν βίος· ὁ μὰ Δί', ὐδὲ
γε μέλλει.
Πτωχῦ μὲν γὰρ βίος, ὃν σὺ λέγεις, ζῆν, ἐςιν μηδὲν
ἔχοντα·
Τῦ δὲ πένητος, ζῆν Φειδόμενον, καὶ τοῖς ἔργοις προσέχοντα,
Περιγίγνεσθαι δ' αὐτῷ μηδὲν, μὴ μέν τοι μηδ' ἐπι-
λείπειν.

G 2   Χρε-

Θρασυβέλῳ] Vos, inquit Paupertas, hoc adfirma-
tis, qui res maxime dispares inter se conferre soliti,
adeo Thrasybulum Athenienſem, acerrimum libertatis defenſorem, patriam suam quinquaginta tyrannis
liberantem cum Dionyſio, Siciliam crudeliſſimo do-
minatu premente, comparare non dubitetis.
v. 551. οὑμὸς] pro ὁ ἐμός.
πέπονθε] perf. med. a πάσχω. Attice τῦτο πάσχει
quoque significat, hoc ei accidit, vt apud Plat. Polit.
I. 1. εἰ γὰρ ἦν τῦτο αἴτιον, κἂν ἐγὼ τὰ αὐτὰ ταῦτα
ἐπεπόνθειν; et Aelian. v. h. Lib. VIII. C. 12. ὁ μόνος
τῦτο ἔπαθε Δημοσθένης: ita etiam Lib. XIII. C. 42.
conf. Kuſter. Nunquam, inquit Paupertas, haec, quae
tu modo narraſti, mihi contigerunt.
μέλλει] ſcil. πάσχειν.
v. 552. ζῆν ἐςι μηδὲν ἔχοντα] ſcil. πτωχὸν, nihil
habere, vnde viuat, niſi ſtipem quaerendo.
v. 553. προσέχοντα] ſcil. τὸν νῦν: intentum eſſe alicui rei.
v. 554. περιγίγνεσθαι] σημαίνει μὲν καὶ τὸ νικᾶν,
σημαίνει δὲ καὶ τὸ περιττεύειν, ὡς ἐνταῦθα. Schol.
Elegans pauperis deſcriptio, cui neque opes ſuppetunt,
neque tamen neceſſaria deſunt.

555 Χρεμύλ. Ὡς μακαρίτην, ὦ Δάματερ, τὸν βίον αὐτῦ
κατέλεξας·
Εἰ φεισάμενος καὶ μοχθήσας καταλείψει μηδὲ τα-
φῆναι.
Πε. Σκώπτειν πειρᾷ, καὶ κωμῳδεῖν, τῦ σπυδάζειν
ἀμελήσας·
Οὐ γινώσκων, ὅτι τῦ Πλύτυ παρέχω βελτίονας ἄνδρας,

Καὶ

v. 555. ὡς μακαρίτην] μακαρίτας per euphemismum dicebant mortuos, quod sint beati, nec vltum
amplius malum sentiant. *Suid.* Ficte hic significat,
vitam mendici quandam mortis esse speciem, nec esse
aliud, quam βίον νεκρόβιον, *Girard.* Latini quoque
vocem *felix*, pro mortuo vsurpant, vt apud *Horat.*
Lib. I. Satyr. 9. v. 27. *Omnes composui. Felices.*

δάματερ] pro δήμητερ.

v. 556. καταλείψει μηδὲ ταφῆναι] prouerbium
Graec. *ne reliquit quidem, vnde sepeliri possit*: i. e. admodum pauper decessit. Prouerbio hoc vsus quoque
est comicus in Eccles. v. 587. vide *Kuster.*

v. 557. σκώπτειν πειρᾷ καὶ κωμῳδεῖν] *cauillari et
comice irridere gestis.*

σπυδάζειν] inter alias significationes, quas de hac
voce adfert Suidas, ea notat quoque *serio loqui*, vti
hoc loco: apud Aelian. v. h. Lib. III. C. 2. Ἀναξα-
γόρᾳ σπυδάζοντι πρὸς τὺς ἑταίρυς, *Anaxagorae seria
cum discipulis tractanti.*

v. 558. τῦ πλύτυ παρέχω βελτίονας] *meliores reddo, quam Plutus reddit.*

Καὶ τὴν γνώμην, καὶ τὴν ἰδέαν. παρὰ τῷ μὲν γὰρ
    ποδαγρῶντες,
Καὶ γαςρώδεις, καὶ παχύκνημοι, καὶ πίονές εἰσιν 560
    ἀσελγῶς.
Παρ' ἐμοὶ δ'. Ἰσχνοὶ, καὶ σφηκώδεις, καὶ τοῖς ἐχθροῖς
    ἀνιαροί.
Χρ. Ὑπὸ τῦ λιμῦ γὰρ ἴσως αὐτοῖς τὸ σφηκῶδες σὺ
    πορίζεις.
G 3   Πε.

v. 559. *καὶ τὴν γνώμην καὶ τὴν ἰδέαν*] *ingenio et forma.* Notat *Duker*. tribus hunc versum. laborare vitiis: Nam sede quinta esse iambum; deinde alterutram particulam μὲν vel γὰρ abundare, denique ποδαλγῦντες respuere metrum, eamque ob rem παρὰ αὐτῳ γὰρ ποδαγρῶντες scribendum esse censet. ποδαγρῶντες in quibusdam sese legisse testatur Scholiastes. In edendi ratione Berglerum sequutus est Hemsterhusius.

v. 560. ἀσελγῶς] *supra modum notare,* docet Kusterus, laudans Hesychium. Originem vocis ἀσελγές deriuat *Suid.* ab vrbe Pisidiae Selgae, vbi homines flagitiose viuebant, additoque α, intensionis gratia, dictum inde fuisse tradit ἀσελγαίνειν et ἀσελγές: Ingens et magnum quoque vocasse veteres ἀσελγές, vt ἄνεμον ἀσελγῆ.

v. 561. σφηκώδεις] a σφὴξ, vespa. *Schol.* interpretatur λεπτός κατὰ τὸ μέσον, ὡς σφῆκες. Plura vide apud *Suid.*

ἀνιαροί] ab ἀνία, *grauis, moerorem adferens.* Graciles homines ad bellum atque pugnam sunt idonei; pingues contra ea, corporis obesitate praepediti, inhabiles, eamque ob rem, hostibus haud formidolosi.

Πε. Περὶ σωφροσύνης ἤδη τοινυν περανῶ σφῶν, κἀνα-
διδάξω,
Ὅτι κοσμιότης οἰκεῖ μετ' ἐμοῦ· τῦ Πλύτυ δ' ἐςιν
ὑβρίζειν.
565 Χρεμ. Πάνυ γοῦν κλέπτειν κόσμιόν ἐςι, κρὴ τὸς τοίχως
διορύττειν;
Βλεψ.

v. 564. ὑβρίζειν] pro ὕβρις, iniuria, insolentia.

v. 565. πάνυ γοῦν] Ironice haec profert Chremylus: *admodum sane mihi videtur modestum, si quis pauper inopia et fame coactus alienis rebus vngulas iniicit, parietesque perfodit.*

v. 566. νὴ τὸν Δία] Hunc versum Aristophane indignum iudicauit Kusterus, Bentlei vero plane proscribendum putauit, vtpote sensu et metro omnino destitutum, quem tamen ita emendare studuit *Hemsterh.* νὴ τὸν δία γ', εἴγε λαθεῖν αὐτὸν δεῖ, πῶς ὁ κόσμιόν ἐςι; αὐτὸν scil. κλέπτην, quod verbum hic est subaudiendum, et ad antecedens κλέπτειν referendum, figura Graecis familiari. Secundum hanc Hemsterhusii emendationem sensus enascitur satis commodus, qui ex iis, quae mox adferam, magis elucebit. Furta apud Lacedaemonios, pueris quoque, suisse licita adeoque impunita, nisi in eo fuissent deprehensi, testatur Plutarchus Lycurgo: Φέρουσι κλέπτοντες, οἱ μὲν ἐπὶ τὰς κήπους βαδίζοντες, οἱ δὲ εἰς τὰ τῶν ἀνδρῶν συσσίτια παρεισρέοντες εὐμάλα πανούργως καὶ πεφυλαγμένως· ἂν δὲ ἁλῷ, πολλὰς λαμβάνει πληγὰς τῇ μάστιγι, ἐκθύμως δοκῶν κλέπτειν καὶ ἀτέχνως. conf. Gellius Lib. XI. C. 18. qui quaelibet furta Spartanis suisse concessa adfirmat. Rationem huius instituti explicat Xenophon: *nimirum, vt in hostili terra,*

Βλεψ. Νὴ τὸν Δία γ', ἔγγε. λαθεῖν αὐτὸν δεῖ, πῶς ὁ
κόσμιόν ἐςι;
Πε. Σκέψαι τοίνυν γ' ἐν ταῖς πόλεσιν τὺς ῥήτορας· ὡς
ὁπόταν μὲν
Ὦσι πένητες, περὶ τὸν δῆμον καὶ τὴν πόλιν εἰσὶ δί-
καιοι·
Πλυτήσαντες δ' ἀπὸ τῶν κοινῶν, παραχρῆμ' ἄδικοι
γεγένηνται,
Ἐπιβυλεύυσί τε τῷ πλήθει, καὶ τῷ δήμῳ πολεμῦσιν. 570

quum res poscat, praedari consuescerent iuuenes.
Quare autem in furto deprehensum puniant indicat Xenophon.: ὅτι Φημὶ ἐγὼ καὶ τ' ἄλλα, ὅσα ἄνθρωποι διδάσκυσι, κολάζυσι τὸν μὴ καλῶς ὑπαιρετῦντα, κἀκεῖνοι ἦν τὺς ἁλισκομένας, ὡς κακῶς κλέπτοντας τιμορῦνται. Blepsidemus igitur hunc spartanorum prauum irrisurus morem ironice inquit: *Nonne hoc, ita me Iupiter amet, elegans et modestum est habendum, si fur tam caute aliquid suppilare cogatur, vt latere debeat*, i. e. vt ipsi sit cauendum, ne in ipso facinore deprehendatur?

v. 567. ῥήτορας] oratores populares, daemagogos, qui gratia et auctoritate multum apud populum valebant. v. *Suid.* Hos iam supra v. 30. exagitatos denuo perstringit comicus noster.

v. 569. κοινῶν] scil. χρημάτων.

v. 570. ἐπιβυλεύυσι] διαβάλλει τὺς ῥήτορας, ὡς δῶρα λαμβάνοντας παρὰ τῶν πολεμίων ἀσύμφορα τῇ πόλει συμβυλεύυσιν, ὑκ ἐῶντες αὐτὴν τέτυς ἀμύνεσθαι. *Schol.*

Χρ. Ἀλλ' ὰ ψεύδει τύτωι γ' ὐδὲν, καίπερ σφόδρα
βάσκανος ὖσα.

Ἀτὰρ ἐχ ἧττόν γ' ὐδὲν κλαύσει, μηδὲν ταύτῃ γε
κομήσῃς,

Ὅτι γε ζητεῖς τῦτ' ἀναπείσειν ἡμᾶς, ὡς ἔσιν ἀμείνων
Πενία Πλύτη. Πε. καὶ σύ γ' ἐλέγξαι μ' ὔπω δύνασαι
περὶ τύτη,

575 Ἀλλὰ φλυαρεῖς καὶ πτερυγίζεις. Χρ. καὶ πῶς φεύ-
γυσί σ' ἅπαντες ;

Πε. Ὅτι βελτίως αὐτὺς ποιῶ. σκέψασθαι δ' ἔσι μά-
λισα

Ἀπὸ τῶν παίδων· τὺς γὰρ πατέρας φεύγυσι, φρο-
νῦντας ἄρισα

Αὐ·

v. 571. ψεύδει] att. pro ψεύδῃ.

βάσκανος] simpliciter significat *hominem maledicum*
Suid. item, *inuidum, fascinatorem*.

v. 572. ταύτῃ] scil. αἰτίᾳ. *Noli*, inquit, *eo inflari, quod
tuo de oratoribus iudicio simus suffragati, ideoque tibi
persuadere, fore, vt etiam paupertatem Pluto antefe-
rendam esse concedamus*.

κομήσῃς] vide v. 170.

v. 573. ὅτι] refer. ad κλαύσει.

v. 575. πτερυγίζεις] *conando nihil proficis*. Metaphora ab auium pullis, volare conantibus: proprie significat alas quatere more auium, quae volatum tentant.
Vel vana loqueris, vel in cassum laboras, vel inania
disputas etc. Suid. ex Schol.

v. 577. φρονῦντας] ἀγαθὰ φρονεῖν τινι, dicitur,
animo esse beneuolo, bene cupere alicui.

Λύτοῖς. ὅτω διαγιγνώσκειν χαλεπὸν πρᾶγμ᾽ ἐςὶ δί-
κανον.

Χρ. Τὸν Δία φήσεις ἆρ᾽ ἐκ ὀρθῶς διαγιγνώσκειν τὸ
κράτιςον;
Κἀκεῖνος γὰρ τὸν Πλῦτον ἔχει· ταύτην δ᾽ ἡμῖν ἀπο- 580
πέμπει.

Πε. Ἀλλ᾽, ὦ Κρονικαῖς γνώμαις ὄντως λημῶντες τὰς
φρένας ἄμφω·
Ὁ Ζεὺς δήπε πένεται· καὶ τῦτ᾽ ἤδη Φανερῶς σε διδάξω.

v. 579. τὸν Δία] An quoque Iouem optima haud posse dignoscere atque eligere contendes, qui etc. i. e.
Plutum praestare paupertati vel ex eo patet, quod Iupiter illum diligenter sibi seruans hanc nobis mittat.
His verbis Chremylus simul Blepsidemum adloquitur.

v. 580. ταύτην δ᾽ ἡμῖν] Haec verba Bentleius Blepsidemo recte adsignat.

v. 581. κρονικαῖς γνώμαις λημῶντες] Saturnia, vel
antiqua stultitia mentem obscuratam habentes, vel coe-
cutientes. λήμη autem est lacryma spissata, quae
oculis adhaerens eos laedit. λημῶν τὰς φρένας significat igitur mentem occaecatam habens, velut is, qui
lemas in oculis habet. Res antiquas et stultas Satur-
nias vocabant, et Saturnos fatuos. v. Suid. et Schol.
a λήμη deriuatur λημάειν, lippiro: hic est translatio
ad animum. Quaedam editiones habent λημῶντε, quod
notante Bentleio metrum respuit. v. Bergl.

v. 582. καὶ τῦτό γε δὴ] Hemsterh. recte habet le-
ctiunem. καὶ τῦτ᾽ ἤδη quam Cod. Doru. tuetur.

PLVTVS

Εἰ γὰρ ἐπλύτει, πῶς ἂν ποιῶν τὸν Ὀλυμπικὸν αὐτὸς
ἀγῶνα,
Ἵνα τὰς Ἕλληνας ἅπαντας ἀεὶ δι᾽ ἔτους πέμπτε ξυν-
αγείρει,
585 Ἀνεκήρυττεν τῶν ἀθλητῶν τὰς νικῶντας, ςεφανώσας
Κο-

v. 583. εἰ γὰρ] Hunc verſum, quia incompoſito currit pede, caeſura quoque deſtitutus, deinde quod in Vat. et Arund. codd. πῶς ἂν legitur, tum quoniam atticis ὀλυμπικὸν eſt vſitatius, ita mutandum perite cenſet *Kuſter*. εἰ γὰρ ἐπλύτει, πῶς ἂν ποιῶν τὸν ὀλυμπικὸν αὐτὸς ἀγῶνα. *Hemſterh.* ex emendatione Bentlei πῶς ἂν ποιῶν αὐτὸς τὸν ὀλύμπι᾽ ἀγῶνα, legi mauult.

τὸν ὀλυμπιακὸν] Pelops, a quo Oenomaus curru victus eſt, anniuerſarios ludos, victoriae monumentum, inſtituiſſe dicitur, quos deinde intermiſſos Hercules Augia, Elidis principe, caeſo, de praeda et manubiis ob mortem Pelopis, sui materni, in Iouis honorem inſtaurauit. Haec autem certamina iterum intermiſſa Herculis filius Iphitus poſt Troiae excidium renouauit: teſte Solino Polyhiſt. C. 2. et Diodor. Sic. Lib. I.

v. 584. δι᾽ ἔτους πέμπτε] Singulis quadrienniis Olympia celebrata Cyrillus refert, nec non Suidas; quod Ioſ. Scaliger Lib. I. de emendat. temp. ita explicat: *Interuallum*, inquiens, *duarum Olympiadum tetraëterida, caput vnius, pentaëterida, quare et Olympiadem ipſam aliquando etiam tetrapentaëterida dictam apud Cenſorinum, eſſe enim initium quinti anni.*

v. 585. ἀνεκήρυττεν] Praecones athletas, in porticibus apud Elidem praeſulantes, non ſolum ad certamina, ſed deinde etiam ad praemia a brabeutis (agonum iudicibus) illis adſignata citabant, teſte *Philoſtr.*

Κοτίνϙ ϛεφάνῳ.   καί τοι χρυτῷ μᾶλλον ἐχρῆν, εἴπερ
                 ἐπλύτει.

Χϛ·

Sub initium Lib. VI. de Apoll. ἰδείμαντο ϛοὰν ἠ μεγάλην ἰσομήκη ταῖς ἠλείων, ὑφ᾿ αἷς ὁ ἀθλητὴς περιμένει τὸ μεσημβρινὸν κήρυγμα. *Binae autem erant citationes praeconiae fingulis ludorum diebus, et adiudicationes coronarum binae: ob certamina fcilicet antemeridiana (leuia) et pomeridiana, (grauia). Illorum citationes fub auroram, coronae fub meridiem: horum meridianae citationes, vespertina praemia. In leuibus curfum et faltum inprimis, in grauibus luctam, pancratium atque pugillatum numerabant. Fab. Agonist.* L. I. C. 30. vbi plura vide.

v. 586. κοτίνϙ] κότινος proprie fignificat oleaftrum, quo Hercules, Plinio tefte, eft coronatus: it. coronam inde compofitam. Falfus eft igitur Scholiaftes, qui contentus et extenuationis caufa κοτίνϙ pro ἐλαίας pofitum eſſe putat. Ad antiquiffima antem tempora haec funt referenda, quibus coronam ex oleaftro victoribus, adeoque ipfi Herculi, primum eſſe datam *Plin.* Lib. XVI. C. 44. narrat: vnde Φυλλόφοροι funt dicti ἀγῶνες, tefte Pind. Olymp. Od. VIII. antiftroph. 4. Poftero tempore in Olympicis certaminibus folis haec corona fuit aurea, vnde a Pindaro Olympiam μητέρα χρυσοςεφάνων ἀέθλων eſſe dictam, collatis Thucydidis et Aemilii Probi teftimoniis Muret. C. VII. L. 15. docuit. Pertinet huc quoque locus Tertull. de Anim. C. XXIX. *Nam fi prae gaudio quis fpiritum exhalet, vt Chilon fpartanus, dum victorem Olympiae filium amplectitur: et fi prae gloria, vt Clidemus Athenienfis, dum ab Hiftrionibus ob praeftantiam auro coronatur:* vbi pro ab hiftrionibus legendum eſſe *ab hiftoricis*,

Χρ. Οὐκῶν τύτῳ δήπυ δηλοῖ τιμῶν τὸν πλῦτον
ἐκεῖνος.
Φειδόμενος γὰρ καὶ βυλόμενος τύτυ μηδὲν δαπανᾶσ-
θαι,
Λήροις ἀναδῶν τὺς ἡκῶντας, τὸν πλῦτον ἰᾷ παρ'
ἑαυτῷ.
590 Πε. Πολὺ τῆς πενίας πρᾶγμ' αἴσχιον ζητεῖς αὐτῷ πε-
ριάψαι·
Εἰ πλήσιος ὤν, ἀνελεύθερος ἐσθ' ὑτωσὶ, καὶ φιλο-
κερδής.

Χρ.

vel potius, *de hifioricis* putat. *Petr. Faber Agonifli-
con.* Lib. II. C. 22. quod in vetufla lectione adipexiffe
profitetur Barraeus Parif. Theol. Tertulliani Scholia-
fles. Clidemum igitur Olympiae auream conflat ac-
cepiffe coronam *de hifioricis*, i. e. *e numero hifiorico-
rum* (vt loquitur Sueton. Domit. C. XIII.) quibus etiam in Olympicis certaminibus praemia fua fuerunt at-
tributa; *Faber*, loco citato. Cod. Orvill. habet κοτίνῳ ςεφάνῳ. Subfiantiuo loco adiectiui vfurpato.

v. 587. τιμῶν] loco infinitiui τιμᾶν; conftructio
Graecis familiaris.

v. 589. λήροις] *nugis* i. e. nullius pretii rebus.

ἀναδῶν] part. praef. ab ἀναδέω, *vincio, redimio.*

v. 590. περιάψαι] a περιάπτω, *circumappendo,
adligo.* it. *adtribuo.* ἴσον ἐςὶ τῷ προσάψαι. Schol.
Tu, inquit Paupertas, Iouem auaritiae infimulans, rem
ei turpiorem adtribuis, quam ego, quae pauperem illum effe contendo.

Χρ. Ἀλλὰ σέ γ' ὁ Ζεὺς ἐξολέσειεν, κοτίνῃ ϛεφάνῳ
ϛεφανώσας.
Πε. Τὸ γὰρ ἀντιλέγειν τολμᾶν ὑμᾶς, ὡς ᾶ πάντ'
ἐϛ' ἀγάθ' ὑμῖν
Διὰ τὴν πενίαν. Χρ. παρὰ τῆς Ἑκάτης ἔξεϛιν τῦτο
πυθέσθαι,
Εἴτε τὸ πλυτεῖν, εἴτε τὸ πεινῆν βέλτιον· Φησὶ γὰρ 595
αὕτη
Τὺς μὲν ἔχοντας καὶ πλυτῶντας δεῖπνον κατὰ μῆν'
ἀποπέμπειν·
Τὺς

v. 592. ἀλλὰ σέ γ' ὁ ζεὺς] Chremylus argumentis,
quibus vincat Paupertatem, deflitutum fe videns, indignabundus diras illi imprecatur, oleaginam muliercu-
lae, fibi vero auream exoptans coronam.

v. 593. τὸ γὰρ ἀντιλέγειν] Penia fenum pertina-
ciam, qui argumentis fuis cedere nolebant, indigne
ferens, elliptico vtitur fermone, iratis conueniente,
vt fit fubaudiendum: τίς ἂν ἀκέων ἀνάσχοιτο, vel πῶς
ὑκ ἂν εἴη Φορτικὸν, vel hoc genus aliud. vide Schol.

v. 594. παρὰ τῆς Ἑκάτης] Diuites Hecatae, quae
etiam ἄρτεμις ac σελήνη a Graecis vocatur, in triuiis,
quia tribus ea infigniebatur nominibus, tempore noui-
lunii cibos facrificii loco apponebant, quos pauperes ad
famem depellendam rapere erant foliti, dicentes, illos
ab ipfa Dea fuiffe abfumtos. v. Schol.

v. 596. ἔχοντας] fcil. χρήματα.

κατὰ μῆνα προπέμπειν] Rectius apud Suid. in ἑκάτην legitur κατὰ μῆν' ἀποπέμπειν.

Τὰς δὲ πένητας τῶν ἀνθρώπων ἁρπάζειν, πρὶν κατα-
θεῖναι.

Ἀλλὰ φθείρου καὶ μὴ γρύζῃς
Ἔτι μηδ' ὁτιοῦν.
600 Οὐ γὰρ πείσεις, οὐδ' ἢν πείσῃς.
Πε. Ὦ πόλις Ἄργους, κλύεθ', οἷα λέγει;
Χρ. Παύσωνα κάλει τὸν ξύσσιτον.
Πε. Τί πάθω τλήμων;

Χρ.

{ v. 598. φθείρου] *male pereas*: imprecandi formula.

v. 600. οὐ γὰρ πείσεις] hyperbolice dictum. *Non enim me argumentis tuis conuinces, etiamsi fuero conuictus*: i.e. etiamsi verissima loquaris, tibi tamen concedere nolo.

v. 601. ὦ πόλις ἄργους] Eadem verba in equitibus v. 806. legi, notat *Kuster*. Cur autem paupertas opem Argiuorum hic praecipue imploret, Scholiastes his verbis explicat: διαβάλλει δὲ τὰς Ἀργείας ὡς πένητας, simulque indicat, hunc locum ex Euripide esse desumtum.

v. 602. Παύσωνα] Pauson pictor erat, cuius paupertas lippis et tonsoribus fuit nota, vnde prouerbium enatum, *Pausone pauperior*. v. *Schol*.

ξύσσιτον] pro σύσσιτον. Pausonem, inquit Chremylus, conuictorem tuum, quo nihil est egentius, in auxilium potius vocato.

v. 603. τί πάθω;] *quid faciam?* aor. 2. conj. a πάσχω, quod saepe pro πράττω solet vsurpari, vt apud Aelianum v. h. Lib. IX. C. 27. τί πάθω;

ARISTOPHANIS.

Χρ. Ἔρρ' ἐς κόρακας θᾶττον ἀφ' ἡμῶν.
Πε. Εἶμι δὲ ποῖ γῆς;   605
Χρ. Ἐς τὸν Κύφων'· ἀλλ' ὀ μέλλειν
Χρῆ σ', ἀλλ' ἀνύτειν.
Πε. Ἦ μὴν ὑμεῖς γ' ἔτι μ' ἐνταυθοῖ
Μεταπέμψεσθον.
Χρ. Τότε νοήσεις· νῦν δὲ φθείρε.   610
Κρεῖττον γάρ μοι πλυτεῖν ἐστιν·
Σὺ δ' ἐᾶν κλάειν μακρὰ τὴν κεφαλήν·
                                  Βλ.

v. 604. ἔρρ' ἐς κόρακας] *abi in malam crucem.* ἔρρειν significat, malo venire omine, inauspicato accedere. vt apud Homer. Il. 9. v. 239. et. l. v. 359. Interdum quoque notat in malam rem abire, adiecto autem, ἐς κόρακας, expreſſior fit ſignificatio.

v. 605. ποῖ γῆς;] vt Latinorum, *quo gentium?*

v. 606. κύφωνα] vide notata ad v. 476.

v. 607. ἀνύειν] pro quo ſecundum codd. Vat. Bodl. et Dorv et edit. quaſdam ἀνύτειν Hemſterh. magis arridet, vtpote magis atticum.

v. 612. σὺ δ' ἐᾶν κλάειν] *Satius eſt enim, inquis, mihi diteſcere, et te ſinere flere, tuamque deplorare ſortem.* μακρὰ, nom. pl. neutr. aduerbialiter poſitum pro *diu, longe.*

τὴν κεφαλὴν] *Schol.* hic τύπτυσαν ſubaudiendum eſſe putat. Rectius tamen ſynecdochice, per *te, tuamque ſortem* explicatur a Scholiaſte: ἀλλὰ κατακλάειν ὅλον τὸ σῶμα καὶ σεαυτήν.

Βλ. Νὴ Δί', ἔγωγ' ἂν ἰθέλω πλυτῶν
Εὐωχεῖσθαι μετὰ τῶν παίδων,
615 Τῆς τε γυναικὸς, καὶ λυσάμενος.
Λιπαρὸς χωρῶν ἐκ βαλανείυ,
Τῶν χειροτεχνῶν,
Καὶ τῆς πενίας καταπαρδεῖν.

v. 613. νὴ Δί'] ſcil. κρεῖττον ἐςὶ πλυτεῖν.

v. 616. λιπαρὸς] *nitidus*, *unctus*, a λίπα, oleum.
Solebant enim veteres poſt lotionem ſtatim perungere
corpus, vt pori, calore aperti, clauderentur. vide
Schol.

v. 617. χειροτεχνῶν] Meminit eorum, quae Paupertas elatior viſa eſt illic dicere: ἐγὼ γὰρ τὸν χειροτέχνην, ὥσπερ δέσποινα κ. τ. λ. vbi arroganter dixit,
homines multum ſibi, et artificibus, quibus imperi-
tet, debere. *Girard.*

v. 618. καταπαρδεῖν] Hac voce-ſummum declarat
deſpectum, vt apud Horat. Lib. I. Sat. 9. vin' tu curtis
Iudaeis mecum oppedere?

APA-

ΔΡΑΜΑΤΟΣ ΔΕΥΤΕΡΟΥ
ΣΚΗΝΗ ἙΚΤΗ.
ΤΡΙΜΕΤΡΟΙ ΙΑΜΒΙΚΟΙ.
ΧΡΕΜΥΛΟΣ, ΒΛΕΨΙΔΗΜΟΣ.

Αὕτη μὲν ἡμῖν ἡ 'πίτριπτος οἴχεται.
Ἐγὼ δὲ, καὶ σύ γ', ὡς τάχιςα τὸν θεὸν   620
Ἐγκατακλινοῦντ' ἄγωμεν εἰς Ἀσκληπιῦ.
Βλ. Καὶ μὴ διατρίβωμέν γε, μὴ πάλιν τίς αὖ
Ἐλθὼν διακωλύσῃ τὶ τῶν πρὸ ἔργυ ποιεῖν.
Χρ. Ὦ παῖ Καρίων, τὰ ςρώματ' ἐκφέρειν ἐχρῆν·
Αὐτὸν

v. 619. ἡ 'πίτριπτος] pro ἡ ἐπιτρ. vid. v. 275.

v. 621. ἐγκατακλινοῦντε] collocaturi scil. in lecto. Aegroti enim, opem ab Aesculapio petentes in eius templo debebant in sponda recumbere. Nonnullae editiones veteres habent ἐγκατακλινοῦντες, quibus suffragatur Hemsterh.

v. 622. πάλιν — αὖ] ἐκ παραλλήλυ vt αὖθις αὖ.

v. 623. διακωλύσῃ] scil. ἡμᾶς.

τὶ τῶν πρὸ ἔργυ] pro πρὸ ἔργυ. τὰ πρὸ ἔργυ dicuntur ea, quae rem antecedere debent, quam exsequi studemus; vel ad aliquid peragendum praeparanda. τὸ ἔργον hic erat victus restitutio; τὰ πρὸ ἔργυ in eo consistebant, vt Pluto, in templum ducto, lectus sterneretur, taliaque plura.

H

625 Αὐτὸν τ᾽ ἄγειν τὸν Πλῶτον, ὡς νομίζεται,
Καὶ τἆλλ᾽, ὅσ᾽ ἐςὶν ἔνδον ηὐτρεπισμένα.

Χ Ο Ρ Ο Υ
ΔΡΑΜΑΤΟΣ ΤΡΙΤΟΥ
ΣΚΗΝΗ ΠΡΩΤΗ.

ΚΑΡΙΩΝ, ΧΟΡΟΣ.

Τῦ αὐτῦ γένως μέλη. μέχρι τῦ τέλως.

Ὦ πλεῖςα Θησείοις μεμιςυλημένοι,
         Γέρον

v. 625. ἄγειν] (cil. εἰς τὸν ναόν.
ὡς νομίζεται] ut follemne eft, pro more et ritu.
Multis enim rebus et caerimoniis ad hanc rem fuit opus.

v. 626. καὶ τ᾽ ἄλλ᾽] (cil. ἐχρῆν ἄγειν.
ηὐτρεπισμένα] att. pro εὐτ. ab εὐτρεπίζω, inftruo.

v. 627. Θησείοις] Thefea erat feftum apud Athenienfes in honorem et memoriam Thefei celebratum,
qui poftquam populum in libertatem vindicauerat, cuiusdam Lyci calumniis in exfilium pulfus, atque a Lycomede, infulae Scyri principe, ad quem confugerat,
ob inuidiam dolo eft necatus. Deinde Athenienfes,
fame laborantes, iubebantur vlcifci Thefei mortem.
Interfecto igitur Lycomede diuinis fere honoribus patriae liberatorem funt profequuti, feftum inftituentes,
quo congiaria populo diftribuebantur, et conuiuia paffim agitabantur. v. *Suid.* qui fua ex Scholiafte ex-
cerpfit.

Γέροντες ἄνδρες, ἐπ' ὀλιγίςοις ἀλφίτοις,
Ὡς εὐτυχῆθ', ὡς μακαρίως πεπράγατι,
Ἄλλοι θ', ὅσοις μέτεςι τῦ χρηςῦ τρόπυ.   630
Χο. Τί δ' ἐςὶν, ὦ βέλτιςε τῶν σαυτῦ φίλων;
Φαίνει γὰρ ἥκειν ἄγγελος χρηςῦ τινος,
Καρ. Ὁ δεσπότης πέπραγεν εὐτυχέςατα,
Μᾶλλον δ' ὁ Πλῦτος αὐτός· ἀντὶ γὰρ τυφλῦ,

H 2   Ἐξωμ-

μεμιςυλλημένοι] perf. pass. a μυςυλλάεθαι, pane excauato polentam, aut iusculum haurire, a μυςίλη, buccea panis excauata, vnde μύςρον et μυςρίον, idem significans. Theseis enim pultem edebat plebecula. Sensus igitur hic est. *O viri senes, qui bucusque adeo festis Thesei diebus parce duriterque vixistis, pulte et exiguis panum frustis contenti, iam vobis genio indulgere licebit, oculis Pluto restitutis, cui omnes bonos ditare est decretum.* vid. Schol. qui plura de significatione vocis μυςυλᾶθαι disputat, quam *Kuster*. et *Hemsterh*. simplici λ scripserunt. Hesychius: μυςιλᾶθαι, τὸ ἐκροφῆςαι τὸν ζωμὸν τοῖς ψωμίοις. μυςίλη, ὁ κοῖλος ψωμός. ψιχίον. δραξ χειρός.

v. 630. ἄλλοι θ'] scil. ὡς εὐτυχῦσι.

ὅσοις μέτεςι τῦ χρηςῦ τρόπυ] *et alii, quotquot bonis sunt praediti moribus.* μετεῖναι cum datiuo persː et genit. rei significat participem esse alicuius, vt apud Aelian. v. h. Lib. XII. C. 12. καὶ ὑδενὸς οἱ μετῆν τῶν κοινῶν.

v. 631. ὦ βέλτιςε τῶν σαυτῦ φίλων] Schol. ita explicat: τῶν ὁμοίων σοι μαςιγιῶν, ἢ τρόπων. *O, optime, inter tui similes, i. e. inter alios nebulones atque furciferos.*

635 Ἐξωμμάτωται, καὶ λελάμπρυνται κόραι,
Ἀσκληπιῦ παιῶνος εὐμενῦς τυχών.
Χο. Λέγεις μοι χαράν. λέγεις μοι βοάν.
Καρ. Πάρεςι χαίρειν, ἤν τε βύλησθ', ἤν τε μή.
                                                          Χο.

v. 635. ' ἐξωμμάτωται] perf. paſſ. ab ἐξομματόω, intenſe video, vel acutum cerno. Nam praepoſ. ἐκ ſaepe intenſionem ſignificat, vt ἐκ θυμῦ Φιλῶν. vide Schol. Propter ambiguitatem vocis adiecit poëta καὶ λελάμπρυνται κόρας. Hanc vocem quoque ſignificare oculos alicui elidere notat Bergl. exemplum ex Euripidis Oedipo adferens: ἡμεῖς δὲ πολύβα παῖδ' ἐρείσαντες πέδῳ ἐξομματῦμεν, καὶ διόλλυμεν κόρας

λελάμπρυνται] 3. ſ. perf. paſſ. a λαμπρύνω, illuſtro, clarum reddo. Tertiam plural. ſimilem tertiae ſingul. formare ſolent Graeci. v. Schol.

κόρας] κόρη, puella, it. oculi pupilla, et inde ipſe oculus. Pars pro toto. Forſan legendum eſt κόραι.

v. 636. παιῶνος] παιών et παιήων, a παίω, ferio, dictus eſt Apollo, medicorum praeſes, apud Homer. Il. ε. v. 401 et 900, quippe qui telis Pythonem ſerpentem transfodit. Quilibet quoque medicus praeclarus hac voce inſignitur.

v. 637. λέγεις μοι—βοάν] i. e. rem laetiſſimam, laeto clamore dignam.

v. 638. πάρεςι χαίρειν] Tanta, inquit, vobis obtaeta eſt fortuna, ut vos, etiam inuitos, gaudere oporteat.

Χο. Ἀναβοάσομαι τὸν εὔπαιδα, καὶ
Μέγα βροτοῖσι Φέγγος, Ἀσκληπιόν.   640

ΔΡΑΜΑΤΟΣ ΤΡΙΤΟΥ.
ΣΚΗΝΗ ΔΕΥΤΕΡΑ.
ΓΥΝΗ, ΚΑΡΙΩΝ.

Τίς ἡ βοή ποτ᾽ ἐςίν; ἄρα γ᾽ ἀγγελεῖ
Χρηςόν τι; τῦτο γὰρ ποθῦσ᾽ ἐγὼ πάλαι,
Ἔνδον κάθημαι περιμένυσα τυτονί.
Καρ. Ταχέως, ταχέως φέρ᾽ οἶνον, ὦ δέσποιν᾽, ἵνα

H 3   Κ᾽ αὐ-

v. 639. ἀναβοάσομαι] pro ἤσομαι. ab ἀναβοᾶν
magna voce clamare, it. clamando vocare. Notat
Schol. huic loco ineſſe χαρακτῆρα τραγικὸν, vt in
Euripid. Oreſte: ἀναβοάσομαι πατρὶ Ταντάλῳ.

εὔπαιδα] εὔπαις ſignificat tam probum filium,
quam egregio parente ſatum. vid. Kuſter. et Hemſterh.
Ambiguus igitur ſenſus hic habet locum: magna voce
laudabo pulcrum Apolline prognatum, Aeſculapium;
ſiue, patris pulcri filium.

v. 640. Φάνος] Inſolens hoc verbum, aliisque ſcriptoribus plane ignoratum primum errore Fracini in Fl.
edit. deindeque in alias irrepſiſſe notat Hemſterh. pro
quo ex veteribus edd. et Micr. φέγγος reddidit, Bentl.
ſuffragante. Girard. φάος legendum eſſe cenſet. Schol.
ex Eurip. Elect. putat deſumtum: ἀνυμνήσω τὸν ἀσκλη-
πιὸν μέγα φῶς ὄντα τοῖς ἀνθρώποις.

118   PLVTVS

645 Κ' αὐτὴ πίης· Φιλεῖς δὲ δρῶσ' αὐτὸ σφόδρα·
     Ὡς ἀγαθὰ συλλήβδην ἅπαντά σοι φέρω.
  Γυ. Καὶ πῦ 'σιν; Καρ. ἐν τοῖς λεγομένοις εἴσει τάχα.
  Γυ. Πέρανε τοίνυν, ὅ, τι λέγεις, ἀνύσας ποτέ.
  Καρ. Ἄκκε τοίνυν, ὡς ἐγὼ τὰ πράγματα
650 Ἐκ τῶν ποδῶν εἰς τὴν κεφαλήν σοι πάντ' ἐρῶ.
  Γυ. Μὴ δῆτ' ἐμοί γ' ἐς τὴν κεφαλήν. Καρ. μὴ τά-
                                              γαθὰ,
  Ἃ νῦν γεγένηται; Γυ. μὴ μὲν ὦν τὰ πράγματα.
  Καρ. Ὡς γὰρ τάχισ' ἀφικόμεθα πρὸς τὸν θεὸν,
  Ἄγοντες ἄνδρα, (τότε μὲν ἀθλιώτατον,
                                              Νῦν

   v. 645. Φιλεῖς δὲ] Muliercularum vinolentiam,
commune aetatis suae vitium, hic comicus perstringit.
   δρῶσα] partic. pro infin. δρᾶειν.
   v. 646. συλλήβδην] comprehensim, in summa.
   v. 647: πῦ 'σιν] scil. ἀγαθά.
   v. 650. ἐκ τῶν ποδῶν εἰς] vt Latini, a capite ad
calcem. Quum vero, vt supra notauimus, εἰς τὴν κεφαλήν σοι imprecationis malique ominis vim habet,
Ieruum heram suam hisce verbis ludere, est credibile:
Mulierem saltim in hanc sententiam ea accepisse, ex
ipsius responso satis adparet: μὴ δῆτ' ἐμοιγ' κ. τ. λ.

   v. 652. μὴ μὲν ὦν τὰ πράγματα] πράγματα
Graeci saepe pro molestiis vsurpant, vt apud Aelian.
v. h. L. X. C. 8. πράγματα ἂν ἔχειν. vide v. 20.
   v. 653. ὡς — τάχιστα] statim.
   πρὸς τὸν θεὸν] scil. Aesculapii templum.

ARISTOPHANIS. 119

Νῦν δ', εἴ τιν' ἄλλον, μακάριον κ' εὐδαίμονα·) 655
Πρῶτον μὲν αὐτὸν ἐπὶ θάλατταν ἤγομεν·
Ἔπειτ' ἐλῦμεν. Γυ. Νὴ Δί', εὐδαίμων ἄρ' ἦν
Ἀνὴρ γέρων ψυχρᾷ θαλάττῃ λύμενος.
Καρ. Ἔπειτα πρὸς τὸ τέμενος ἦμεν τῦ θεῦ,
Ἐπεὶ δὲ βωμῷ πόπανα καὶ προθύματα 660
H 4   Καθω-

v. 654. ἄνδρα] fcil. Plutum, quem forfan propter
coecitatem miferamque conditionem ἄνδρα hic adpellat feruus.

v. 656. ἐπὶ θάλατταν·] οἱ παλαιοὶ τῆς φόνης καὶ
τὰς ἀκαθαρσίας ὕδατι καθαίρεσθαι ἐνόμιζον. Bifet.
Praefertim vero aquam marinam polluta quaecunque
purgare crediderunt veteres.

v. 657. ἐλῦμεν] att. pro ἐλύομεν.

εὐδαίμων — ἄρ'] Haec per ironiam dicit mulier.

v. 659. ἦμεν] perf. med. pro εἶα art. ἦα, et pro
ἤαμεν per fync. ἦμεν.

v. 660. πόπανα] fecundum Suid. placentulae latae
et tenues, ac rotundae.

προθύματα] res, quae ante facrificium Deo offeruntur. Olyrae, vel hordeum, vel thus, a προθύεσθαι. Errant autem, qui fibi perfuadent, προθύματα perpetuo talem habuiffe figuificatum, et aliquam
tantum, vel exiguam fuiffe facrificii partem. Hoc
loco ipfum notat facrificium hominum egenorum, quibus maioribus hoftiis Deos venerari haud licebat. Antiquiffimis enim temporibus facrificia haudquaquam fuerunt pretiofa: tefte Plutarcho Apopht. Lac. Lycurgus
interroganti cuidam, cur tam vilia facra Lacedaemo-

Καθωσιώθη, πέλανος Ἡφαίςυ φλογί,
Κατεκλίνομεν τὸν Πλῦτον, ὥσπερ εἰκός ἦν·

Ἡμῶν niis ordinaret, refpondit; ne homines, fumtibus deterriti, fenfim numinum venerationem dedifcerent, fed ad eam effent prompti. Deinde vero homines bene nummati maioribus hoftiis Deos placare coeperunt, haud tamen ab antiquo more plane recedentes, fed res olim vfitatas, vtpote placentas atque alia fimul offerentes, quae προθύματα vocabant, quod nomen iis remanfit; vnde *Suidas* in πόπανα refert, bouem demum immolaffe poft quatuor πέπανα oblata. Interea tamen inopes πόπανα fua, atque id genus alia, immolare pergebant, quae etiam pro legitimis et rite peractis facris habebantur. προθύματα autem, nomen generale, fpeciem hic fignificare videntur, idemque quod ψαιςὸς vel ψαιςὰ, quae fecundum Suidam funt farinae, oleo et vino mixtae ac fubactae. Inter προθύματα, generaliter dicta ψαιςὰ, quoque locum habebant. θυλήματα pro προθύματα hic a quibusdam fuiffe lectum teftatur *Schol.* θυλήματα autem Scholiaftes ad Pacem v. 1040. ita exponit; θυλήματα τὰ τοῖς θεοῖς ἐπιθυόμενα ἄλφιτα· ἐπιῤῥαίνεται δὲ οἴνῳ καὶ ἐλαίῳ. Senfus igitur huius verfus hic eft: πόπανα et προθύματα arae fuiffe confecrata i. e. *in quadam eius parte collocata, Deoque ita oblata;* pelanum autem in ignem coniectum ac combuftum. confer. *Schol.* De fignificatione vocis ψαιςὸς v. fupra v. 138.

v. 661. καθωσιώθη] aor. 1. paff. a καθοσιόομαι. them. ὅσιος.

πέλανος] Placenta. Quaedam placentae conficiuntur Diis ex frumento, quod ex area fumtum eft. Didymus vero ait πέλανον proprio effe placentam ex polline factam: vel πέλανος fic dictus ἀπὸ τῦ πεπλατύν-

Ἡμῶν δ' ἕκαστος στιβάδα παρεκαττύετο.
Γυ. Ἦσαν δέ τινες κ' ἄλλοι δεόμενοι τῦ θεῦ;
Καρ. Εἶς μέν γε Νεοκλείδης· ὅς ἐστι μὲν τυφλὸς, 665
Κλέπτων δὲ τὸς βλέποντας ὑπερηκόντισεν·
Ἕτεροί τε πολλοὶ παντοδαπὰ νοσήματα
Ἔχοντες· ὡς δὲ τὸς λύχνας ἀποσβέσας
Ἡμῖν παρήγγειλεν καθεύδειν τῦ θεῦ
Ὁ πρόπολος, εἰπὼν, εἴ τις αἴσθηται ψόφυ, 670
H 5   Σιγᾶν.

θῃ, quod fit dilatatus, vel diductus. *Suid*. Poſt πέ
λανος eſt repetendum καθωσιώθη. Poſtquam pelanus
Vulcani flammae conſecratus l. e. combuſtus fuit.
Himſterb. optius vt connecteretur ſermo, putat legendum: *ἐπεὶ δ' ἐπὶ βωμῷ πόπανα καὶ προθύματα, κα
θωσιώθη τε πέλανος·* vel *ἐπεὶ — — κᾄθ' ὡσιώθη
κ. τ. λ.*

v. 663. *παρεκαττύετο*] *confuebat*, a κασσύω con
ſuo, vt veteramentarii dicuntur attrita calceamenta re
ſicere et confarcinare. Quilibet noſtrum, inquit, lectum ſuum ex detritis pannis lacerisque ſtragulorum
partibus humi compoſuit, (ad indicandam heri ege
ſtatem.) vid. *Schol.* qui καττύματα ita interpretatur:
κaττύματα λέγονται οἱ μικροὶ ἱμάντες, οἱ ἐπὶ τῆ κό
πρυ ἐξέιμμένοι.

v. 665. Νεοκλείδης] Rhetor Athenienſis, aerarii expilator, quem coecum hic fingit comicus, et in Eccleſiaz. lippum dicit v. 254 et 401. vide *Bergl.*

v. 666. ὑπερηκόντισεν] ex ὑπὲρ et ἀκοντίζω, *vlterius iacto*: per metaph. *ſupero*, *antecello*.

v. 670. πρόπολος] *miniſter*, *famulus*: τῦ θεῦ i. e.
ſacerdos, ſacrorum antiſtes. a πολέω.

Σιγᾶν, ἅπαντες κοσμίως κατεκείμεθα·
Κᾀγὼ καθεύδειν ἐκ ἐδυνάμην· ἀλλά με
Ἀθάρης χύτρα τις ἐξέπληττε, κειμένη
Ὀλίγον ἄπωθεν τῆς κεφαλῆς τε γραδίε,
675 Ἐφ' ἣν ἐπεθύμεν δαιμονίως ἐφερπύσαι·
Ἔπειτ' ἀναβλέψας ὁρῶ τὸν ἱερέα
Τὲς φθοῖς ἀφαρπάζοντα, καὶ τὰς ἰσχάδας,
Ἀπὸ τῆς τραπέζης τῆς ἱερᾶς. μετὰ τῦτο δὲ
Περιῆλθε τὺς βωμὺς ἅπαντας ἐν κύκλῳ.

EJ

v. 673. ἀθάρης] ἀθάρα, att. ἀθάρη, puls farinacea.

ἐξέκληττε] per iocum sese adspectu ollae adeo, ait, esse perculsum, vt obdormiscere nequiret, quia scilicet, odore allectus, escae inhiabat.

v. 675. ἐφερπύσαι] adrepere, metaphor. leniter ad aliquid accedere. ἀπὸ μεταφορᾶς τῶν ἑρπετῶν. Schol.

v. 677. φθοῖς] secuf. plur. contr. a φθόις, placenta.

ἰσχάδας] ἰσχὰς, ficus arida, carica. Cuncta bellaria quoque, ἰσχάδας, fuisse adpellata, docet Suidas. His verbis caussam indicat poëta, quare sacerdos in lectis decumbentes dormire iuberet, nimirum, vt cuncta bellaria oblata clam posset surripere.

v. 678. τραπέζης] εἰσὶ γὰρ τράπεζαι ἐν τοῖς ἱεροῖς, ἐν αἷς τιθέασι τὰ ἐπιφερόμενα. Schol.

v. 679. ἐν κύκλῳ] κύκλῳ sine praepos. etiam dicitur, vt apud. Aelian. v. h. L. XIII. C. 22.

Εἴ πκ πόπανον εἴη τι καταλελειμμένον· 680
Ἔπειτα ταῦϑ᾽ ἥγιζεν εἰς σάκταν τινά.
Κἀγὼ νομίσας πολλὴν ὁσίαν τῦ πράγματος,
Ἐπὶ τὴν χύτραν τὴν τῆς ἀϑάρης ἀνίσαμαι.
Γυ. Ταλάντατ᾽ ἀνδρῶν, ἤκ ἐδεδοίκεις τὸν ϑεόν;
Καρ. Νὴ τὰς ϑεὰς ἔγωγε, μὴ φϑάσειέ με 685
Ἐπὶ τὴν χύτραν ἐλϑὼν, ἔχων τὰ σέμματα.
Ὁ γὰρ ἱερεὺς αὐτῦ με προυδιδάξατο.
Τὸ γραΐδιον δ᾽, ὡς ᾔσϑετό μκ τὸν ψόφον,
Τῇ χειρ᾽ ὑφῆρει· κᾆτα συρίξας ἐγὼ
Ὀδὰξ

v. 681. ἥγιζεν εἰς σάκταν τινά] *in facculum condita sacrificauit.* Haec non carere aculeo et sale comico notat *Kufter.* Per cauillam enim, inquit Cario, placentas, Deo oblatas, sed a sacerdote furreptas, huius facculo fuisse confecratas.

v. 682. ὁσίαν] *osia, fas, licentia,* vt apud Herod. οἷς ὁσίη ϑύειν. *Exemplo,* inquit, *sacerdotis etiam ad suppilandum aliquid sum allectus, fas hoc esse ratus.*

v. 684. ἐδεδοίκεις] plusq. med. a δείδω.

v. 685. φϑάσειε] a φϑάνω. *praeuenio;* eleganter cum participio conflruitur, vt apud Xenoph. φϑάνω ἀναβὰς. *prior ascendo.* Interroganti mulieri, *nonne Deum verebaris,* per iocum respondet seruus; *omnino verebar, ne prior Aesculapius ad ollam accederet, pultemque mihi praeriperet.*

v. 686. ἔχων τὰ σέμματα] scil. Aesculapius, qui coronatus pingebatur. vide *Schol.*

v. 687. προυδιδάξατο] pro προεδιδάξατο.

v. 689. ὑφῆρει] pro quo in antiquis exemplaribus ὑπῆρε vel ἐκῆρε scriptum esse censet Hemsterhusios.

690 Ὀδὰξ ἐλαβόμην, ὡς Παρείας ὢν ὄφις.
Ἡ δ᾽ εὐθέως τὴν χεῖρα πάλιν ἀνέσπασεν·
Κατέκειτο δ᾽ αὐτὴν ἐντυλίξασ᾽ ἡσυχῇ.
Ὑπὸ τοῦ δέους βδέουσα δριμύτερον γαλῆς.
Κἀγὼ τότ᾽ ἤδη τῆς ἀθάρης πολλὴν ἔφλων.

Ἔπειτ᾽,

Schol. interpretatur ἐκτείνει κατὰ τὰς χύτρας, *extendit, porrigit manum ad ollam;* quae interpretatio haud quaquam lignificationi vocis, ὑφῆρει, eſt accommodata. Sed, vt ego opinor, τῇ χειρί i. e. χειρὶ legendum et, τὴν χύτραν, ſubintelligendum eſt, quae lectio cum ſenſu et genio linguae maxime conuenit. •

v. 690. ὡς Παρείας] ὁ παρείας, ἢ παρῄας (ὅτω γὰρ Ἀπολλόδωρος ἐθέλει) πυρρὸς τὴν χροάν, εὐώπις τὸ ὄμμα, πλατὺς τὸ σῶμα, δακεῖν ᾶ σφαλερὸς ἀλλὰ πρᾶος: *Parias, vel Paruas (ſic enim vult Apollodorus) igneo eſt colore, acerrimo oculorum ſenſu, et largo ore; nihil mordendo nocet, ſed eſt mitis.* Aelian. de nat. anim. L. VIII. C. 12. ſtatim addens, eam ob cauſam hunc ſerpentem humaniſſimo Deorum Aelculapio conſecratum, eiusque miniſtrum praedicatum. Vetulae Te igitur, inquit Cario, manum, huius anguis inſtar ita momordiſſe, vt eam tantum perterreret, non autem vulneraret.

v. 692. αὐτὴν ἐντυλίξασα] *eam ſcil. manum inuoluens linteis:* ſi legitur αὐτήν, ad anum ipſam refertur.

v. 694. πολλὴν] ſcil. μερίδα.

ἔφλων] a φλάω, *minuo, contundo:* inde *edo,* quia cibi dentibus comminuuntur: att. pro θλάω dictum eſſe tradit Euſt. Notat ea vox quoque *voro, auide comedo.* Schol. dicit τὸ φλᾶν proprie ſignificare cum

Ἔπειτ', ἐπειδὴ μεστὸς ἦν, ἀνεπαυόμην. 695
Γυ. Ὁ δὲ Θεὸς ὑμῖν ἃ προσῆκεν; Καρ. ἠδέπω.
Μετὰ τοῦτο δ' ἤδη καὶ γελοῖον δῆτά τι
Ἐποίησα. προσιόντος γὰρ αὐτῷ, μέγα πάνυ
Ἀπέπαρδον· ἡ γαστὴρ γὰρ ἐπεφύσητό μοι.
Γυ. Ἦτοῦ σε διὰ τοῦτ' εὐθὺς ἐβδελύττετο. 700
Καρ. Οὐκ· ἀλλ' Ἰασὼ μέν τις ἀκολυθοῦσ' ἅμα,
Ὑπηρυθρίασε, χ' ἡ Πανάκει' ἀπεστράφη,
Τὴν ῥῖν' ἐπιλαβοῦσ'· οὐ λιβανωτὸν γάρ βδέω.
Γυ. Αὐτὸς δ' ἐκεῖνος; Καρ. Οὐ μὰ Δί' οὐδ' ἐφρόντι-
σεν.
Γυ.

flatu et fibilo comedere; id quod ciborum auidi folent
tacere.

v. 696. προσῆκεν]. q. plusq. med. att. pro προσῆκει.
Nam attici tertiam perf. primae fimilem formare folent;
vt apud Hom. ἤσκειν εἴρια καλὰ pro ἤσκεε. vide *Schol.*

v. 699. ἐπέφυσητο] plusqp. paff. a Φυσάω, *inflo.*
Ventrem, inquit, nimia, quam vorauerat, pultis copia sibi fuisse inflatum.

v. 700. ἐβδελύττετο] *deteftatur est. ἐμίσησε· χαριέντως τὸ ἐβδελύττετο πρὸς τὸ ἀπέπαρδον παρὰ τὸ
βδέειν.* Schol.

v. 701. Ἰασώ] Aefculapii filia, a voce ἴασις, *mede-
la,* dicta. Plures Aefculapio erant liberi, ficut et Pa-
nacaea, cuius non ita multo poft fit mentio. v. *Schol.*

v. 702. ἡπηρυθρίασε] *erubuit* ab ἐρυθρός.

v. 703 λιβανωτὸν] λιβανωτὸς, thus, λίβανος autem arborem thuriferam fignificat. v. *Schol.* Sunt tamen, qui λίβανον et thus et arborem fignificare adfir-
mant.

705 Γυ. Λέγεις ἄγροικον ἄρα σύ γ' εἶναι τὸν Θεόν;
Καρ. Μὰ Δί' ἐκ ἔγωγ', ἀλλὰ σκατοφάγον. Γυτ. αἶ
                                              τάλαν.
Καρ. Μετὰ ταῦτά γ' εὐθὺς ἐγὼ μὲν συνεκαλυψάμην,
Δείσας. ἐκεῖνος δ' ἐν κύκλῳ τὰ νοσήματα
Σκοπῶν περιῄειν πάντα κοσμίως πάνυ.
710 Ἔπειτα παῖς αὐτῷ λίθινον θυείδιον
Παρέθηκε, καὶ δοίδυκα, καὶ κιβώτιον.
Γυ. Λίθινον; Καρ. Μὰ Δί' ἢ δῆτ' οὐχὶ τόγε κιβώτιον.
                                                Γυ.

v. 704. αὐτὸς] scil. ὁ Θεός. *Quomodo autem ipse Deus hoc accepit?*

v. 705. ἄγροικον] *agrestem*, qui adeo foetorem haud ferat grauiter, vel auerferur.

v. 706. σκατοφάγον] *merdiuorum*, ex σκώρ, σκατὸς et φάγω. παρ' ὑπόνοιαν. . Accusatus videbatur corrigere velle, quod dixerat, *non certo dico esse rusticanum*, sed deterius crimen illi impingens, scatophagum, per hoc ἀναίσθητον et brutum notans. Competere volunt id verbi proprie in boues Boeoticos et Cyprios, qui oletis et stercoribus humanis pascuntur: quamuis credant, eos huiusmodi excrementa non tam pastus gratia, quam vt torminibus liberentur, adpetere. Proditum est memoriae, Hippocratem, medicum illum summum, rei medicae vsque adeo fuisse studiosum, vt aegrotorum etiam retrimenta guftarit, quo morbi naturam inde persentisceret. Hoc tamen nonnulli Aesculapio tribuunt, quos inter apparet Aristophanem fuisse etc. *Girard*.

v. 709. περιῄειν] vid. v. 696. προσήκειν.

v. 712. λίθινον,] Carion praeposuit adiectiuum multis substantiuis, cum primo autem conuenit tantum,

Γυ. Σὺ δὲ πῶς ἑώρας, ὦ κάκισ' ἀπολύμενε,
Ὅς ἐγκεκαλύφθαι φῂς; Καρ διὰ τῦ τριβωνίω·
Ὀπὰς γὰρ εἶχεν ἐκ ὀλίγας, μὰ τὸν Δία.   715
Πρῶτον δὲ πάντων τῷ Νεοκλείδῃ φάρμακον
Κατάπλαςόν ἐνεχείρησε τρίβειν, ἐμβαλὼν
Σκορόδων κεφαλὰς τρεῖς Τηνίων. ἔπειτ' ὄφλα
Ἐν τῇ Δυείᾳ συμπαραμιγνύων ὀπὸν,
                                                       Καὶ

cum duobus aliis vt aptetur, rerum earum natura non
fert. Ridicule igitur rogat mulier generaliter λίθινον; Cario ratus interrogari fe de θυείδίῳ, refpondet,
μὰ Δία, omnino fcil. παρέθηκε λίθινον: poftmodo
abfurditatem fentiens, et dictum fuum corrigens, fubiungit; ἃ δῆτα ἐχὶ, non fane. non inquam παρέθηκα
τὸ κιβώτιον. Gtrard. κιβώτισν eft arcula, quam cir-
cumferunt vulnera curaturi, qua omnia ad artem ex-
ercendam, neceffaria continentur.

v. 714. τριβωνίῳ] τριβώνιον *lacerum pallium, veftis
detrita*, a τρίβω, altero.

v. 717. καταπλασὸν] τῶν Φαρμάκων, τὰ μὲν ἐςι
καταπλαςά (qnae poffunt illini, vnde fiunt empla-
ftra) τὰ δὲ χριςά, τὰ δὲ ποτά. *Schol.* qui etiam a
quibusdam, κατάπλαςα, accentu in antepenultima
pofito, fcribi notat.

v. 718. Τηνίων] Tenos vna ex infulis Cycladibus,
quam δριμύτατα σκόροδα φέρειν dicit *Schol.*
ὄφλα] vide v. 694.

v. 719. ὀπὸν] ὀπὸς, *fuccus, humor alicunde ma-
nans.* Plinius explicat per *lac, lacteum fuccum.* Proprie dicitur fuccus laferpitii vel filphii apud Galen.
quae fignificatio huic loco videtur accommodata.

720 Καὶ σχῖνον· ἔτ᾽ ὄξει διέμενος Σφηττίῳ.
. Κατέπλασσεν αὐτῷ τὰ βλέφαρ᾽ ἐκςρέψας, ἵνα
Ὀδυνῷτο μᾶλλον. ὁ δὲ κεκραγὼς καὶ βοῶν,
Ἔφευγ᾽ ἀναίξας. ὁ δέ γε Θεὸς γελάσας ἔφη·
Ἐνταῦθα νῦν κάθησο καταπεπλασμένος,
725 Ἵν᾽ ἐπομνύμενον παύσω σε τῆς ἐκκλησίας.

Γυ.

v. 720. χῖνον] Schol. alio nomine σκίλλαν, *scillam* dici docet, succo mordaci praeditam. indeque a χίζεσθαι esse deriuatam, quod oculos quasi scindat, lacrymasque eliciat.

διέμενος] a διέμαι, *perfundo, madefacio*, quod quidam ab ἵημι cum διά, compos. deriuant, vt pro διῆμι dicatur δίημι. Schol. interpretatur, διυγραίνων, ὁ νῦν χυματίζειν φασί.

Σφηττίῳ] vel eo dici putat Schol. quia acre fuit acetum Spheltium, vel quia huius gentis homines erant **calumniatores** et sycophantae, Neoclidae instar. Omnia medicamenta, ex quibus Aesculapium cataplasma confecisse fingit poëta, erant acerrima, eo consilio, vt nefarii hominis oculos magis infestarent, acerbumque illi dolorem adferrent.

v. 721. ἐκςρέψας] ab ἐκςρέφω, *inuerto, resupino*.

v. 723. ἔφευγ᾽] non reuera fugiebat, quippe coecutiens, quo se verteret, nesciret, sed fugam tantum moliebatur.

v. 725. ἐπωμνύμενον] Hic locus admodum vexauit interpretes. vide *Duker*. et *Valef*. ad Harpocrat. qui de significatu copiosius disputant, in medio tamen eum relinquentes. Verum hic nodus, vt ego quidem arbitror, facile potest expediri, si quod etiam no-

Γυ. Ὡς φιλόπολίς τις ἔτ᾽ ἦσθ᾽ ὁ δαίμων, καὶ σοφός.
Καρ. Μετὰ τῦτο τῷ Πλύτωνι παρεκαθέζετο,
Καὶ πρῶτα μὲν δὴ τῆς κεφαλῆς ἐφήψατο.
Ἔπειτα καθαρὸν ἡμιτύβιον λαβών,
Τὰ βλέφαρα περιέψησεν. ἡ Πανάκεια δὲ   730
Κατεπέτασ᾽ αὐτῦ τὴν κεφαλὴν φοινικίδι,
                                                    Καὶ

tauit *Duker.* ὑπομνύμενον legas. In eo enim fere omnes conueniunt ὑπομωσίαν esse dilationem, iureiurando propter morbum vel aliam causam legitimam, postulatam atque inpetratam, Sensus igitur hic est: *Ego*, inquit Aesculapius, *opera mea efficiam, ut in posterum concionibus, quas malis artibus turbare soles, interesse desinas, ac font..am absentiae causam oculorum scilicet dolorem adferre, quin immo iureiurando confirmare queas.* πάνυ σε τῦτο, saepe significat, *efficio, ut ab hac re desistas*, vt apud Xenoph. Hellen. 6. παύσαντες αὐτὸν τῆς στρατηγίας.

v. 726. Φιλόπολις] *ciuitatis amans*, quippe qui tam nefarium hominem a reipublicae arceat negotiis.

v. 727. Πλύτωνι] Ita Plutum a Carione vel per iocum, vel ὑποκοριστικῶς (diminutiue) his adpellari, notat *Schol.* Plutum enim a Plutone distingui, docet mythologia.

v. 729. ἡμιτύβιον] per *sudarium, pannum semitritum linteum* explicat *Schol.* Pollux, si modo mendum non subest, legit, ἡμιτύμβιον, qui idem ait vocari καψιδρώτιον id ipsumque esse, quod σουδάριον dicitur. *Girard.* Iterum μ ante β saepe intersertur. v. *Hemsterh.*

v. 731. κατεπέτατε] a καταπετανύω: *obuelo.*

Φοινικίδι] Φοινίκις, vestis punicea: v. Aelian. hist.
v. L. VI. C. 6. Hic purpureum notat velamentum.

I

Καὶ πᾶν τὸ πρόσωπον. εἶθ' ὁ θεὸς ἐπόππυσεν.
Ἐξῃξάτην ἓν δύο δράκοντ' ἐκ τῦ νεώ,
Ὑπερφυεῖς τὸ μέγεθος. Γυ. ὦ Φίλοι θεοί.
735 Καρ. Τύτω δ' ὑπὸ τὴν Φοινικίδ' ὑποδύνθ' ἡσυχῇ,
Τὰ βλέφαρα περιέλειχον, ὥς γέ μοι δοκεῖν.
Καὶ πρίν σε κοτύλας ἐκπιεῖν οἴνυ δέκα,
Ὁ Πλῦτος, ὦ δέσποιν', ἀνεςήκει βλέπων·

Ἐγὼ

v. 732. ἐπόππυσεν] Schol. ἐσύριςεν, sibilauit.

v. 733. ἐξῃξάτην] prorumpebant, 3. dual. a. i. act. ab ἐξ et ἀΐσσω, quod et scribitur αἴσσω et ἄττω f. L. ἄξω aor. 1. ἦξα.

δράκοντε] Dracones thesauris incubantes, eosque cuſtodientes finxit antiquitas. Dicti sunt ἀπὲ τῦ δρακεῖν, videre, quia acutissimam habent oculorum aciem, pomaque aurea Hesperidum cuſtodiebant. Ideo Aesculapio adtribuuntur, quod vigilantissimi putantur, quae res medicinae maxime est necessaria. Festus. Pro miniſtris igitur Aesculapii habebantur. vide Spanhemium.

v. 735. τύτω] [scil. δράκοντε.
ὑποδύνθ'] dual. partic. ab ὑπόδυμι.

v. 736. ὥς γέ μοι δοκεῖν] καλῶς· ὐ γὰρ ἑώρα αὐτὺς ἔσω τῆς Φοινικίδος ὄντας. Schol.

v. 737. πρίν σε κοτύλας] Lepide his verbis vinolentiam mulieris perſtringit. Significaturus enim Cario, breuiſſimo tempore visum Pluto esse reſtitutum, dicit, priusquam tu decem vini cotylas epotes. κοτύλη, semisextarius, sic dicta, quod in ea fit ὕλη, materia. Est autem genus poculi, eodem praeditum nomine, quo vas quoddam liquidorum, vt choenix. De variis huius vocis significationibus vide Atben.

Ἐγὼ δὲ τὼ χεῖρ᾽ ἀνεκρότησ᾽ ὑφ᾽ ἡδονῆς;
Τὸν δεσπότην τ᾽ ἤγειρον. ὁ Θεὸς δ᾽ εὐθέως   740
Ἠφάνισεν αὐτὸν, οἵτ᾽ ὄφεις εἰς τὸν νεών.
Οἱ δ᾽ ἐγκατακείμενοι παρ᾽ αὐτῷ, (πῶς δοκεῖς;)
Τὸν Πλοῦτον ἠσπάζοντο, καὶ τὴν νύχθ᾽ ὅλην
Ἐγρηγόρεσαν, ἕως διέλαμψεν ἡμέρα·
Ἐγὼ δ᾽ ἐπῄνουν τὸν θεὸν πάνυ σφόδρα,   745
Ὅτι βλέπειν ἐποίησε τὸν Πλοῦτον ταχὺ,
Τὸν δὲ Νεοκλείδην μᾶλλον ἐποίησεν τυφλόν.
Γυ. Ὅσην ἔχεις τὴν δύναμιν, ὦ ᾽ναξ δέσποτα.
Ἀτὰρ φράσον μοι, ποῦ ᾽σθ᾽ ὁ Πλοῦτος; Καρ. ἔρχεται·
Ἀλλ᾽ ἦν περὶ αὐτὸν ὄχλος ὑπερφυὴς ὅσος.   750
Οἱ γὰρ δίκαιοι πρότερον ὄντες, καὶ βίον
Ἔχοντες ὀλίγον, αὐτὸν ἠσπάζοντο, καὶ
Ἐδεξιῶνθ᾽ ἅπαντες ὑπὸ τῆς ἡδονῆς.
       I 2   Ὅσοι

v. 742. πῶς δοκεῖς] Per admirationem hoc dicitur, vt apud com. noſtrum in Nubibus v. 882. κἀκ τῶν σιδίων βατράχους ἐποίει, πῶς δοκεῖς; et ex malorum granatorum putaminibus ranas faciebat: nonne miraris? Suid.

v. 746. ἐποίησε]. pro quo Kuſtero propter metrum ἐποίησεν magis arridet.

v. 750. ὅσος] Notanda huius vocis ſignificatio, quae adiectiuo poſtpoſita aduerbii λίαν vim habet. Ergo ὑπερφυὴς ὅσος eſt ingens, et conferta admodum. Girard. Simile huic eſt Latinorum immane quantum.

v. 753. ἐδεξιῶντο] a δεξιόομαι, dextra data ſaluto: benigne adloquor, excipio.

Ὅσοι δ' ἐπλήτην, ὑσίαν τ' εἶχον συχνὴν,
755 Οὐκ ἐκ δικαίυ τὸν βίον κεκτημένοι,
Ὀφρῦς συνῆγον, ἐσκυθρώπαζόν θ' ἅμα.
Οἱ δ' ἠκολύθυν κατόπιν ἐςεφανωμένοι,
Γελῶντες, εὐφημῦντες. ἐκτυπεῖτο δὲ
Ἐμβὰς γερόντων εὐρύθμοις προβήμασιν.

ΛΑ'

βίον] vitam i. e. victum, facultates, ad vitam fu-
ftentandam neceffarias.

v. 756. ὀφρῦς συνῆγον] *Supercilia contrahebant,
frontem corrugabant, fortunae mutationem grauiter ferentes.* Faſtuoſi enim et aegritudine pleni homines
frontem caperare folent.

ἐσκυθρώπαζον] *vultu erant tetrico et moefto*: quod
ex σκύθης et ὄψ compoſitum eſſe dicit Suidas. Scy-
thicum enim vocabant quiduis immite, inhumanum
atque ferum.

v. 757. ἐςεφανωμένοι] coronas in magna laetitia fu-
mere moris erat apud Athenienſes, vid. Ubb. Emmii
append. de repub. att.

v. 758. ἐκτυπεῖτο] modum ruſticae faltationis depingit. Denſior enim folea agreſtium inter faltatio-
nem durius terram ſerit, quam vrbanorum, ſcite tripudiare doctorum. *Girard.* κτυπέω ex τυπέω pleo-
naſmo τῦ κ, ſtrepo, reſono. Iliad. ψ. de arboribus
caeſis: καὶ δὲ μέγα κτυπέυσαι πίπτον: et Luc. de falt.
τῶν τῷ σιδηρῷ ὑποδήματι κτυπύντων: ſignificat etiam
percutio.

v. 759. ἐμβὰς] *folea, calceus.*

εὐρύθμοις προβήμασιν] *numeroſis compoſitisque
gradibus.*

ARISTOPHANIS. 133

Ἀλλ' εἶ, ἀπαξάπαντες, ἐξ ἑνὸς λόγȣ, 760
Ὀρχεῖσθε. καὶ σκιρτᾶτε, καὶ χορεύετε·
Οὐδεὶς γὰρ ἡμῖν εἰσιȣσιν ἀγγελεῖ,
Ὡς ἄλφιτ' ȣκ ἔνεςιν ἐν τῷ θυλάκῳ.
Γυ. Νὴ τὴν Ἑκάτην, κᾄγωγ' ἀναδῆσαι βȣ́λομαι
Εὐαγγέλιά σ' ἐν κριβανωτῶν ὁρμαθῷ, 765
                  I 3   Τοιαῦτ'

v. 760. ἐξ ἑνὸς λόγȣ]. *uno ordine, modo, consensu.*

v. 761. ὀρχεῖσθε] Tria hoc in verſu occurrunt verba ſignificatu quidem inter ſe cognata, aliquantum tamen diſcrepantia. ὀρχεῖσθαι dicitur is, qui ſeſe mouet ad numerum: σκιρτᾶν, qui extra omnem numerum laetabundus, ſiue laſciuiens, exſultat. χορεύειν autem de iis tantum vſurpatur, qui iunctis implicatisque manibus choreas exercent, atque in orbem ſaltant. vid. *Kuſter*.

v. 763. ἄλφιτ' ȣκ ἔνεςιν] Putat *Girard*. hoc fuiſſe prouerbium, in pauperes iactatum. Cui enim farina deeſt, omnia deſunt.

θυλάκῳ] θύλακον, ſaccum exponit *Suid.* in quo panes ſeruantur.

v. 764. ἀναδῆσαι βȣ́λομαι — κριβανωτῶν ὁρμαθῷ] ἀναδέω, *vincio*, et idem quod ςεφανέω: vt apud Thuc. L. 4 χρυσῷ ςεφάνῳ ἀνέδησαν.

κριβανωτός] *panis in clibano coctus,* quam vocem ex κρῖ, *hordeum,* et βαῦνος, *caminus,* conflatum docet *Scholiaſtes*, aliam ſimul adferens lectionem, ἐκ κριβανωτῶν ὁρμαθῶν, cui tamen haud ſuffragatur *Hemſterh.* qui rectius atque ſimplicius ςε κριβανωτῶν ὁρμαθῷ cenſet legendum.

Τοιαῦτ' ἀπαγγείλαντα. Καρ. Μὴ νῦν μίλ' ἔτι·
Ὡς ἄνδρες ἐγγύς εἰσιν ἤδη τῶν θυρῶν.
Γυ. Φέρε νῦν, ἰδε' εἴσω κομίσω καταχύσματα,
Ὅπως νεωνήτοισιν ὀφθαλμοῖς ἐγώ.
770 Καρ. Ἐγὼ δ' ἀπανήτσαί γ' ἐκείνοις βόλομαι.

ὁρμαθὸς] *ordo*, *congeries*, *series catenata*. Cario ingentem hominum, ſertis redimitorum multitudinem comitari Plurum narrauerat. Per iocum igitur mulier coronam, ex multis panibus contextam, ei promittit, voracitatem ſerui ſimul perſtringens, vide *Schol.*

v. 766. μὴ νῦν μίλ'] *noli amplius cunctari, ſcil. talem mibi nectere coronam, vt ea redimitus laetabundis, qui propemodum ad aedes accedunt noſtras, ouans poſſim intereſſe.*

v. 768. καταχύσματα] Mos erat apud Athenienſes, vt in nouitios, aut ſeruos, domum primum ingredientes, vel in omnes, de quibus boni aliquid ominari volebant, itemque in ſponſum iuxta focum bellaria effunderent, ad indicandam rerum omnium abundantiam, vt Theopompus in Hedych. teſtatur: *adfer celeriter bellaria, eaque effunde in ſponſum et ſponſam*. Conſtabant autem iſta καταχύσματα ex palmulis, collybis, bellariis, ficubus et nucibus, quae conſerui rapiebant. *Suid.* conf. *Schol.*

v. 769. νεωνήτοισιν] *recens emptis*. Mulier hic facete pro δούλοις, praeter auditorum exſpectationem ſubſtituit ὀφθαλμοῖς. Praeparabo, inquit καταχύσματα, quae in Pluti oculos, o marito meo Aeſculapii ope recens illi comparatos, effundam.

KOM-

ΚΟΜΜΑΤΙΟΝ ΧΟΡΟΥ

ΔΡΑΜΑΤΟΣ ΤΡΙΤΟΥ

ΣΚΗΝΗ ΤΡΙΤΗ.

ΤΡΙΜΕΤΡΟΙ ΙΑΜΒΙΚΟΙ.

ΠΛΟΥΤΟΣ, ΧΡΕΜΥΛΟΣ, ΓΥΝΗ.

Κἠ προσκυνῶ γε πρῶτα μὲν τὸν Ἥλιον,
Ἔπειτα σεμνῆς Παλλάδος κλεινὸν πέδον,

I 4 Χω-

v. 771. καὶ] ponitur nonnunqnam in principio orationis sine vi copulandi, vt apud Aelian. v. h. Lib. II. C. 1. καὶ ταῦτα σωκράτης πρὸς ἀλκιβιάδην. et C. 31. καί τίς ὐκ ἂν κ. τ, λ.

τὸν ἥλιον] solem, cuius iubar nunc primum longo post tempore adspicit, adorat Plutus. Forsan quoque inprimis veneratur Apollinem, cuius factum erat oraculo, vt in Chremylum incideret, huiusque ope visum reciperet.

v. 772. Παλλάδος κλεινὸν πέδον] De Athenarum conditoribus diuersae veterum sunt sententiae. Isid. in Chron. Cecropem Athenas condidisse, et ex nomine Mineruae Atticos, Athenienses, adpellasse refert. Orig. contra Lib. XV. C. I. Cecropem conditorem ex suo nomine vrbem Cecropiam nominasse, et Amphionem (rectius Amphictyonem) tertium post Cecropem Mineruae sacrasse, nomenque ciuitati Athenas dedisse adsirmat. conf. Iust. Lib. II. Apollodorus Lib. III. narrat, Cecropem, corpus habentem cognatum viri et Draconis, primum in Attica regnasse, regionemque,

Χώραν τε πᾶσαν Κέκροπος, ἥ μ' ἐδέξατο.
Αἰσχύνομαι δὲ τὰς ἐμαυτῦ ξυμφοραὶς,
775 Οἵοις ἄρ' ἀνθρώποις ξυνὼν ἐλάνθανον·

Τὴς
prius Acten dictam, a se nominasse Cecropiam. Plures adhuc sunt sententiae, quas hic percensere, est longum. Certamen Mineruae et Neptuni hac de vrbe satis est notum, quod Apollodorus Lib. III. Const. Geoponic. Lib. IX. C. 1. et e Varrone Augustin. de Civ. Dei Lib. XVIII. C. 9. diuersa tamen narrant. Omnes vero in hoc certamine Neptunum a Minerua, cui propter oliuam, e terra productam, iudicum sententiis data est palma, superatum, vrbemque huic sacratam cessisse, testantur: vnde πάλλαδος πόλις vel πέδον fuit adpellata. Plura vid. apud Meurs. de fort. Atben.

κλεινόν] inclytum. Propter celebritatem vrbis, gloriam, maximas opes et res gestas sollemne suit poëtis, Aeschylo, Euripidi, Sophocli aliisque, Athenas honorifico epitheto, κλεινὰς, insignire.

v. 775. οἵοις] qualibus, i. e. cum quam nesariis versatus sum antea hominibus, quos imprudens locupletaui?

ξυνὼν ἐλάνθανον] λανθάνω, idem quod λήθω, lateo, celo. Est ξυνών partic. a ξύνειμι, cum aliquo ago. Cum accusatiuo personae et participio per clam exponitur. Xenoph. ἔλαθον ἡμᾶς ἀποδράντες; clam nobis fugerunt. Dicitur etiam aliquis se ipsum λανθάνειν ποιῶν τι, quum imprudens id facit, seu illud se facere non animaduertit. Plut. ἤδ' αὐτὲς ἡμᾶς λανθάνομεν ἐν λόγοις ἀτόποις γεγονότες. Interdum accusatiuus personae omittitur, vti hoc loco: ξυνὼν ἐλάνθανον:

Τὰς ἀξίας δὲ τῆς ἑαυτῆς ὁμιλίας
Ἐφευγον, εἰδὼς οὐδὲν ὁ τλήμων ἐγώ.
Ὡς οὐδ' ἐκεῖν' ἄρ'. οὐδὲ ταῦτ' ὀρθῶς ἔδρων·
Ἀλλ' αὖ τὰ πάντα πάλιν ἀναςρέψας ἐγὼ,
Δείξω τὸ λοιπὸν πᾶσιν ἀνθρώποις, ὅτι   780
Ἄκων ἐμαυτὸν τοῖς πονηροῖς ἐνεδίδουν.
Χρ. Βάλλ' ἐς κόρακας· ὡς χαλεπόν εἰσιν οἱ φίλοι,
Οἱ φαινόμενοι παραχρῆμ', ὅταν πράττῃ τις εὖ.
Νύττουσι γὰρ καὶ φλῶσι ταντικνήμια,
                    15   Ἐνδει-

me versari non animadvertebam: vel *imprudens ver-*
sabar: ἔλαθεν ὑπερταρκήσας, non animaduertit, se
supra modum crassescere.

v. 778. ὡς οὐδ' ἐκεῖν' ἄρ' οὐδὲ] neque illa. (quum nefarios locupletarem,) neque haec, (quum probos egestate premi paterer) recte faciebam.

v. 779. αὖ τὰ] Bentl. αὖ τὰ legendum esse putat,
quem sequutus est Hemsterb. quia αὐτὰ plane abundat.

v. 782. βάλλ' ἐς κόρακας] scil. σεαυτόν, *abi in*
malam crucem: supra legitur ἔρρε. Hic verbis Chremylus male cuidam precatur, de mutata fortuna ipsi
gratulanti et lenocinanti. vid. *Schol.*

χαλεπόν] scil. πρᾶγμα.

v. 783. φαινόμενοι] *visi et apparentes:* re vera enim
non sunt amici.

v. 784. νύττουσι καὶ φλῶσι] *pulsant et tundunt*
mihi crura. Queritur hic Chremylus, magna se hominum premi turba, qui nimio sibi gratulandi atque
palpandi studio adfluentes adeo ipsum vrgeant, vt cru-

785 Ἐνδεικνύμενοι ἕκαςος εὔνοιάν τινα.
Ἐμὲ γὰρ τίς ὁ προσεῖπε; ποῖος ὁκ ὄχλος
Περιεςεφάνωσεν ἐν ἀγορᾷ πρεσβυτικός;
Γυ. Ὦ φίλτατ' ἀνδρῶν, καὶ σὺ, καὶ σὺ, χαίρετε.
Φέρε νῦν (νόμος γάρ ἐςι) τὰ καταχύσματα
Ταυ-

ra fibi laedant, et contundant. *Hefych.* τὸ φλᾶν interpretatur etiam μαλάσσειν πληγαῖς. *Spanhem.* ex Ariſtophane et Aeſchylo adfert loca, vbi *cruciare, infringere* ſignificat. Sunt quoque, qui per *molliter et cum gratificandi ſtudio tractare*, explicant. *Bergler.* autem, *fricare*, exponit, quum adulatores, vt patronis gratum facerent, genua illis fricare ſuiſſent ſoliti. Quam vt probet ſententiam, ex Plauti Aſin. Act. III. Scen. III. haec citat verba: *Atqui pol bodie non feres, ni genua fricantur etc.* quem vide. Sed permultis adhuc aliis exemplis haecce Bergleri ſententia poteſt illuſtrari et confirmari. Mos erat antiquis, vt ſupplices eorum, quorum obteſtabantur fidem, vel a quibus opem exſpectabant, genua tangerent, vt apud Homerum Il. II. γούνων ἁψάμενοι λιτανεύσομεν αἴκ' ἐλεήσῃ: apud Eurip. τῶν σῶν γονάτων πρωτόλεια θιγγάνω: apud Pind. Nem. VIII. ἱκέτις αἰακῷ σεμνῶν γονάτων ἅπτομαι. Nec non Plin. huius ritus facit mentionem, Lib. XI. C. 45. Genua etiam oſculari conſueuerant ſupplicantes: Odyſſ. XIV. καὶ κύσα γούναθ' ἑλών, ὁ δὲ ἐρύσατο καί μ' ἐλέησεν. Non autem ſolum ad Chremylum confluebant homines gratulandi, ſed etiam obſecrandi conſilio, vt ſe Pluti faceret participes.

v. 788. καὶ σὺ, καὶ σύ] alterum σὺ ad maritum, alterum vero ad Plutum reſpicit.

ARISTOPHANIS. 139

Ταυτὶ καταχέω σε λαβῦσα.   Πλ. μηδαμῶς.   790
Ἐμῦ γὰρ εἰσιόντος εἰς τὴν οἰκίαν
Πρῶτισα, καὶ βλέψαντος, ὑδὲν ἐκφέρειν
Πρεπωδές ἐςιν, ἀλλὰ μᾶλλον εἰσφέρειν.
Γυ. Εἶτ' ὑχὶ δίξῃ ταῦτα τὰ καταχύσματα;
Πλ. Ἔνδον γε παρὰ τὴν ἑςίαν, ὥσπερ νόμος.   795
Ἔπειτα καὶ τὸν φόρτον ἐκφύγοιμεν ἄν.
Οὐ γὰρ πρεπῶδές ἐςι τῷ διδασκάλῳ,
                                       Ἰσχα-

v. 790. καταχέω] Interpres graecus in not. ad v. 768. similem locum ex Theopompo citauit.

σε] Hic geuitiuus regitur a praepos. κατά, cum verbo χέω coniuncta: in te effundo.

λαβῦσα] promens, scil. ex corbe.

v. 792. πρώτιςα] Quomodo iam ante Chremyli aedes ingreffus dicere potest Plutus, se nunc primum eas intrare? subaudiendum eft, nullo duce iam vsus.

v. 795. παρὰ τὴν ἑςίαν] ad focum, vbi pro more τὰ καταχύσματα in nouitium effundebantur.

v. 796. φόρτον] Φόρτος, onus, quaeuis res molefta. Quando, inquit Plutus, domum ingreſſi, odiosam nos comitantium turbam effugerimus. Interpres graecus φόρτον exponit τὸν φορτικὸν γέλωτα, ἵνα μὴ γελασθῶμεν, ne irrideamur, si huec, nos premens, multitudo bellaria in me effundi videat.

v. 797. διδασκάλῳ] Peculiariter διδασκάλυς vocant poëtas dithyrambicos, vel comicos aut tragicos. Suid. Illi enim sese homines virtutem atque bonos mores docere iactabant. Caeterum turpem comicorum morem hic perstringit Ariftophanes, qui, plebeculae gra-

Ἰσχάδια καὶ τρωγάλια τοῖς θεωμένοις
Προβαλόντ', ἐπὶ τύτοισιν ἐπαναγκάζειν γελᾶν.

800 Γυ. Εὖ πάνυ λέγεις· ὡς Δεξίνικος ἥτοσὶ
Ἀνίσαθ', ὡς ἁρπασόμενος τὰς ἰσχάδας.

tiam et adplaufuin captaturi, bellaria fpargere eique
obiicere confueuerant. Sed idem deinde, quod alios
facere indignatur, ipſe, etiam commiſit in Pace
v. 1033.

v. 799. *ἐπαναγκάζειν*] Plebs igitur, bellariis fparfis, mercede quafi conducta et corrupta, ridere et plauſus dare cogebatur.

v. 800. *ξένικος*] ἀνδρὸς ὄνομα κύριον προπαροξύνεται πρὸς διαςολὴν τῦ ἐπιθέτυ ξενικός. Bifct. Δεξίνικος, quod in Mſcr. quodam reprehendit *Kuſter,* legendum eſſe putat *Bergl.* Sequitur eum *Hemſterh,* τὸ ὡς tamen, per ἄλλως corrigens, quod apud Ariſtophanem et alios ſcriptores *fruſtra* quoque ſignificaret. Vera autem et genuina lectio ὡς Δεξίνικος ἥτοσὶ mihi videtur, neque vlla hic amplius opus eſſe emendatione. Fingit poëta hominem quendam, quem Dexinicum adpellat, prauia comicorum confuetudine alleQum ſurgere, ad bellaria rapienda, quum de iis effundendis ſermonem eſſe audiret.

ΧΟΡΟΥ

ΧΟΡΟΥ
ΔΡΑΜΑΤΟΣ ΤΕΤΑΡΤΟΥ.
ΣΚΗΝΗ ΠΡΩΤΗ.
ΤΡΙΜΕΤΡΟΙ ΙΑΜΒΙΚΟΙ
ΚΑΡΙΩΝ.

Ὡς ἡδὺ πράττειν, ὦ 'νδρες, ἔσ' εὐδαιμόνως·
Καὶ ταῦτα μηδὲν ἐξενεγκόντ' οἴκοθεν.
Ἡμῖν γὰρ ἀγαθῶν σωρὸς εἰς τὴν οἰκίαν
Ἐπεισπέπαικεν ὐδὲν ἠδικηκόσιν.   805
                                                   Οὕτω

v. 803. *ἐξενεγκόντ'*] fcil. ἡδύ ἐςι, *ei praecipue fuauis eft*, μηδὲν ἐξενεγκόντι οἴκοθεν, *qui nihil domo extulit*, quod Schol. ita interpretatur: καὶ μάλιςα δίχα ἀναλωμάτων γινόμενον, i. e. qui nullum argentum neque aliam rem ex aedibus fuis efferebat, diuitiisque comparandis impendebat.

v. 805. *ἐπεισπέπαικεν*] ex ἐπὶ, εἰς et παίω, *irruo*, *vi irrumpo:* κυρίως δὲ ἐπὶ ςρατείας πολεμίων, διὸ παίζων ἐπήνεγκεν, ὐδὲν ἠδικηκόσιν. Schol. Extlat etiam prouerbium: Μυκωνίων δίκην ἐπεισπέπαικεν εἰς τὰ συμπόσια. *Myconiorum more ad conuiuia acceffit.* Myconii enim, quod effent pauperes, ob auaritiam male audiebant. Dicitur autem de illis, qui innocati ad conuiuia accedunt. *Suid.* confer. Athen. Lib. I. Diuitiarum, inquit, cumulus, plane infperatus, in noſtras aedes quali irruit.

ὐδὲν ἠδικηκόσιν] quamuis in neminem fuerimus iniurioſi, alienis bonis vngulas iniicientes, malisque artibus nos locupletantes. παίζων τῦτό φησιν, ὡς τῶν

Οὕτω τὸ πλυτῶν ἐσιν ἡδὺ πρᾶγμά τι·
Ἡ μὲν σιπύη μεςή 'ςι λευκῶν ἀλφίτων.
Οἱ δ' ἀμφορῆς, οἴνου μέλανος ἀνθοσμίω·
Ἅπαντα δ' ἡμῖν ἀργυρίω καὶ χρυσίω
810 Τὰ σκευάρια πλήρη 'ςίν, ὥς τε θαυμάσαι.
Τὸ φρέαρ δ' ἐλαίω μεςόν· αἱ δὲ λήκυθοι
Μύρω γέμυσι· τὸ δ' ὑπερῷον, ἰσχάδων.
Ὀξὶς δὲ πᾶσα, καὶ λοπάδιον, καὶ χύτρα,

Χαλ-

ποδῶν, μάλιςα τῶν ἀθηναίων, ἐξ ἀδικίας πλυτόντων. *Schol.*

v. 806. ὕτω] *sic i. e. tam subito, et sine vllius iniuria.*

v. 807. λευκῶν ἀλφ.] voce λευκῶν farinam triticeam indicat, quae est albissima.
σιπύη] ἀρτοθήκη, *arca panaria.*

v. 808. ἀμφερῆς] ait. pro ἀμφορεῖς, ab ἀμφορεύς. μέλανος] per. ἐρυθρᾶ exponit *Schol.* Dicit autem *vinum nigrum i. e. nigro proximum.*

ἀνθοσμίω] ἀνθοσμίας, vinum grati odoris: vel ab Anthosmio loco sic dictum, vel a vitis genere, vel suaue, et gratum habens odorem, et generosum. ἀνθοσμίας est vox composita ex ἄνθος et ἐσμή. *Suid.* ex *Schol.*

v. 811. τὸ φρέαρ δ' ἐλαίω] *Hyperbolice.* Tantam iam intus, inquit, esse olei copiam, quanta olim aquae: eadem quoque vsus figura subiungit, vasa olearia pretiosis vnguentis esse plena, summamque aedium partem caricis refertam.

v. 813. ὀξὶς] Non intelligit *Bergl.* cur Cario acetabula aerea esse facta dicat, quippe quae ex aceto aeru-

ARISTOPHANIS. 143

Χαλκῆ γέγονε. τὰς δὲ πινακίσκας τὰς σαπρὰς,
Τὰς ἰχθυηρὰς, ἀργυρᾶς πάρεσθ' ὁρᾶν.   815
Ὁ δ' Ἰπνὸς ἡμῖν ἐξαπίνης ἐλεφάντινος.

Στα-

ginem contrahant. Sed, mea quidem fententia, hoc
haud adeo eſt difficile intellectu atque explicatu. Eleganter poëta inducit ſeruum, prae gaudio vix ſui compotem, qui dinitiarum enarrans copiam vel omnia in
maius extollit, vel aureorum inoatium improuiſo adſpe-
ctu adeo delirat, vt confuſe loquatur, et res minus
inter ſe conuenientes coniungat, atque ſermone labens
cuncta ridicule commiſceat.

v. 814. πινακίσκας] *ſcutellas*; *Schol.* interpretatur
τὰς ἐπιτηδείας ἰχθῦν χωρῆσαι.

σαπρὰς] pro quo forſan σαθρὰς eſt legendum, vti
Kuſtero videtur. σαθρὸς enim proprie de veſtimen-
tis et valis, vetuſtate detritis, vſurpatur.

v. 816 Ἰπνὸς] ſignificat *furnum*, vel *caminum* aut *later-
nam*, ad quas ſignificationes omnes minus quadrat ſequens
epithetum ἐλεφάντινος. niſi ex ſupra dictis hoc etiam
poſſit explicari. Verum lectio Bentlei, a Kuſtero in
adnot. ad vocem Ἰπνὸς apud Suidam laudata, iure videtur admittenda. Cenſet autem vir eruditus olim,
Ἶπος, i. e. *muſcipula* fuiſſe ſcriptum, Pollucis auctoritate nixus, qui ad hunc locum reſpiciens, inquit: ἀριςοφάνης δὲ ἐν πλύτῳ εἰπὸν (pro quo Bentl. εἶπον legit)
τὴν μυάγραν καλεῖ: εἶπος vero et Ἶπος idem eſt: eι
pro ι, et ι pro eι in veterum libris promiſcue legitur.
Quae ſi lectio habeat locum exaggeratione ſatis ridicu-
la Cario, herum ſuum tantas nactum eſſe opes adſir-
mat, vt muſcipulas adeo ex ebore confectas habeat.

Στατῆρσι δ' οἱ θεράποντες ἀρτιάζομεν
Χρυσοῖς· ἀποψώμεθα δ' ἃ λίθοις ἔτι,
Ἀλλὰ σκοροδίοις ὑπὸ τρυφῆς ἑκάστοτε.
820 Καὶ νῦν ὁ δεσπότης μὲν ἔνδον βυθυτεῖ,

Τι

v. 817. ϛατῆρσι] Staterem aureum duas drachmas
atticas habuisse, refert Pollux.

ἀρτιάζομεν] *par, impar ludimus*. vide *Schol*. παίζομεν ἄρτια ἢ περιττά.

v. 818. ἀποψώμεθα] a th. ψάω, *tergeo*. Hunc
morem, lapillis culum detergendi, tunc temporis fuisse vsitatum non solum ex hoc et alio loco Arifloph. in
Pace v. 1229. verum etiam ex prouerbio patet, cuius
meminit *Schol*. ad Pacem: τρεῖς εἰσὶν ἱκανοὶ πρωκτὸν
ἐκμάξαι λίθοι, ἂν ὦσι τραχεῖς· ἂν δὲ λεῖοι, τέτταρες. Obfcoena haec quidem: fed veteres comoediographi interdum talia plebeculae, cuius gratiam venabantur, dabant auribus. Praeterea ita fefe ea aetate
habebant mores, vt homines, alioquin fatis politi,
eiusmodi nugas cum rifu exciperent, quas noftris
temporibus quilibet bene moratus refpuit atque auerfatur.

v. 819. ὑπὸ τρυφῆς] *deliciarum vel luxus caufa*:
dicit hoc vel per iocum, quia acer ullii fuccus cutem
laedit; vel per contemtum, quia allium, quo antea
famem fedauerat, nunc, opibus inflatus, tam vile habet, vt iam id fordibus fe poffe inquinare glorietur.
vid. *Schol*.

v. 820. βυθυτεῖ] *immolat*. Abufiue hic dicitur:
βυθυσία enim proprie de facrificio fplendido, fumtuofo et perfecto, quale eft hecatombe, vfurpatur.

ARISTOPHANIS. 145

Ῠν καὶ τράγον, καὶ κριὸν ἐςεφανωμένος.
Ἐμὲ δ' ἐξέπεμψεν ὁ καπνός· ὐχ' οἶός τε γὰρ
Ἔνδον μένειν ἦν. ἔδακνε γὰρ τὰ βλέφαρά μυ.

ΔΡΑΜΑΤΟΣ ΤΕΤΑΡΤΟΥ.
ΣΚΗΝΗ ΔΕΥΤΕΡΑ.
ΔΙΚΑΙΟΣ, ΚΑΡΙΩΝ.

Ἔπυ μετ' ἐμῦ παιδάριον, ἵνα πρὸς τὸν θεὸν
Ἴωμεν. Καρ. ἔα, τίς ἔσθ' ὁ προσιὼν ὑτοσί; 825
Δι.

v. 821. ὗν καὶ τράγον] Perfectum facrificium, quod
conftabat ex tribus victimis, fue, ariete et hirco τριτ-
τὺς vocabatur, vt δωδεκηίδες, facrificia ex duodecim
victimis conftantia. *Suid.* conf. *Schol.*

v. 822. οἷος — ἦν] pro ἐδυνάμην.

v. 823. ἔδακνε] Notanda feruuli mollities, qui di-
vitiis iam delicatior factus, de fumo, oculos infeftan-
te, queritur, quem herus tamen perpetiebatur. με-
ταβολὴ παντός, inquit *Schol.*

v. 824. ἕπυ μετ' ἐμῦ] ἕπομαι hic conftruitur cum
praepofit. μετά: apud Xenoph. cum ἐπί: ἕπομαι ἐπὶ
κύρῳ.

v. 825. ἔα] Quidam ἐκπλήξεως effe aduerbium contendunt, ex imperatiuo ἔα pro ἔαε factum, vt ἄγε,
φέρε, ab ἄγω et φέρω. Lat. expon. hem! vt apud
Plat. Protag. ὁ δὲ τὴν θύραν ἀνοίξας, ἔα, ἔφη· σο-
φισαί τινες. In aliis locis fignificat, ah! Quas Cario
hic agit partes, *Hemfterh.* certis ex rationibus Chre-

K

Δι. Ἀνὴρ πρότερον μὲν ἄθλιος, νῦν δ' εὐτυχής.
Καρ. Δῆλον, ὅτι τῶν χρηςῶν τις, ὡς ἔοικας, εἶ.
Δι. Μάλις'. Καρ. ἔπειτα τῷ δέει; Δίκαι. πρὸς τὸν θεὸν
Ἥκω. μεγάλων γάρ μοι 'ςὶν ἀγαθῶν αἴτιος.
830 Ἐγὼ γὰρ ἱκανὴν ἐσίαν παρὰ τῷ πατρὸς
Λαβὼν, ἐπήρκυν τοῖς δεομένοις τῶν φίλων,
Εἶναι νομίζων χρήσιμον πρὸς τὸν βίον.
Καρ. Ἦπύ σε ταχέως ἀπέλιπε τὰ χρήματα;
Δι. Κομιδῇ μὲν ἦν. Καρ. ἐκῶν μετὰ ταῦτ' ἦσθ' ἄθ-
λιος;
835 Δι. Κομιδῇ μὲν ἦν. κἀγὼ μὲν ᾤμην, ὕς τέως
Εὐηργέτησα δεομένοις, ἕξειν φίλους,
Ὄντως βεβαίως, εἰ δεηθείην ποτέ.
Οἱ δ' ἐξετρέποντο, κὐκ ἐδόκουν ὁρᾶν μ' ἔτι.
Καρ. Καὶ κατεγέλων γ', εὖ οἶδ' ὅτι. Δι. κομιδῇ μὲν ἦν.
Αὐ-

...myla adsignant, auctoritate cod. Dorv. nixus, Scholiaste idem innuente; cui personarum permutationi ego
libenter subscribo.

v. 828. τῷ δέει] τῷ pro τινος.. Quanam re eges, i. e
quid vis? Hemsterh. secundum Cod. Dorv. atque exemplo v. 1136 ait. δέει hic censet legendum. vulg. δέη.

v. 829. μοι 'ςὶν) pro quo quidam μοί 'ςὶν. Sed
Hemsterh. retinet μοι 'ςὶν.

v. 833. ἀπέλιπε] Pro quo Kusterus ἐπέλιπεν legi
mauult.

v. 834. κομιδῇ μὲν ἦν] adv. valde, prorsus, omnino, a κομίζω.

v. 839. εὖ οἶδ' ὅτι] Sat scio: subintellige ὕτως γέγονε.

ARISTOPHANIS. 147

Λυχμὸς γὰρ ὢν τῶν σκευαρίων μ' ἀπώλεσεν. 840
Καρ. Ἀλλ' ἀχὶ νῦν. Δι. ἀνθ' ὧν ἐγὼ πρὸς τὸν θεὸν
Προσευξόμενος ἥκω δικαίως ἐνθάδε.
Καρ. Τὸ τριβώνιον δὲ, τί δύναται πρὸς τὸν θεὸν,
Ὁ φέρει μετὰ σῦ τὸ παιδάριον τυτί; φράσον.

K 2 Δι.

v. 840. αὐχμὸς γὰρ ὢν] *squalor suppellectilis*, *fiue vasorum me perdidit*: per metaphoram a frumento. Sine humore et imbre sata ad iustam non perueniunt maturitatem. Siccitate enim et vredine perit frumentum. αὐχμὸς τῶν σκευαρίων interpretatur *Hemsterh.* quum *squalent exinanita vasa*, *nihilque in iis superest*, *quod mensam luculenter instruat.* αὐχμὸς deriuatur ab αὔω *sicco*, vel secundum alios ab ἄζω quod idem significat, pleonasmo τῦ υ; vel ab αὔξω *augeo*, per antiphrasin. Siccitate enim nihil augetur. Kustero hic versus suspectus et paullo obscurior est visus. Particip. ὢν hic abundat.

v. 841. ἀλλ' ἀχὶ νῦν] scil. ἀπολεῖσε.

v. 843. πρὸς τῶν θεῶν] Quidnam vsitata haec iurandi formula hic sibi velit, nemo facile intelliget. Putat autem *Hemsterh.* cuius ego opinioni libenter album adpono calculum, eam scribentis errore veteris et genuinae lectionis loco, πρὸς τὸν θεὸν irrepsisse in manuscripta. Si ergo legas, τί δύναται πρὸς τὸν θεὸν, perquam commodus inde enascitur sensus: *Quid palliolum*, *quod portat puer*, *ad Deum* scil. Plutum, *attinet?* πρὸς enim saepe relationem ad aliquid significat. Haec sententia triplici repetitione verborum, κομιδῆ μὲν ἂν, magis confirmatur, ex qua similiter verba, πρὸς τὸν θεὸν, per iocum a comico ter fuisse iterata, satis adparet.

845 Δι. Καὶ τῦτ' ἀναθήσων ἔρχομαι πρὸς τὸν θεόν.
Καρ. Μῶν ἂν ἐμυήθης δῆτ' ἐν αὐτῷ τὰ μεγάλα;

Δι.

v. 845. *καὶ τῦτ' ἀναθήσων*] *καὶ* vel abundanter vel adfirmatiue ponitur.
ἀναθήσω] confecrabo. Hinc omnia, Diis confecrata, *ἀναθήματα*, funt dicta, monumenta fcilicet atque donaria, in templo in memoriam accepti a Deo beneficii collocata, aut fufpenfa.

v. 846. *ἐμυήθης*] aor. 1. paff. a *μυέω*, doceo, quae ad res facras pertinent, facris initio.

τὰ μεγάλα;] fubintellige *μυςήρια*. Myfteria erant vel maiora vel minora. Maiorum originem ad Erechteum quidam referunt, quem ex Aegypto ingenti frumenti copia Athenas deportata, regem ab Athenienfibus huius beneficii caufa creatum, facra Cereris ipfis communicaffe narrant. Alii alios tradunt auctores. Myfteria fecundum *Suidam ἀπὸ τῦ μύειν τὸ ςόμα, a claudendo ore*, dicebantur, quod eos, qui diuinas audiunt caerimonias, os obturare deceat, nec vlli mortalium quidquam enunciare. Cereris etiam facra dicebantur, tefte Arnobio, quia profanos arcebant, vt carerent arbitris, noctu celebrata, quoniam nocturno tempore altum eft filentium. Iuxta M. Varronis fententiam in his myfteriis multa, ad fruges pertinentia, tradebantur. Si quis ea facra diuulgaffet, ei lex mortem ftatuebat, *Sopat.* in div. quaeft. Ad hominum vitam corrigendam, atque feros mores mitigandos ea iuftituta efle, tradit *Cicero* de Leg. L. II. C. 14. Minorum eft auctor Eumolpus, gratificaturus Herculi, initiationem ab eo flagitanti. Lege autem peregrinum initiari vetante, excogitauit Eumolpus myfteria minora, atque ita illi morem geffit. In maioribus

ARISTOPHANIS. 149

Δι. Οὔκ. Ἀλλ᾽ ἐνεῤῥίγωσ᾽ ἔτη τρία καὶ δέκα.
Καρ. Τὰ δ᾽ ἐμβάδια; Δι. καὶ ταῦτα συνεχειμάζετο.
Καρ. Καὶ ταῦτ᾽ ἀναθήσων ἔφερες ἂν; Δι. νὴ τὸν Δία.
Καρ. Χαρίεντά γ᾽ ἥκεις δῶρα τῷ θεῷ φέρων.   850

ΔΡΑΜΑΤΟΣ ΤΕΤΑΡΤΟΥ
ΣΚΗΝΗ ΤΡΙΤΗ.
ΣΥΚΟΦΑΝΤΗΣ, ΚΑΡΙΩΝ. ΔΙΚΑΙΟΣ.

Οἴμοι κακοδαίμων, ὡς ἀπόλωλα δείλαιος,
Καὶ τρισκακοδαίμων, καὶ τετράκις, καὶ πεντάκις,

K 3   Καὶ

initiati, in minoribus praeluſtrari moris erat. In illis
igitur doctrinae arcana praecepta tradebantur. Ad minora admiſſi μύσαι, ad maiora ἐπόπται dicebantur.
Initiati, qua tunc induti erant veſte, illam nunquam
deponebant, niſi longo detritam vſu atque laceram,
quam deinde Diis conſecrabant, vel etiam ad infantum
faſcias feruabant. v. Schol. Ad hunc morem hic adludit comicus, inquiens; *Num in hoc lacerato pallio
Pluti myſteriis es initiatus*, i. e. *locupletatus, quia
illud huic Deo conſecrare geſtis?*

v. 848. τὰ δ᾽ ἐμβάδια] ſcil. τί δύναται πρὸς τὸν
θεόν.

v. 850. χαρίεντα] ironice dicitur.

v. 851. Notat *Hemſterh.* libros editos hic Chremylum eiicere, cui tamen Cod. Dorv. ſuas adſignet partes. Nusquam enim hic adeſſe Carionem ante v. 873.
Priora cuncta deberi Chremylo, qui etiam ſeruo v. 886,
890, 897, 932, 944. ſit ſubſtituendus. In eodem quo-

Καὶ δωδεκάκις, καὶ μυριάκις.   Ἰώ, Ἰώ.
Οὕτω πολυφόρῳ συγκέκραμαι δαίμονι;
855 Καρ. Ἄπολλον Ἀποτρόπαιε, καὶ θεοὶ φίλοι·
Τί ποτ' ἐςὶν, ὅ, τι πέπονθεν ἄνθρωπος κακόν;
Συ. Οὐ γὰρ σχέτλια πέπονθα νυνὶ πράγματα,
Ἀπολωλεκὼς ἅπαντα τά 'κ τῆς οἰκίας·
Διὰ τὸν θεὸν τῦτον, τὸν ἐσόμενον τυφλὸν
860 Πάλιν αὖθις, ἤνπερ μὴ λίπωσιν αἱ δίκαι.

Δι-

que codice pleraque secundum libros publicatos a Iusto dicta, utpote v. 892 ac totum cum sycophanta colloquium a v. 902 vsque ad versum 928 Chremylum sibi vindicare: quae personarum mutatio, auctoritate codicis nixa, maxime sit probabilis.

v. 854. πολυφόρῳ] Hic significat multa mala simul et eodem tempore inuehente: vel vario. Vel metaphora ducta est a vino forti, quod multum aquae pati potest: quasi dicat, fato mere malo, et ad vexandum forti. πολυφόρον enim vocabant vinum forte, quod multum aquae ferre potest: at ὀλιγοφόρον, quod non nisi parum aquae: vel metaphora ducta est ab arboribus, multos flores ferentibus. Suid. ex Schol. συγκέκραμαι per Sync. pro συγκεκέραμαι, *commixtus sum*. Metaphoram a vino esse desumtam ex eo patet, quod in illa pergit.

v. 855. φίλοι] *amici* scil. hominibus, a quibus calamitates propellunt.

v. 858. τά 'κ] pro τὰ ἐκ scil. πράγματα.

v. 860. πάλιν αὖθις] ἐκ παραλλήλυ.

μὴ λίπωσιν] forsan μὴ 'κλίπωσιν pro ἐκλίπωσιν scriptum fuisse censet *Kuster*. quum ἐκλώπειν pro *deficere*

Δι. Ἐγὼ σχεδὸν τὸ πρᾶγμα γινώσκειν δοκῶ.
Προσέρχεται γάρ τις κακῶς πράττων ἀνήρ.
Ἔοικε δ' εἶναι τῇ πονηρῷ κόμματος.
Καρ. Νὴ Δία, καλῶς τοίνυν ποιῶν ἀπόλυται.
Συ. Πῦ, πῦ 'σθ' ὁ μόνος ἅπαντας ἡμᾶς πλυσίες   865
Ὑποσχόμενος ὅτος ποιήσειν εὐθέως,
Εἰ πάλιν ἀναβλέψειεν ἐξαρχῆς; ὁ δέ
Πολὺ μᾶλλον ἐνίους ἐςὶν ἐξολωλεκώς.
Καρ. Καὶ τίνα δέδρακε δῆτα ταῦτ'; Συ. ἐμὲ τυτονί.

K 4   Καρ.

faepius ab Atticis vſurpetur, non refragante quidem
Hemſterh. qui tamen ad exemplum v. 554 μὴ 'πιλίπω-
σιν legi mauult.

αἱ δίκαι] ἀντὶ τῦ, ἐὰν τὸ δίκαιον παραμείνῃ. *Schol.*

v. 861. ἐγὼ σχεδὸν] Ex hominis querelis, ſimulque
ex eius nimis colligit Iuſtus, illum eſſe nebulonem,
qui madens vitiis poſt viſum, Pluto reſtitutum, bonis
fuiſſet exutus, quod ei minus contigiſſet, ſi virtuti ac
probitati ſtuderet.

v. 863. πονηρῦ κόμματος] malae notae, a κόπτω,
percutio, *caedo*. Metaphora a nummis adulterinis ducta, in quibus parum eſt auri, plurimum aeris. v. *Schol.*

v. 864. καλῶς ποιῶν] ad verbum: *bene faciens perit* i. e. iure perit, plectitur.

v. 866. ὑποσχόμενος] part. aor. 2. med. ab ὑπο-
χέω, pro quo ὑπιχνέομαι.

v. 867. πάλιν — ἐξ ἀρχῆς] per pleonaſmum.

v. 869. τίνα δέδρακε ταῦτα] δρᾶν cum duobus
conſtruitur accuſ. vt apud Aelian. v. h. Lib. VIII. C. 16.
ὐδὲν γὰρ ἔδρασε κακὸν σόλωνα.

τυτονί] digitum in ſe ipſe intendens, haec ait.

870 Καρ. Ἡ τῶν πονηρῶν ἦσθα, καὶ τοιχωρύχων.
Συ. Μὰ Δί', ἔμενον ἐσθ' ὑγιὲς ὑμῶν ὑδενός.
Κ' ἐκ ἐσθ', ὅπως ἐκ ἔχετέ μου τὰ χρήματα.
Καρ. Ὡς σοβαρὸς, ὦ Δάματερ, εἰσελήλυθεν
Ὁ συκοφάντης. δῆλον, ὅτι βυλιμᾷ.
                                    Συ.

v. 870. τῶν πονηρῶν] scil. τίς ἐκ τῶν πονηρῶν.

v. 871. ἔμενον ἐσθ' ὑγιὲς ὑμῶν ὑδενός] Nihil est in vobis sani. In quibusdam editionibus legitur ὑγιὲς ὑμῶν ὑδὲν: cui lectioni, admodum commodae, huius fabulae v. 37 adfert auctoritatem.

v. 872. κ' ἐκ ἐθ', ὅπως ἐκ ἔχετε] Verbum verbo si reddas: *nec est, vt non* i. e. *fieri non potest, quin*: vno verbo dixisset, ἤ, vel ὄντως. Sed longa verborum haec circuitio irritati animi significationem habet expressiorem. *Girard*.

v. 873. ὡς σοβαρὸς] *qui concitato fertur gradu*: it. *insolenter se inferens, et obuios submouens, inde superbus*. Quam insolenter, inquit Cario, hic sycophanta se gerit, atque in nos irruit?

v. 874. βυλιμᾷ] *valde esurit*: ex voce βῦ, quae significationis intendendae vim habet, vt βύπεινα, *magna fames*. Quidam vero genus morbi esse tradunt, quo qui laborant, licet multum edant, non tamen satiantur. *Suid. ex Schol.* Hunc hominem, inquit, nimia fames, qua fere in rabiem vertitur, facit ferociorem. Adsignat haec verba *Hemsterh.* seruo, qui scurriliter sycophantam ludere gestit, quod etiam *Schol.* in notis ad sequentia verba, σὺ μὲν εἰς ἀγορὰν, indicat: τῦτο πρὸς τὸν θεράποντα.

Συ. Σὺ μὲν εἰς ἀγοράν ἰὼν ταχέως, ἐκ ἂν Φθάνοις. 875
Ἐπὶ τῦ τροχῦ γὰρ δεῖ σ' ἐκεῖ ςρεβλύμενον
Εἰπεῖν, ἃ πεπανύργηκας. Καρ. οἴμωζ ἄρα σύ.
K 5   Δι.

v. 875. σὺ μὲν εἰς ἀγοράν ἰὼν ταχέως, ἐκ ἂν Φθάνοις] *non poteris cunctare, quin statim ambules in iudicium.* Φθάνω, *anteuerto, occupo,* cum participio significat, *non effugio, quin:* vt apud Lucian, ἐκ ἂν Φθάνοις ὠνησάμενος, *non effugies, quin emas.* Sunt, qui follemnem hanc in ius rapiendi fuisse formulam putant, ad Scholiasten Euripidis in Orestem v. 934 prouocantes: ἐκ ἂν Φθάνοις εἰς τὸ δικαςήριον ἰὼν, καὶ διδὺς δίκην· κ. τ. λ.

v. 876. ἐπὶ τῦ τροχῦ] τροχὸς, ligneum quoddam inftrumentum erat rota, cui adligati ferui flagris caedebantur, *Suid.* qui locum Aristophanis in Pace v. 451 citauit.

v. 877. οἴμωζε] vide v. 58.

v. 878. τὸν σωτῆρα] Amphictyon, vt Philochorus tradit, Athenienfium rex a Dionyfio edoctus merum diluit, quo factum, vt homines, prius mero incurui, recti fient facti. Inftituit praeterea, vt post cibos offerretur folum merum, quo id tantum deguftarent, indicium potentiae Dei boni, reliquum iam effet dilutum, quantum quisque vellet, adderentque huic Saluatoris Iouis nomen; vt bibentium memoriae fubiret, fe tuto fore faluos, dum ita biberent. v. Mufon. Philof. de luxu Graec. C. III. Putat *Girard.* Iussum hic per Iovem feruatorem iurare, vt recordatio conuiuiorum in quibus frequens fycophanta fuerat, grauius eum offendat, qui nunc mifer a couluttio hominum, tanquam deuotus, fit fubmonendus.

Δι. Νὴ τὸν Δία τὸν Σωτῆρα, πολλῦ γ' ἄξιος
Ἄπασι τοῖς Ἕλλησιν ὁ θεός ἐσθ', ὅτι
880 Τὰς συκοφάντας ἐξολῶ κακὰς κακῶς.
Συ. Οἴμοι τάλας! μῶν καὶ σὺ μετέχων καταγελᾷς;
Ἐπεὶ πόθεν θοἰμάτιον εἴληφας τοδί;
Ἐχθὲς δ' ἔχοντ' εἶδόν σ' ἐγὼ τριβώνιον.
Δι. Οὐδὲν προτιμῶ σε. Φορῶ γὰρ πριάμενος
885 Τὸν δακτύλιον τονδὶ παρ' Εὐδάμε δραχμῆς.
Καρ. Ἀλλ' ἐκ ἔνεσι συκοφάντε δήγματος.
Συ

v. 881. μετέχων] particeps, fcil. iniuriarum.

v. 882. θοἰμάτιον] pro τὸ ἱμάτιον. Hac interrogatione Sycophanta Iuſtum furti infimulat. Quum enim, inquit, te heri adhuc pannis obſitum vidi, te pretiofam; qua es indutus, veſtem, cuidam ſuppilaſſe opinor.

v. 884. ἐδὲν προτιμῶ σε] ἐ φροντίζω σε. λέγει δὴ, ἐ φοβῦμαί σε ἔχων Φυσικὸν δακτύλιον. Schol.

v. 885. τὸν δακτύλιον] Eudamus, inſignis rerum naturalium inueſtigator, contra daemones, ſerpentes aliasque res nocituras conficiebat annulos, ea praeditos virtute, vt non ſolum viperarum morſus curarent, verum etiam homines ab omni periculo tutos redderent, v. S:bol. Huius igitur vi annuli confiſum, omnes ſycophantae impetus et conamina ſeſe ridere, inquit Iuſtus. Scurriliter autem ſubiungit ſeruus, talem annulum, quamuis admodum ſalutarem, non tamen a ſycophantae, qualibet vipera peioris, morſu et veneno hominem poſſe tueri.

v. 886. ἀλλ' ἐκ ἔνεσι] ſcil. Φάρμακον.

ARISTOPHANIS.   155

Συ. Ἆρ' οὐχ ὕβρις πολλὴ ταῦτ' ἐςί; σκώπτετον,
Ὁ, τι δὲ ποιεῖτον ἐνθάδ', οὐκ εἰρήκατον·
Οὐκ ἐπ' ἀγαθῷ γὰρ ἐνθάδ' ἐςὸν οὐδενί.
Καρ. Μὰ τὸν Δί' ἄκων τῷ γε σῷ, σάφ' ἴσθ' ὅτι.   890
Συ. Ἀπὸ τῶν ἐμῶν γάρ, ναὶ μὰ Δία, δειπνήσετον.
Δι. Ὡς δὴ π' ἀληθείᾳ σὺ μετὰ τῦ μάρτυρος

Διαρ-

v. 887. ὕβρις πολλὴ ταῦτ' ἐςί;] *Hemsterb.* sequitur
lectionem Cod. Dorv. elegantiorem metroque consentaneam ὕβρις ταῦτ' ἐςι πολλή;

v. 888. εἰρήκατον] Non fuit, cur illi dicerent, praesertim non roganti: sed hoc illi graue, quod nihil audiat, vnde causiam arripiat, qua eos possit in ius vocare. Id quod facturus erat, quum Carion dixit, ἢ
τῶν πονηρῶν ἦσθα: sed illi nondum aderat testis; qui
postea, quasi aliud agens, eo adrepsit, vbi hi contendebant etc. *Girard.*

v. 890. τῷ γε σῷ] supple ἀγαθῷ οὐκ ἔσμεν ἐνθάδε.
Non ob aliquam rem hic adsumus, quae tibi bona sit.
l. e. certe non adsumus, vt vlla re commodis tuis inseruiamus.

σάφα] pro σαφῶς.

v. 891. ἀπὸ τῶν ἐμῶν] scil. ἀγαθῶν, ἃ ἡρπάσατε.

v. 892. ὡς δὴ 'π' ἀληθείᾳ] Librariorum mendum
in hunc irrepsisse locum, non nisi ex vetustioribus castigandum membranis, putat *Hemsterb.* Quodsi tamen
cum eo ὡς δὴ per ἵνα δὴ interpreteris, satis commodus enascitur sensus: *Coenabimus,* inquit Iustus, *ita, vt
tu sane cum teste, quem adduxisti, tuo, quando vacuus
tibi crepat venter, fame et inuidia rumparis.* Praevertit igitur imprecationi, quam a Sycophanta ipso
exspectabat.

Διαρραγείης, μηδενός ἐμπεπλησμένος.
Συ. Ἀρνεῖσθον; ἔνδον ἐςὶν, ὦ μιαρωτάτω,
895 Πολὺ χρῆμα τεμαχῶν, καὶ κρεῶν ὠπτημένων.
Ὑ ῦ, ῦ ῦ, ῦ ῦ, ῦ ῦ, ῦ ῦ, ῦ ῦ.
Καρ. Κακόδαιμον, ὀσφραίνει τί; Δι. τῦ ψύχης γ'
  ἴσως,
Ἐπεὶ τοιοῦτον ἀμπέχεται τριβώνιον.
Συ. Ταῦτ' ἂν ἀνάσχετ' ἐςὶν, ὦ ζεῦ καὶ θεοί,
900 Τύτυς ὑβρίζειν εἰς ἔμ'; οἴμ', ὡς ἄχθομαι,
  Ὅτι

v. 895. πολὺ χρῆμα] χρῆμα, *res, negotium.* Hoc verbum cum genitiuo positum excellentiam quandam significans exaggerationis caufa vfurpatur: vt apud Lucian. πάγκαλόν τι χρῆμα παρθένε, *pulcerrima virgo.* Dicitur etiam χρῆμα Φρονήσεως, *mirabilis prudentia.* Atticis autem eſſe morem, vti appoſitione, inquit *Suidas:* vt γυνὴ, κακόν τι χρῆμα.
  τεμαχῶν] a τέμαχος, *fruſtum.* Dicitur de piſcibus et placentis, de carnibus non item. Fruſta vero aliarum rerum, vt caſei, dicuntur τόμοι. *Suid.* Ad hanc differentiam indicandam addit comicus καὶ κρεῶν.

v. 896. ῦ, ῦ] Vox victa ad exprimendum ſonum, quem reddunt rei cuiusdam odorem totis trahentes naribus. Eſſe etiam ἐπίρρημα θαυμαςικὸν, inquit *Schol.* ῦ ῦ ſcribendum eſſe propter metrum notat *Hemſterh.*
v. 897. ὀσφραίνει] att. pro ὀσφραίνῃ.

τῦ ψύχης] ſcil. τι vel ὀσμὴν. Odoratur i. e. *ſentit aliquid frigeris:* quod ſycophantam ludens ait, cuius naribus delicatorum odor ciborum erat obiectus.

v. 900. ὑβρίζειν εἰς ἔμ'] ὑβρίζειν cum praepoſitione εἰς et ſimplici accuſatiuo promiſcue conſtrui ex hoc

ARISTOPHANIS. 157

Ότι χρηςὸς ὤν, καὶ Φιλόπολις, πάσχω κακῶς.
Δι. Σὺ Φιλόπολις καὶ χρηςός; Συ. ὡς ὅδεὶς ἀνήρ.
Δι. Καὶ μὴν ἐπερωτηθεὶς ἀπόκριναί μοι. Συ. τὸ τί;
Δι. Γεωργὸς εἶ; Συ. μελαγχολᾶν μ᾽ ὕτως οἴει;
Δι. Ἀλλ᾽ ἔμπορος; Συκοφάν. ναὶ. σκήπτομαί γ᾽ ὅταν 905
τύχω.
Δι. Τί δαί; τέχνην τίν᾽, ἔμαθες; Συ. ἢ μὰ τὸν Δία.
Δι.

adparet loco, quamquam aliquam grammatici ſtatuant differentiam, quorum ſecundum ſententiam hoc, *aliquem ignominia adficere*, illud autem, *cuiusdam parentes, liberos et neceſſarios contumeliis onerare* ſignificat. vide *Kuſter*.

v. 902. Hic et in ſequentibus, quae vulgo tribuuntur Iuſto, ex auctoritate Codicis rectius Chremylo eſſe adſignanda monet *Hemſterh*.

v. 903. τὸ τί] pro τί, articulo τὸ abundante.

v. 904. γεωργὸς εἶ;] Dixerat Sycophanta, ſe patriae eſſe amantem: rogat igitur Iuſtus, num ſit agricola, an mercator, an artis cuiusdam ſtudioſus, qua reipublicae vtilitati poſſit inſeruire?

μελαγχολᾶν] Putasne, inquit, atra bili me adeo percitum, vt vrbe, hominumque, qua delector, frequentia relicta, ruri me abdere geſtiam?

v. 905. σκήπτομαι] *nitor, praetexo, ſimulo*. Quodſi res ita poſtulat, inquit Sycophanta, interdum mercatorem me eſſe ſimulo, vt militiam ſubterfugiam. Nam belli temporibus, quum cogerentur copiae, mercatores militiae habebant vacationem, quippe qui multa vndique adportantes neceſſaria communi admodum ſeruiebant vtilitati. v. *Schol*. Lectionem ὅταν τύχῃ, ſi e re fuerit praefert *Kuſter*.

Δι. Πῶς ἂν διέξης, ἢ πόθεν, μηδὲν ποιῶν;
Συ. Τῶν τῆς πόλεώς εἰμ' ἐπιμελητὴς πραγμάτων,
Καὶ τῶν ἰδίων πάντων. Δι. σύ; τί μαθών; Συ. βού-
λομαι.

910 Δι. Πῶς ἂν ἂν εἴης χρηστὸς, ὦ τοιχωρύχε,
Εἴ σοι προσῆκον μηδὲν, εἶτ' ἀπεχθάνει;
Συ. Οὐ γὰρ προσήκει τὴν ἐμαυτῦ μοι πόλιν
Εὐεργετεῖν μ', ὦ κέπφε, καθ' ὅσον ἂν σθένω;
Δι. Εὐεργετεῖν ὖν ἔςι τὸ πολυπραγμονεῖν;
Συ.

v. 909. τί μαθών;] Rifetus ad Nub. v. 1507. atticum huius participii vfum docuit, cunctaque fere ex
comico noſtro exempla collegit, ex quibus, in hac
dictione criminationem, obiurgationem ac infcitiae ex-
probrationem ineſſe fatis adparet. *Tune*, inquit Juſtus,
*reipublicae te negotiis immiſceas? Qua fretus virtute?
quibus artibus, quarum, vt ipſe fateris, tenes plane
nullam.*

βύλομαι] Sic mibi eſt libitum.

v. 911. εἴ σοι προσῆκον μηδὲν] Si te negotiis alienis,
tam priuatis quam publicis, quorum te cura ſuperſe-
dere oportebat, immiſcendo, hominibus es inuiſus.
vide Schol.

v. 913. κέπφε] κέπφος eſt auis, maris ſpumam
edere amans. Piſcatorum autem pueri, hanc captaturi, procul ſtantes ſpumam illi marinam proiiciunt,
qua allecta paullatim propius accedit, donec tandem a
pueris prehenditur. Inde homo bardus κέπφος dici
ſolet. Schol.

v. 914. πολυπραγμονεῖν] de iis dicitur, qui alienis
ſe immiſcent negotiis, nihil ad ipſos pertinentibus. Ad

ARISTOPHANIS. 159

Συ. Τὸ μὲν ἒν βοηθεῖν τοῖς νόμοις τοῖς κειμένοις, 915
Καὶ μὴ 'πιτρέπειν πότ', ἤν τις ἐξαμαρτάνῃ.
Δι. Οὐκᾶν δικαςὰς ἐξεπίτηδες ἡ πόλις
Ἄρχειν καθίςησιν. Συ. κατηγορεῖ δὲ τίς;
Δι. Ὁ βυλόμενος. Συ. ὑκᾶν ἐκεῖνός εἰμ' ἐγώ;
Ὡς' εἰς ἐμ' ἤκει τῆς πόλεως τὰ πράγματα. 920
Δι.

hanc vocem notat *Suidas*, qui Alex. Aphrod. scrinia L. II. Top. compilauit, πολυπράγμωνα non aperte significare vitium, sed eum, qui multis districtus est negotiis: idque etiam casu alicui posse contingere: sed Φιλοπράγμωνα significare hominem, in aliena negotia se inserentem. Verum loco quodam apud Platon. de republica Lib. IV. refellitur: τὰ αὑτῦ πράττειν, καὶ μὴ πολυπραγμονεῖν, δικαιοσύνη ἐςι. Non tamen potest negari, τὸ πολυπραγμονεῖν interdum in bonam accipi partem, atque exponi, *diligenter inquirere, curiosè percontari*, vt apud Aelian. v. h. Lib. XIV. C. 7. ἐτίθεντο δὲ καὶ φροντίδα οἱ ἔφοροι καθ' ἑκάςην πολυπραγμονεῖν τὰ περὶ τὴν πόλην, εἰ ἕκαςα κ. τ. λ. *Adhibuerunt etiam Ephori curam, vt quotidie diligenter attenderent ad vestitum* etc.

v. 917. ὑκᾶν δικαςὰς ἐξεπίτηδες] *Num frustra iudices constituit ciuitas?* Si vero cum quibusdam legas ὑκῦν: *Frustra igitur creauit respublica magistratus.* vide *Hemsterh.*

v. 918. κατηγορεῖ] Aperte hic sycophanta turpi se delatoris munere fungi, ex eoque quaestum facere fatetur, *nequicquam* inquiens, *iudicia sunt instituta, nisi accusator noxios deferas.*

Δι. Νὴ τὸν Δία, πονηρόν γ' ἄρα προσάτην ἔχει.
Ἐκεῖνο δ' ἢ βύλοι ἂν, ἡσυχίαν ἔχων
Ζῆν ἀργός; Συ. ἀλλὰ προβατίω βίον λέγεις.
Εἰ μὴ φανεῖται διατριβή τις τῷ βίῳ.
925 Δίκαι. Οὐδ᾽ ἂν μεταμάθοις; Συκο. οὐδ᾽ ἂν, εἰ δοίης
γέ μοι
Τὸν Πλοῦτον αὐτὸν, καὶ τὸ Βάττου σίλφιον.
Δι.

v. 921. νὴ Δία] νὴ τὸν Δία ex cod. Dorv. propter metrum dedit *Hemsterh.*

v. 923. προβατίω βίον] Dicitur in folidos et ſtupidos. Oues enim plane viuunt otiofae. v. *Schol.*

v. 924. διατριβή τις τῷ βίῳ] ἐπιτήδευμα· ἀσχόλημα· δίαιτα· διαγωγή· πρόφασις, ἀφ᾽ ἧς μέλλομεν περὶ τὰ πράγματα διατρίβειν. *Schol.*

v. 925. μεταμάθοις] μεταμανθάνω, *dedifco; priori confilio relicto aliud fequor.*

v. 926. τὸ Βάττου σίλφιον] Silphium, herba, fuauem odorem ſpirans, quae naſcitur in Lybia, ad condimenta ciborum et medicinam vtilis: Optima vero eſt Cyrenaica. Eius ſucco et radice et caule olim vtebantur. Eſt autem exigua planta. Battus autem, vt Ariſtoteles tradit, a Thera, iuxta Cretam inſula, oraculo Apollinis monitus, vel, vt alii narrant, domeſtica pulſus ſeditione in Lybia vrbem Cyrenem condidit. Cyrenaei igitur, pro beneficio iſto regi gratiam relaturi, annulum (ſecundum alios numiſma) fecerunt, in quo vrbs regi ſilphium offerebat: In vna numini parte ciuitatem, in altera vero ſilphium expreſſerunt Cyrenaei. βάττου σίλφιον dicitur ergo de iis, qui exquiſitos honores adipiſcuntur. v. *Suid.* et confer. *Schol.*

Δι. Κατάθου ταχέως θοιμάτιον. Καρ. ὗτος, σοί λέγει.
Δι. Ἔπειθ' ὑπόλυσαι. Καρ. πάντα ταῦτα σοὶ λέγει.
Συ. Καὶ μὴν προσελθέτω πρὸς ἐμ' ὑμῶν ἐνθαδὶ
Ὁ βουλόμενος. Καρ. ἐκὰν ἐκεῖνος εἰμ' ἐγώ. 930
Συ. Οἴμοι τάλας, ἀποδύομαι μεθ' ἡμέραν.
Καρ. Σὺ γὰρ ἀξιοῖς τἀλλότρια πράττων ἐσθίειν.
• Συ.

v. 927. κατάθου] imperat. med. a κατατίθεμαι. Quamuis detrita, quod ex v. 898 appareat, fycophantae effet veflis, Iufti tamen pallium, quod, vt ipfe inquit, tredecim geflauerat annos, magis erat lacerum. Eo igitur induerunt fycophantam, vt eo grauius vim frigoris fentiret.

v. 929. καὶ μὴν προσελθέτω] Putat Girard, fycoa phantam his verbis fpectatores adloqui, opem a quodam illorum petiturum, ne vefte fpolietur. Sed, quod multo eft verifimilius, hic ipfum Iuftum atque Carionem adpellans, quafi prouocat, nihil tale eos effe aufuros confidens. Senfus igitur hic eft: *Quodfi cui veftrum pallio me nudare fuerit vifum, is ad me accedat, eiusque rei faciat periculum.*
ὑμῶν] pro ὑμῶν τις.

v. 930. ἐκὰν ἐκεῖνος] Infolentiam fycophantae haud amplius ferens Cario, manum ei iniicit, veftemque vi detrahit, illius verba ex v. 919. per ludibrium repetens.

v. 931. μεθ' ἡμέραν] ἀντὶ τοῦ ἐν ἡμέρᾳ· ἀττικὸν τὸ σχῆμα. μεθ' ἡμέραν γὰρ φασιν, ἀντὶ ἐν ἡμέρᾳ. Schol. Queritur fycophanta de vi interdiu adeo fibi illata, grauiori coërcenda fupplicio.

v. 932. σὺ γὰρ ἀξιοῖς] ἀξιόω, dignum: puto, it. volo. vid. v. 259. Merito a nobis, inquit, plecteris,

L

Συ. Ὁρᾷς, ἃ ποιεῖ; ταῦτ' ἐγὼ μαρτύρομαι.
Καρ. Ἀλλ' οἴχεται Φεύγων, ὃν ἦγες μάρτυρα.
935 Συ. Οἴμοι, περιείλημμαι μόνος. Καρ. νυνὶ βοᾷς ;
Συ. Οἴμοι μάλ' αὖθις. Καρ. δὸς σύ μοι τὸ τριβώνιον,
Ἵν' ἀμφιέσω τὸν συκοφάντην τυτονί.
Δι. Μὴ δῆθ', ἱερὸν γάρ ἐςι τῇ Πλύτῃ πάλαι.
Καρ. Ἔπειτα πῦ κάλλιον ἀνατεθήσεται,
940 Ἤ περὶ πονηρὸν ἄνδρα, καὶ τοιχωρύχον ;
Πλύτον δὲ κοσμεῖν ἱματίοις σεμνοῖς πρέπει.
Δι. Τοῖς δ' ἐμβαδίοις τί χρήσεταί τις; εἰπέ μοι.
Καρ. Καὶ ταῦτα πρὸς τὸ μέτωπον αὐτίκα δὴ μάλα,
Ὥσπερ κοτίνῳ προσπατταλεύσω τυτωί.

Συ.

quum ex alienis negotiis, quibus temere te iminiſces,
victum quaerere geſtias.

v. 933. ὀρᾷς ἃ ποιεῖς] Haec dicit teſti, a ſe addu-
cto, qui autem clam antea ſeſe ſubduxerat. Lectio
igitur, quae placet Hemſterhuſio, ἃ ποιεῖ, quae (hic
ſeruus) facit, iure locum hic obtinet.

v. 935. περιείλημμαι] perf. paſſ. att. a περιλαμβά-
νω, complector. it. circumdo, vt apud Aelian. h. v.
L. V. C. 6. ὁ δὲ περιληφθεὶς τῆς Φλογὸς.

v. 936. δὸς σύ μοι] Haec dicit puero, lacerum Iuſti
pallium portanti.

v. 939. πῦ κάλλιον] i. e. quem magis decebit illud
nullius pretii pallium, quam hunc nebulonem?

v. 944. ὥσπερ κοτίνῳ] Omnia fere templa arboribus erant circumdata, quibus adfigebantur ἀναθήματα,
ſiue donaria. κότινος, proprie oleaſter, pro quauis

Συ. Ἄπειμι· γινώσκω γὰρ ἥττων ὢν πολὺ 945
Ὑμῶν· ἐὰν δὲ σύζυγον λάβω τινὰ
Καὶ σύκινον, τὸν ἰσχυρὸν τοῦτον θεὸν,
Ἐγὼ ποιήσω τήμερον δοῦναι δίκην,
Ὅτι καταλύει περιφανῶς, εἷς ὢν μόνος,
Τὴν δημοκρατίαν, ὅτε τὴν βουλὴν πιθών· 950
L 2 Τὴν

hic ponitur arbore. Per ludibrium igitur inquit Cario, se ad frontem Sycophantae, tanquam ad olealtrum detritos Iufti calceos, inflar donarii, homine'digni, clavis effe fixurum, atque ita ei confecraturum. confer. *Schol.*

v. 945. ἥττων ὢν] att. pro ἥττονα εἶναι.

v. 946. σύζυγον] σύζυγος, idem cum alio iugum subiens. Per metaphor. *focius, aequalis.*

v. 947. σύκινον] ficulneum. metaphorice, *infirmum:* et prouerbium: *ficulnus gladius:* et aliud prouerbium: *ficulnum auxilium.* Dicitur de rebus inutilibus. *Suid.* Eft enim lignum ficulnum debile et inutile. Socium fuum fycophanta hic adpellat ficulnum, non, quod eum talem effe exiftimet, quod foret abfurdum: fed pro Iufti et Carionis opinione, qui omnes fycophantas nihili ducebant. Bentleius, quem fequutus eft Hemfterh. metri caufa τοῦτον τὸν ἰσχυρὸν θεὸν legendum effe cenfet.

v. 948. ἐγὼ ποιήσω] iisdem fycophanta hic minatur verbis, quibus paupertas fupra v. 433.

εἷς ὢν μόνος] εἷς abundat.

v. 950. τὴν δημοκρατίαν] Ridicule fycophanta Plutum tyrannidis infimulat, quam illum adfectare contendit, quod folus pro arbitrio fuo, infcio et incon-

Τὴν τῶν πολιτῶν, ὅτε τὴν ἐκκλησίαν.
Δι. Καὶ μὴν ἐπειδὴ τὴν πανοπλίαν τὴν ἐμὴν
Ἔχων βαδίζεις, εἰς τὸ βαλανεῖον τρέχε·
Ἔπειτ' ἐκεῖ κορυφαῖος ἑστηκὼς, θέρε.
955 Κᾀγὼ γὰρ εἶχον τὴν τάσιν ταύτην ποτέ.
Καρ. Ἀλλ' ὁ βαλανεὺς ἕλξει θύραζ' αὐτὸν, λαβὼν
Τῶν ὀρχιπέδων· ἰδὼν γὰρ αὐτὸν, γνώσεται
Ὅτ' ἐς' ἐκείνα τῇ πονηρῷ κόμματος.
Νῷ δ' εἰσίωμεν, ἵνα προσεύξῃ τὸν θεόν.

fulto populo, homines ditare geftiat, fperans, fore,
vt Athenienfibus, libertatis maxime ftudiofis, huius
criminis nomine invifus reddatur, vrbeque eiiciatur:
ὅτε τὴν βουλὴν πιθών] ἀντὶ τοῦ πείσας. ὅσα δὲ τῇ
βουλῇ δόξει, ταῦτα ἐπὶ τὸν δῆμον ἀναφέρεται· καὶ ἐκ
τοῦ ἐναντίου, τὰ ὑπὸ τοῦ δήμου ψηφιζόμενα ὑπὸ τῆς βου-
λῆς κυροῦται. Schol.

v. 952. πανοπλίαν] omnem armaturam. Iocofe
hic pallium et calceos omnia fua arma adpellat fuftus,
quibus fe contra frigus et tempeftatis iniuriam olim defenderat.

v. 953. βαλανεῖον] vide v. 335.

v. 954. κορυφαῖος] primarius, dux chori, fcil. inter mendicos, in balineo artus ad ignem fouentes. a
κορυφὴ, vertex.

v. 955. τὴν τάσιν] τάσις dicitur de militibus, qui
funt in ftatione. Pergit igitur in metaphora, a re militari ducta.

v. 958. πονηρῷ κόμματος] vide v. 863.

ΧΟΡΟΥ

ΧΟΡΟΥ
ΔΡΑΜΑΤΟΣ ΤΕΤΑΡΤΟΥ
ΣΚΗΝΗ ΤΕΤΑΡΤΗ.
ΓΡΑΥΣ, ΧΟΡΟΣ, ΧΡΕΜΥΛΟΣ.

Ἆρ', ὦ φίλοι γέροντες, ἐπὶ τὴν οἰκίαν 960
Ἀφίγμεθ' ὄντως τῶ νέω τούτω θεῶ,
Ἢ τῆς ὁδοῦ τοπαράπαν ἡμαρτήκαμεν;
Χο. Ἀλλ' ἴσθ' ἐπ' αὐτὰς τὰς θύρας ἀφιγμένη,
Ὦ μειρακίσκη· πυνθάνει γὰρ ὡρικῶς.
Γρ. Φέρε νῦν ἐγὼ τῶν ἔνδοθι καλέσω τινά; 965
Χρ. Μὴ δῆτ', ἐγὼ γὰρ αὐτὸς ἐξελήλυθα
Ἀλλ' ὅτι μάλισ' ἐλήλυθας, λέγειν ἐχρῆν.

L 3   Γρ.

v. 963. ἀφιγμένη] pro ἀφῖχθαι partic. pro infin.

v. 964. μειρακίσκη] Ludit chorus vetulam, puellam appellans, quippe quae iuuenilem adhuc adfectabat aetatem.

ὡρικῶς] *iuueniliter, vel decore, venuste, opportune.* ὥρα enim et aetatis vigorem significat. Suid. Scholiastes εὐπρεπῶς vel κατὰ καιρὸν exponit: Girardus ita interpretatur: *Si citius rogasses, nondum peruenerat: si serius, praeterieras.*

v. 965. Φέρε νῦν] Quidam pro Φέρε δὴ positum arbitrantur. Quodsi ita est, νῦν caret accentu: est enim enclitica atque particula expletiua, attice pro νυ· vid. Schol. adv. 414. et Hemsterh.

v. 966. ἐγὼ γὰρ αὐτὸς] Non est opus, inquit, ut quemquam euoces, quum illinc modo sum egressus.

v. 967. ὅτι] pro διότι, vel τίνος ἕνεκα.

Γρ. Πέπονθα δεινὰ καὶ παράνομ', ὦ φίλτατε.
Ἀφ' ὅ γὰρ ὁ θεὸς ὅτος ἤρξατο βλέπειν,
970 Ἀβίωτον εἶναί μοι πεποίηκε τὸν βίον.
Χρ. Τί δ' ἐςίν; ἦπυ καὶ σὺ συκοφάντρια
Ἐν ταῖς γυναιξὶν ἦσθα; Γρ. μὰ Δί', ἐγὼ μὲν ὔ.
Χρ. Ἀλλ' ἃ λαχᾶσ' ἔπινες ἐν τῷ γράμματι;
Γρ. Σκώπτεις. ἐγὼ δὲ κατακέκνισμαι δειλάκρα.
975 Χρ. Οὔκυν ἐρεῖς ἀνύσασα τὸν κνισμὸν τίνα;
                                                                Γρ.

v. 970. ἀβίωτον] vide v. 197.
v. 971. συκοφάντρια] Quoniam antea cum sycophanta res fuerat Chremylo, lepide hic vetulam interrogat, an forsan inter mulieres eandem exerceat artem, quam ille inter viros.
v. 973. ἀλλ' ἃ λαχᾶσ'] Respicit hic comicus ad veterem Atheniensium morem, iudices sortiendi. vid. v. 277.
τὸ γράμμα] significat quoque signatum littera dicasterium, in quo erant iudicaturi.
ἀλλ' ἃ λαχᾶσα ἔπινες ἐν τῷ γράμματι;] scil. in dicasterio, quod sortibus ductis tibi obtingere deberet. Dicendum ei fuisset, ἐδίκαζες, sed per iocum inopinato dicit ἔπινες. Ergo, inquit, *quum te delatricem esse negas, egregiae saltim compotricis prae te fers speciem*, magnopere indignantis, non tibi forte obuenisse litteram, qua potestatem cum aliis mulierculis potandi obtineres.
v. 974. κατακέκνισμαι] a κνίζω, *rado, vellico:* saepe etiam *amore uro:* ut apud Appian. σύφακα ἄρα τὸν δυνάςην ἔρως ἔκνισε τῆς παιδός.
v. 975. κνισμὸν τίνα] Quum κνισμὸς multarum rerum significat desiderium, neque Chremylus vetulam iuuenis amore ardere opinatur, rogat, quonam κνισμῷ sit percita?

Γρ. Ἀκαέ νυν. ἦν μοί τι μειράκιον φίλον,
Πενιχρὸν μὲν, ἄλλως δ' εὐπρόσωπον καὶ καλὸν,
Καὶ χρηςόν· εἰ γάρ τι δεηθείην ἐγὼ,
Ἅπαντ' ἐποίει κοσμίως μοι καὶ καλῶς·
Ἐγὼ δ' ἐκείνῳ πάντα ταῦθ' ὑπηρέτην.   980
Χρ. Τί δ' ἦν, ὅ, τι σε μάλις' ἐδεῖθ' ἑκάςοτε;
Γρ. Οὐ πολλά· καὶ γὰρ ἐκνομίως μ' ᾐσχύνετο·
Ἀλλ' ἀργυρίε δραχμὰς ἂν ᾔτησ' εἴκοσιν,
Εἰς ἱμάτιόν γ'· ὀκτὼ δ' ἂν εἰς ὑποδήματα·

L 4   Καὶ

v. 980. ταῦτα] plane hic eſt otioſum: ita igitur
corrigit *Heinſterh*. πάντα γ' ἀνθυπηρέτων: *ego viciſſim
cunctis de rebus ei ſum gratificata*.

v. 982. ἐκνομίως] ὑπερφυῶς, ὑπερβαλλόντως interpretatur *Schol*.

ᾐσχύνετο] *me magni faciebat, reverebatur*, adeo vt
pudore deterritus haud multa a me flagitaret. Laudat
Girardus facetum poëtae ingenium, quippe qui vtatur
verbo αἰχύνεσθαι, ambiguum ſenſum habente, et interdum quoque idem, quod διακορεύειν, ſignificante.

v. 983. ἂν ᾔτησε] Notat Girardus particulam ἂν, ſaepius
hic repetitam, vim habere potentialem: non enim haec
omnia adoleſcentem a vetula vere flagitaſſe, ſed adferri
tantum rerum exempla, quas ſibi expetere potuerit
amaſius.

v. 984. εἰς ἱμάτιον γ'] particulam ‘γε in cod. Dorv.
deſiderari, docet *Hemſterh*. Quae, vt ille quidem indicat, ſi retineatur, ſententia aliquantulum in εἴκοσιν
eſt ſuſpendenda, ac ſi dicat: *erat tamen, vt argenti
drachmas viginti peteret; et has quidem in pallium;
tum etiam octo alias in calceos*: ſin eiiciatur, vna ſcitie

985 Καὶ ταῖς ἀδελφαῖς ἀγοράσαι χιτώνιον
   Ἐκέλευσεν ἂν, τῇ μητρί τε θοιματίδιον·
   Πυρῶν τ' ἂν ἐδεήθη μεδίμνων τεττάρων.
   Χρ. Οὐ πολλὰ τοίνυν, μὰ τὸν Ἀπόλλω, ταῦτά γε
   Εἴρηκας· ἀλλὰ δῆλον, ὅτι σ' ᾐσχύνετο.
990 Γρ. Καὶ ταῦτα τοίνυν ἔχ' ἕνεκεν μισητίας
   Αἰτεῖν μ' ἔφασκεν, ἀλλὰ φιλίας ἕνεκα,
   Ἵνα τὐμὸν ἱμάτιον φορῶν, μεμνῇτό μυ.
                                                Χρ.

in vtroque verſu fluens ſermo narrandi ſimpliciteti magis conuenit.

v. 985. χιτώνιον] De hac voce vide Euſtathium.

v. 986. ἐκέλευσεν] κελεύειν interdum quoque ſignificat *petere*: vt apud Thucid. Lib. III. κελεύοντες σφίσι βοηθεῖν πανδημεί.

v. 987. μεδίμνων] μέδιμνον eſt menſura aridorum, vt tritici. Continet autem ſex modios: ita vt ſit menſura LXXII. ſextariorum, ſiue librarum CVIII. *Suid.* ex Harpocr.

v. 988. ἐ.πολλὰ τοίνυν] ironice.
Ἀπόλλω] contr. pro Ἀπόλλωνα.

v. 989. ἀλλὰ δῆλον] Sed maniſeſtum eſt, inquit, eum admodum te eſſe reueritum, quum ſcil. tam tenuia atque puſilla, pudore impeditus, poſtularet. ironice.

v. 990. μισητίας] hoc loco idem ſignificat, quod ἀπληςία. vid. Schol. ad Aues. v. 1620. Recte forſan per inſatiabilem pecuniae cupiditatem hic poſſet expoui.

v. 992. τὐμὸν] *veſtem a me ipſi donatam.*
μεμνῇτο] 3. ſ. praet. opt.

Χρ. Λέγεις ἐρῶντ' ἄνθρωπον ἐκνομώτατα.
Γρ. Ἀλλ' ὀυχὶ νυνί γ' ὁ βδελυρὸς τὸν νῦν ἔχει
Τὸν αὐτόν· ἀλλὰ πολὺ μεθέστηκεν πάνυ.   995
Ἐμοῦ γὰρ αὐτῷ τὸν πλακοῦντα τουτονὶ,
Καὶ τἆλλα τἀπὶ τοῦ πίνακος τραγήματα
Ἐπόντα πεμψάσης, ὑπειπούσης θ', ὅτι
Εἰς ἑσπέραν ἥξοιμι. Χρ. τί σ' ἔδρασ'; εἰπέ μοι
Γρ. Ἁμητά τε προσέπεμψεν ἡμῖν τουτονὶ,   1000
Ἐφ' ὧτ' ἐκεῖσε μηδέποτέ μ' ἐλθεῖν ἔτι·
Καὶ πρὸς ἐπὶ τούτοις εἶπεν ἀποπέμπων, ὅτι

L 5   Πά-

v. 993. ἐκνεμώτατα] inquit per ludibrium, quum anus supra, ἐκνομίως, tantum dixisset.

v. 995. πολὺ — πάνυ] iunctae eiusdem significatus dictiones ad vehementem anus animi adfectum exprimendum.. *Girard*.

v. 996. τουτονί] profert placentam, quam secum adtulerat, vt omnes cognoscant, esse munusculum amasio suo dignum.

v. 998. ὑπειπούσης] ὑπειπεῖν, *addere*, *subiungere*: vt apud Demosth. pro cor. καὶ τούτων ὑφέξω λόγον, τοσοῦτον ὑπειπών.

v. 1000. ἁμητά τι] ἁμης, genus placentae, ex lacte confectae: *non solum non accepit mea dona*, *sed etiam aliam mihi misit placentam*, (quam similiter proferebat anus) quasi diceret, ne amplius illuc venirem *Schol.* ἁμητά γε legendum putat. *Hemsterh.*

v. 1001. ἐφ' ὧτε] ἐφ' ὧτ' pro ἵνα. vid. v. 1142.

v. 1002. πρός] *plus, amplius*. In longitudinem vero *(extendebatur) pedes* LX, καὶ πρός i. e. *amplius*. *Suid*.

Πάλαι ποτ' ἦσαν ἄλκιμοι Μιλήσιοι.
Χρ. Δῆλον, ὅτι τὰς τρόπυς τις ὁ μοχθηρός ἦν.
1005 Ἔπειτα πλυτῶν, ὐκ ἐθ' ἥδεται Φακῇ.
Πρωτοῦ δ' ὑπὸ τῆς πενίας ἅπαντα κατήσθιεν.

Γρ.

v. 1003. *ἄλκιμοι*] Milefii olim belli ftudio ardentes, et fortitudine praeftantes rerum geftarum gloria floruerunt, donec fenfim voluptatibus deliniti, vinoque, tefte Eubulo, dediti a priftina deflecterent virtute, in mollitiem delapfi. Samiorum autem rex Polycrates bellum inchoaturus, oraculum confuluit, annon Milefios fibi focios adiungeret? a quo hoc tulit refponfum : πάλαι ποτ' ἦσαν ἄλκιμοι Μιλήσιοι. vide *Scholia* quae rem bis aliter adhuc narrant. Dicitur autem prouerbium de rerum in peius commutatione. Facete autem iuuenis iaclat prouerbium in vetulam, quae olim formofa puella, nunc fenio atque rugis turpata, neminem amplius ad amorem allicere queat.

v. 1005. *ἔπειτα πλυτῶν*] Pro ἔπειτα legendum effe *ἐπέργε* cenfet *Kufter.*, vti hic verfus cum antecedenti connectatur: fin minus, tres fequentes verfus vetulae adfignandos; a quo tamen difcedit *Hemfterb.* vulgatae inhaerens lectioni, quae hofce verfus vrbane iocanti Chremylo adfcribit. Quodfi enim, δῆλον ὅτι, poft ἔπειτα repetas, commodus hic enafcitur fenfus: *porro* (apparet) *eum iam ditatum haud amplius delectari lentibus, qui antea egeftate adactus quoslibet viles cibos denorabat* i. e. ad te, tam turpem vetulam, animum adiungebat. Praeterea, mea quidem fententia, omnis hic euanefceret lepos, fi iftos aniculae verfus tribuas, cuius amorem lenti viliffimo tenuiorum cibo, facile faftidium parienti, facete adfimilat Chremylus.

Γρ. Καὶ μὴν προτοῦ γ᾽ ὁσημέραν, νὴ τὼ Θεώ,
Ἐπὶ τὴν θύραν ἐβάδιζεν αἰεὶ τὴν ἐμήν.
Χρ. Ἐπ᾽ ἐκφοράν. Γρ. Μὰ Δί᾽· ἀλλὰ τῆς φωνῆς μόνον
Ἐρῶν ἀκοῦσαι. Χρ. τοῦ λαβεῖν μὲν οὖν χάριν.   1010
Γρ. Καὶ νὴ Δί᾽, εἰ λυπουμένην γ᾽ αἴσθοιτό με,
Νιττάριον ἂν καὶ βάτιον ὑπεκορίζετο.
Χρ. Ἔπειτ᾽ ἴσως ᾔτησ᾽ ἂν εἰς ὑποδήματα.
                                            Γρ.

v. 1007. νὴ τὼ Θεώ] iusiurandum mulierum. ὅρκος κατὰ δήμητρος καὶ κόρης. *Hefych.*

v. 1009. ἐπ᾽ ἐκφοράν] duplicem hic admittit figni-
ficatum; notat enim tam rerum ex aedibus exportationem, quam elationem mortui ad sepulcrum. Posteriori significatione haec vox occurrit etiam apud
Aelian. v. h. Lib. VII¹. C. 4.: καὶ ἐπὶ τὴν ἐκφορὰν
αὐτῶν παρεκάλει τὰς φίλας. Sensus igitur hic est:
*Ad fores tuas perpetuo accedebat, vel vt dona a te ac-
cepta exportaret, vel obitum tuum exspectaret, ti-
bique iret exsequias, sperans, sese ex asse fore hae-
redem.*

v. 1010. τοῦ λαβεῖν] Vetulae, iuuenem se vocis suae
audiendae gratia frequentasse adfirmanti, lepide respondet Chremylus: *Tum demum, quando a te capiebat
munera, voce tua, alioquin ipsi ingrata, delectatum
fuisse crediderim.*

v. 1012. νιττάριον καὶ βάτιον] Tanaq. Fab. νησσά-
ριον *anaticulam*: et φάττιος, *columbam*, iure censet
legendum, vt est in Plauti afinaria. Fabrum sequutus
est Bentlei.

ὑπεκορίζετο] *subblandiebatur*, a κόρη, *puella*.

Γρ. Μυστηρίοις δὲ τοῖς μεγάλοις ὀχυμένην
1015 Ἐπὶ τῆς ἁμάξης, ὅτι προσέβλεψέν μέ τις,
Ἐτυπτόμην διὰ τᾶθ' ὅλην τὴν ἡμέραν.
Οὕτω σφόδρα ζηλότυπος ὁ νεανίσκος ἦν.
Χρ. Μόνος γὰρ ἤδεθ', ὡς ἔοικεν, ἐσθίων.
Γρ. Καὶ τάς γε χεῖρας παγκάλως ἔχειν μ' ἔφη.
1020 Χρ. Ὁπότε προσενοίεν γε δραχμὰς εἴκοσιν.

Γρ.

v. 1014. μυστηρίοις] Vide v. 746. Aristophanis adhuc tempore currn ad mysteria frequentanda vehi licitum erat mulieribus, quod deinde, teste *Aeliano* v. b.
Lib. XIII. C. 24. lege, cuius auctor orator erat Lycurgus, fuit prohibitum, et simul mulcta sex millium
denariorum (teste Plutarcho) contra eam facientibus
constituta, quam ipsius Lycurgi vxor, lege neglecta,
prima soluit. Sollemne autem erat amatoribus, mulieres, ad quas animum adiecerant, ad eum locum,
vbi agebantur mysteria, deducere, sumtus quoque ve-
hiculo aliisque rebus suggerentes.

v. 1016. ἐτυπτόμην] τύπτειν *Kuster*. de castigatione,
quae fit verbis, hic vult intelligi: quod *Hemsterh*. tamen proprio accipit significatu, quo scilicet vetulae,
ex nimia libidine insanientis, rabies eleganter expri-
matur, quae iuuenis, lucri caufa amorem simulantis,
iniurias atque verbera non modo aequo perpessa est animo, verum etiam iis adeo admodum delectata, vere et
ex animo se amari sibi persuadens.

v. 1018. ἤδετο — ἐσθίων] *solus bona tua comedere
gestiebat.*

v. 1020. δραχμὰς] vide v. 983.

Γρ. Ὄζειν τε τῆς χρόας ἔφασκεν ἡδύ με.
Χρ. Εἰ Θάσιον ἐνέχεις, εἰκότως γε, νὴ Δία.
Γρ. Τὸ βλέμμα θ' ὡς ἔχοιμι μαλακὸν καὶ καλόν.
Χρ. Οὐ σκαιός ἦν ἄνθρωπος· ἀλλ' ἠπίςατο
Γραὸς καπρώσης τἀφόδια κατεσθίειν.   1025
Γρ. Ταῦτ' ἆν ὁ θεὸς, ὦ φίλ' ἄνερ, ἐκ ὀρθῶς ποιεῖ,
Φάσκων βοηθεῖν τοῖς ἀδικουμένοις ἀεί.
Χρ. Τί γὰρ ποιήσει, φράζε, κἂν πεπράξεται.
Γρ. Ἀναγκάσαι δίκαιόν ἐςι, νὴ Δία,
Τὸν εὖ παθόνθ' ὑπ' ἐμοῦ, πάλιν μ' ἀντευποιεῖν·   1030
                                                'Η

- v. 1021. ὄζειν τε τῆς χρόας] Duker. genitiuum χρόας per ellipfin praepofitionis ἐκ explicat: ἔφασκε ἡδύ (τι) ὄζειν ἐκ τῆς χρόας μου. Suid. interpretatur, ὀσμὴν ἡδεῖαν εἶναι ἀπὸ τοῦ σώματός μου: vnde etiam ἀπό poteſt fubintelligi: qua ellipſi admiſſa, genitiuus μοῦ in μέ eſt mutandus. χρόα, proprie, color, cutem interdum quoque fignificat. Dicitur etiam χροιᾷ, i inferto. Hemſterh. lectionem τὴν χροάν praefert.

v. 1022. Θάσιον] Vinum Thaſium, in infula Thaſo, iuxta Thraciam fita, natum fuauiſſimi erat faporis atque odoris.

ἐνέχεις] pro ἐνέχεες, quod Schol. interpretatur ἐκίρνας, miſcebas. Suauitas, inquit, odoris, quem laudabat iuuenis, ex vino Thaſio a te infufo, adflabatur.

v. 1024. σκαιός] vide v. 46.

v. 1025. τἀφόδια] pro τὰ ἐφόδια, ex ἐπί et ὁδός. proprie viatica fecundum Schol. hinc etiam bona et facultates.

v. 1030. εὖ παθόντα] εὖ παθεῖν ὑπό τινος fignificnt beneficiis ab aliquo adfici. Aelian. v. h. Lib. XIII, C. 42. πολλάκις ὑπ' ἐμοῦ εὖ παθόντες; diuifim eſt fcribendum,

Ἡ μηδ' ὁτιῶν δίκαιον ἀγαθόν ἐς' ἔχειν.
Χρ. Οὐκῶν καθ' ἑκάστην ἀπιδίδυ τὴν νύκτα σοι;
Γρ. 'ΛΑ' ὐδέποτέ με ζῶσαν ἀπολείψειν ἔφη.
Χρ. Ὀρθῶς γε. νῦν δέ γ' ἐκ ἔτι ζῆν σ' οἴεται.
1035 Γρ. Ὑπὸ τῦ γὰρ ἄλγυς κατατέτηκ', ὦ φίλτατε.
Χρ. Οὐκ· ἀλλὰ κατασέσηπας, ὥς γέ μοι δοκεῖς.
Γρ. Διὰ δακτυλίδι μὲν ἂν ἐμέ γ' ἂν διελκύσαις.
Χρ. Εἰ τυγχάνει γ' ὁ δακτύλιος ὢν τηλία.
                                                            Γρ.

v. 1031. ἢ μηδ' ὁτιῶν] *ne tantillum quidem* (i. e. ex bonis meis) *illum habere eſt aequum.* Suanius vt ſonet verſus, ἢ μηδ' ὁτιῶν ἀγαθὸν δίκαιον ἐς' ἔχειν, legit Heinſterh.

v. 1032. ἀπιδίδυ] ſcil. χάριν.

v. 1034. ὀρθῶς γε] *recte quidem*, inquit Chremylus; *nam adeo iam es decrepita, vt te pro mortua iure habere poſſis.*

v. 1035. κατατέτηκα] a κατατήκω: *colliquefacio, emacero.*

v. 1036. κατασέσηπας] Ridicule dicit non contabuiſſi, ſed potius es putrefacta, ſcil. ſenio.

v. 1037. διὰ δακτυλίδι] moerore ſe adeo fuiſſe conſumtam, ait, gracilemque redditam, vt per annulum poſſet pertrahi.

v. 1038. τυγχάνει] τυγχάνοι recte legendum eſſe putat *Kuſter.* contradicente tamen *Heinſterb.*

ὢν] abundat.

τηλία] Plures huius vocis ſunt ſignificationes, quarum nulla huic loco magis conuenire videtur, quam

Γρ. Καὶ μὴν τὸ μειράκιον τοδὶ προσέρχεται,
Οὕπερ πάλαι κατηγοροῦσα τυγχάνω·   1040
Ἔοικε δ' ἐπὶ κῶμον βαδίζειν. Χρ. Φαίνεται·
Στέφανόν γέ τοι καὶ δᾷδ' ἔχων πορεύεται.

cribri ambitus. τηλία att. pro σηλία, quod deriuatur
a σήθω, quatio, moueo. Cribrum enim inter cernendum quaritur. Dicenti vetulae ndeo fe iunceam effe
factam, vt vel per annulum poffet penetrare, Chremylus, fatis adhuc craffam eam videns, per iocum refpondet; haud negauerim, fi. modo ille annulus cribri pollinarii habeat ambitum.

v. 1041. ἐπὶ κῶμον] κῶμος, *Deus praefes comeffationum, hominumque luxu diffluentium.* Inde fignificat etiam conuiuium lautum, et quamlibet comiffationem: vt apud Aelian. v. h. Lib. XIII. C. s. ἦν δὲ ἄρα ὁ κῶμος αὐτῶν, ὔτε αὐλητρίδες, ὔτε αὐτὰ δήπυ τὰ τῶν μειρακίων τῶν κατὰ πόλιν, ἀλλὰ πεῦκαι μὲν ἦταν: et paullo poft: κλάδας δὲ πιτύων νεοδρεπεῖς ἀποκλάσαντες, εἶτα τέτοις ἑαυτὰς διαπλέξαντες, εἰργάζοντο ςεφάνες. *Erat autem comiffatio eorum non tibicinae, neque vero illa, quibus adolefcentes vrbani vtuntur, fed taedae erant. Ramos vero recentes de pinubus detrahendo, iisque redimiendo fe ipfos, fecerunt caronas.* Auget fufpicionem vetulae Chremylus, quo magis anum incendat.

v. 1042. ςέφανον — καὶ δᾷδ] Comiffatum euntes coronam et facem geftare folebant, quod ex fupra citato Aeliani loco adparet.

ΔΡΑ-

ΔΡΑΜΑΤΟΣ ΤΕΤΑΡΤΟΥ
ΣΚΗΝΗ ΠΕΜΠΤΗ.
ΤΡΙΜΕΤΡΟΙ ΙΑΜΒΙΚΟΙ.

ΝΕΑΝΙΑΣ, ΓΡΑΥΣ, ΧΡΕΜΥΛΟΣ.

Ἀσπάζομαι. Γρ. τί φησιν; Νε. ἀρχαία φίλη,
Πολιὰ γεγένησαι ταχύ γε, νὴ τὸν ὐρανόν.
1045 Γρ. Τάλαιν' ἐγὼ τῆς ὕβρεως, ἧς ὑβρίζομαι.
Χρ. Ἔοικε διὰ πολλᾶ χρόνε σ' ἑωρακέναι.
Γρ. Ποία χρόνε, ταλάντατ', ὃς παρ' ἐμοὶ χθὲς ἦν.
Χρ.

v. 1043. *τί φησιν*] Dedignatur iuuenem alloquio
vel pudore vel dolore. *Girard.*
ἀρχαία] *ἀρχαῖος*, aetate grauis, antiquus: it. *stultus, ineptus*, vt apud Platon. in Euth. *καὶ ἀρχαιότερος εἶ τῶ δέοντος.*
φίλη] iron.

v. 1044. *ταχύ*] ideo a iuuene dici cenſet *Girard.*
quod, coma vetulae negligenter compoſita, cani adparebant, quos antea ſtudioſe occultauerat. Sed, quum
pretioſa veſte, vt ex ſequentibus patet, eſſet induta,
eam quoque ſedulo capitis ornatus geſſiſſe curam, eſt
veriſimile. Iuuenis igitur, vt ego arbitror, iam ditior
factus, libere, quae ſentit, eloquitur. *ταχύ* igitur
ad *χθὲς* eſt referendum, quaſi dicat: *quae heri nondum dicere audebam, hodie, mutata ſorte, aperte et
ingenue pronuntio.*

v. 1047. *ποίε*] pro quo *πόσε* legendum putat *Dukcr.* quia *ποῖος* notat qualitatem.

Χρ. Τἀναντίον πέπονθε τοῖς πολλοῖς ἄρα·
Μεθύων γὰρ, ὡς ἔοικεν, ὀξύτερον βλέπει.
Γρ. Οὐκ· ἀλλ' ἀκόλαςός ἐςιν αἰεὶ τὰς τρόπας. 1050
Νε. Ὦ Ποντοπόσειδον, καὶ θεοὶ πρεσβυτικοί,
Ἐν

ταλάντατ'] *miserrime*. Inuehit in Chremylum,
a quo ludibrio se quoque haberi intelligit.

v. 1048. τοὐναντίον πέπονθε] αὐτὸς τῦτο ἔπαθεν
apud Graecos significat, *ei hoc accidit τἀναντίον τοῖς
πολλοῖς, quod multis contra usu venire solet; Hic
inquit, iuuenis, vino grauatus acutissime videt, canos nunc tuos, antea ipsum latentes, cernens, ebrietate contra ea aliorum oculos hebetante.*

v. 1050. ἀκόλαςος] *intemperans, proteruus:* ex κολάζω, punio et α priv. κόλασις secundum Etymol.
idem est, quod παιδεία, et ἀπαίδευτος apud Graecos
hominem inurbanum significat. Iniuriis accensa igitur
anus iuuenem illiberalem et agrestem nominat. vide
Hemsterh.

v. 1051. ὦ Ποντοπόσειδον] *o Neptune pontice*, i. e.
maxime, seu potentissime, vide *Schol.*

πρεσβυτικοί] In magno, quos colebant Deorum numero, principes erant duodecim, quos
μεγάλας dixerunt, et primum ab Aegyptiis acceperunt, teste Herod. Eut. IV. Eos vtpote omnium vetustissimos etiam πρεσβυτικὰς adpellabant, qua voce ad
mulieris senectutem iocose et facete adludit poëta. *Schol.*
ἐπεὶ γραῦς ἐςιν, ὡς τῷ ὄρκῳ τύτῳ πρεσβυτῶν ὄντος·
ἢ ὁ πάντως, ἀλλ' ἐν παιδιᾷ μετ' ἐμπλήξεως φαίνεται
καὶ μεγάλης τινὸς ἐμφάσεως χρῆσθαι τύτῳ.

M

Ἐν τῷ προσώπῳ τῶν ἐντιλῶν ὅσας ἔχει; Γρ. Ἆ, ἆ,
Τὴν δᾷδα μή μοι πρόσφερ'. Χρεμυλ. Εὖ μέν τοι λέγει.
Ἐὰν γὰρ αὐτὴν εἰς μόνος σπινθὴρ λάβῃ,
1055 Ὥσπερ παλαιὰν εἰρεσιώνην καύσεται.

Νε. Βύλει διὰ χρόνυ πρός με παῖσαι; Γρ. ποῖ. τάλαν;
Νε. Αὐτῦ, λαβῦσα κάρυα. Γρ. παιδιὰν τίνα;

Νε.

v. 1052. *ἐν τῷ προσώπῳ*] Haec dicens iuuenis facem vetulae ori propius admouet, vt adcuratius eam intueatur.

ἆ, ἆ,] fcribendum eſt monente Hemſterhuſio; id quod metri lex flagitat.

v. 1055. *εἰρεσιώνη*] εἰρεσιώνη fuit ramus oleae, lana amictus, quem, circumpendentibus arborum fructibus, ante aedes ſtatuebant Athenienſes. Narrant autem hunc ritum oraculi reſponſo ad annonae grauitatem famemque lenandam, qua tota regio attica aliquando premebatur, fuiſſe introductum. Per iocum igitur, inquit Chremylus, hanc vetulam, ſenio macieque conſectam, facile inſtar aridi oliuae rami, lana velati, iri combuſtum.

v. 1056. *βύλει*] pro βύλῃ.

διὰ χρόνυ] *aliquantiſper*.

ποῖ] Quaerit anus anxia: alium enim exſpectabat ludum, quam ipſi deinde proponebat iuuenis.

v. 1057. *αὐτῦ*] ἐν τύτῳ τῷ τόπῳ.

λαβῦσα κάρυα] De nucibus ſermonem eſſe audiens anus quaerit, *παιδιὰν τίνα*; *qualem ludum?* Fert enim grauiter, adeo ſe amatori ſuo eſſe ludibrio, vt puerilem ludum ipſi offerat.

ARISTOPHANIS. 179

Νε. Πόσυς ἔχεις ὀδόντας; Χρ. ἀλλὰ γνώσομαι
Κἄγωγ', ἔχει γὰρ τρεῖς ἴσως, ἢ τέτταρας.
Νε. Ἀπότισον· ἕνα γὰρ γόμφιον μόνον φορεῖ. 1060
Γρ. Ταλάντατ' ἀνδρῶν, ἐχ ὑγιαίνειν μοι δοκεῖς,
Πλυνόν με ποιῶν ἐν τοσέτοις ἀνδράσιν.
Νε. Ὄναιο μέν γ' ἂν, εἴ τις ἐκπλύνειέ σε.

M 2 Χρ.

v. 1058. πόσυς ἔχεις] Dicendum fuiſſet iuueni;
quot manu habeas nuces? fed admodum ridicule et
praeter exſpectationem, *quot habeas*, inquit, *dentes*,
ſcil. divinabo.

v. 1060. ἀπότισον] *Solue, repende.* Si quis in tali
ludo numerum vel parem vel imparem haud diuinat,
tot nuces rependere cogitur, quot alter manu tenet.
Mira igitur vis comica in hoc ineſt loco. Perſuſſe iuuenis
dicit Chremylo: *Falſus fuiſti in diuinando: vnum igitur
perdidiſti dentem, tibi euellendum, vetulaeque dandum, cui vnicus tantum molaris in ore ſupereſt.*

v. 1062. πλυνόν με ποιῶν] πλυνὸς cum acuto in vltima labrum eſt, ſiue vas, in quo quid lauatur: ſed
cum acuto in penultima res ipſa, quae lauatur. *Schol.*

πλυνόν με ποιῶν] Pro labro me habens, in quo ſordes veſtium eluas, i. e. *in quod probra atque conuicia,
tanquam ſordes, ingeras.* Nam πλύνειν apud veteres
ſignificat *maledicere, obiurgare;* vt et Menander in
quodam loco ait: ἐὰν κακῶς μὴ τὴν γυναῖχ' ἕτως λέ-
γῃς, τὸν πατέρα, καὶ σὲ τάς τε σὰς ἐγὼ πλυνῶ: *Si
vxori meae ſic maledixeris, patrem tuum, et te tuos-
que probe lotos reddam.* Suid. ex Artemid. Lib. II. C. 4.

ἐν τοσέτοις] ἐν ſaepe ſignificat *inter, coram.*

v. 1063. ὄναιο] praeſ. opt. ab ὄνημαι, vel ὄναμαι,
iuuor, vtilitatem percipio.

Χρ. Οὐ δῆτ', ἐπεὶ μὲν νῦν καπηλικῶς ἔχει.
1065 Εἰ δ' ἐκπλυνεῖται τῦτο τὸ ψιμύθιον,
Ὄψει κατάδηλα τῦ προτώπυ γε τὰ ῥάκη.
Γρ. Γέρων ἀνὴρ ὤν, ὐχ ὑγιαίνειν μοι δοκεῖς.
Νε. Πειρᾷ μὲν ἂν ἴσως σε, καὶ τῶν τιτθίων
Ἐφάπτεταί συ, λανθάνειν δοκῶν ἐμέ.
1070 Γρ. Μὰ τὴν Ἀφροδίτην, ὐκ ἐμῦ γ', ὦ βδελυρὲ σύ.

Χρ.

ἐκπλύνει] proprio hic ponitur significatu. Admodum tibi, inquit iuuenis, conduceret, si quis te anum sordidam atque impuram velit lauare.

v. 1064. *καπηλικῶς*] a κάπηλος, vide v. 435. κάπηλος significat etiam *cauponem*, vina adulterantem, et inde generaliter fraudulentum, diffimulanter agentem. Quare καπηλικῶς ἔχειν etiam de mulieribus vsurpatur, quae mores habent meretricios, quibus, dum placere ftudent, omnia funt fucata, quaeque vel ad vultus cuiusque vitia occultanda, vel ad augendam formam malas cerussa obliniunt: vt apud Aelian. v. h. Lib. XII. C. 1. γυναικῶν καπηλικῶς τῷ κάλλει χρωμένων ἔργα: illas autem mulieres faciem coloribus ac medicamentis pinxiſſe, paullo ante dixerat Aelianus.

v. 1066. *ῥάκη*] ῥάκος proprie *veſtis lacera:* metaphorice *cicatrix, ruga.*

v. 1067. *γέρων ἀνὴρ ὤν*] Quum fenex es, inquit anus, prae nimia feneclute, animi viribus debilitatis, delirare mihi videris.

v. 1068. *πειρᾷ*] vt apud Aelian. v. h. Lib. XII. C. 1. ἔτι γυναικὸς ἄλλης μετ' αὐτὴν ὐκ ἠξίυ πειραθῆναι κῦρος. vide v. 150.

κᾶτα τῶν] pro quo *Kuster. Hemsterh.* et alii legunt καὶ τῶν.

Χρ. Μὰ τὴν Ἑκάτην, ὦ δῆτα· μαινοίμην γὰρ ἄν.
Ἀλλ', ὦ νεανίσκ', ἐκ ἐῶ τὴν μείρακα
Μισεῖν σε ταύτην. Νε. ἀλλ' ἔγωγ' ὑπερφιλῶ.
Χρ. Καὶ μὴν κατηγορεῖ γέ σε. Νε. τί κατηγορεῖ;
Χρ. Εἶναί σ' ὑβριςὴν φησί, καὶ λέγειν, ὅτι   1075
Πάλαι ποτ' ἦσαν ἄλκιμοι Μιλήσιοι.
Νε. Ἐγὼ περὶ ταύτης ἐ μαχῦμαί σοι. Χρ. Τὸ τί;
Νε. Αἰσχυνόμενος τὴν ἡλικίαν τὴν σὴν, ἐπεὶ
Οὐκ ἄν ποτ' ἄλλῳ τῦτ' ἐπέτρεπον ποιεῖν.
Νῦν δ' ἄπιθι χαίρων, συλλαβὼν τὴν μείρακα.   1080
Χρ. Οἶδ' οἶδα τὸν νῦν· ἐκέτ' ἀξιοῖς ἴσως
Εἶναί μετ' αὐτῆς. Γρ. ὁ δ' ἐπιτρέψων ἐςὶ τίς;

v. 1071. μὰ τὴν Ἑκάτην] Monet his verbis aniculam, non per Venerem, sed per Hecaten, noctis Deam, ereboque potentem, illi potius esse iurandum.
μαινοίμην] Desiperem, inquit, ad talem si adiicerem animum.
v 1072. ἐκ ἐῶ] praes. pro fut. ἐάσω.
τὴν μείρακα μισεῖν] per ludibrium aeque haec dicit Chremylus, ac iuuenis ea, quae sequuntur.
v. 1077. ἐ μαχῦμαι] fut. 2. med. a μάχομαι. Nolo, inquit, tecum certare, hanc iuuenculam tibi concessurus.
τὸ, τί] Quare. τὸ abundat.
v. 1080. συλλαβὼν] συλλαμβάνειν, interdum significat, secum abducere, vt apud Sophocl: in Trachin. v. 1151. παίδων δὲ τὰς μὲν ξυλλαβῦσ' αὐτὴ τρέφει. vid. Bergl.
v. 1082. ὁ δ' ἐπιτρέψων ἐςὶ τίς;] Schol. haec verba quoque Chremylo posse adsignari censet, hoc sensu:

Νε. Οὐκ ἂν διαλεχθείην διεσπεκλωμένη
Ὑπὸ μυρίων ἐτῶν γε καὶ τρισχιλίων.
1035 Χρ. Ὅμως δ', ἐπειδὴ καὶ τὸν οἶνον ἤξίως
Πίνειν, συνεκποτέ ἐςί σοι καὶ τὴν τρύγα.
Νε. Ἀλλ' ἔςι κομιδῆ τρὺξ παλαιὰ καὶ σαπρά.

Χρ.

Quis est, qui tibi eam deserere permittat? i. e. *quo iure, quaque iniuria eam derelinquere audeas?* Rectius tamen vetulae secundum *Hemsterh.* videntur tribuenda, hanc in sententiam: *Quis, quaeso, aequum iudicet, me, optime de hoc iuuene meritam, nunc contemtam deseri?*

v. 1083. διαλεχθείην] aor. 1. opt. pass. a διαλέγομαι, cum datiuo, *colloquor.* καὶ διαλέγεϑαι, τὸ συνεσιάζειν. καὶ διαλέγοιτο γυναιξίν· ὁμιλοῖεν, ἢ συνουσιάζοιεν. ὕτως Ἱεροκλῆς. *Suid.* Confer. Pollux. II. 125.

διεσπεκλωμένη] ἤγυν ἐξηραμένη, γαμηθείση, ἐν τῇ συνουσίᾳ κατατετριμμένη. *Schol.* a διασπεκλόω, quod deriuatur a διαπλέκω per metathesin litterarum inserto σ. Secundum Polluc. V. 93. melius scribitur σπλεκῶν.

v. 1084. ὑπὸ μυρίων ἐτῶν] δέον εἰπεῖν ἀνδρῶν, ἐτῶν εἶπε, σκώπτων αὐτήν, ὡς γραῦν. *Scholiastes*, cui suffragatur *Hemsterbusius*, quamuis alii τὸ ἐτῶν, per *amicos*, *sodales* interpretentur: ab ἔτης, *sodalis*, *amicus*, h. l. *amasius*.

v. 1086. συνεκποτέ ἐσί] συνεκποτέα att. pro συνεκποτέον. *Simul etiam ebibenda tibi est ipsa faex.* Hoc dicitur in eum, qui rem, quam adgressus est, deinde negligit: *Suid.* Sensus est: *quam aetate et venustate adhuc vigentem amasti, nunc, forma deleta, haud decet te fastidire.*

v. 1087. σαπρά] σαπρὸς non solum dicitur *putris* sed etiam *vetustus*, *aetate confectus*: vt apud comicum nostrum: ἔτι γέρων ὢν καὶ σαπρός. vide *Suid.*

Χρ. Οὐκᾶν τρύγοιπος ταῦτα πάντ' ἰάσεται.
Νε. ἈᾺ ἴστιϑ' εἴσω· τῷ θεῷ γὰρ βύλομαι
Ἐλθὼν ἀναθεῖναι τὰς στεφάνας τάς δ', ἃς ἔχω.   1090
Γρ. Ἐγὼ δέ γ' αὐτῷ καὶ φράσαι τι βύλομαι.
Νε. Ἐγὼ δέ γ' ἐκ εἴσειμι· Χρ. θάῤῥει, μὴ φοβᾶ
Οὐ γὰρ βιάσεται. Νε. πάνυ καλῶς τοίνυν λέγεις.
Ἱκανὸν γὰρ αὐτὴν πρότερον ὑπεπίτταν χρόνον.
Γρ. Βάδιζ'· ἐγὼ δέ σε κατόπιν εἰσέρχομαι.   1095

M 4   Χρ.

v. 1088. τρύγοιπος] *qualus, feu vas vimineum, per quod muſtum de torculari ſuccus transmittitur, denſius autem ſi quid eſt, ab eodem retinetur.* Vti cum faece anum contulit, ita ioculariter adoleſcentem cum qualo comparat. *Tu*, inquit, *ſi quid erit in anu, vnde commodum capere poſſis, cape, et boni conſule; caetera, quae minus placebunt, abiice.* vide *Girard*.

v. 1093. βιάσεται] Facete. ὁ ποιῶτιν οἱ ἄνδρες, τᾶτο ἐπὶ τῆς γραὸς φητι. *Schol*.

v. 1094. Ἱκανὸν] pro ἱκανῶς.

ὑπεπίτταν] Diuerſae ſunt huius vocis ſignificationes. Scholiaſtae interpretatio huic loco maxime accommodata videtur: ἠσέλγαν, ἀντὶ τᾶ κατεφίλων. πιττᾶν δὲ ἔστι κυρίως ς τὸ τὰς πλατείας ναῦς πίσσῃ χρίειν. ἔνθεν ἂν μετήνεγκε τὴν λέξιν. ἢ ἀντὶ τᾶ ἐκίνην, συνῆλθεν. *Ego*, inquit iuuenis, *longa conſuetudine probe hanc cognoui vetulam, ita, vt illam haudquaquam mihi metuendam eſſe, certus ſciam*.

v. 1095. βάδιζε] adeo iuuenis amore ſaucia erat anus, vt e veſtigio illum ſequeretur. Hanc igitur rabiem magnopere miratur Chremylus.

Χρ. Ὡς εὐτόνως, ὦ Ζεῦ βασιλεῦ, τὸ γραΐδιον,
Ὥσπερ λεπὰς, τῷ μειρακίῳ προσίσχεται.

ΔΡΑΜΑΤΟΣ ΠΕΜΠΤΟΥ.
ΣΚΗΝΗ ΠΡΩΤΗ.
ΤΡΙΜΕΤΡΟΙ ΙΑΜΒΙΚΟΙ.
ΚΑΡΙΩΝ, ΕΡΜΗΣ.

Τίς ἐσθ᾽ ὁ κόπτων τὴν θύραν; τουτὶ τί ἦν;
Οὐδεὶς ἔοικεν· ἀλλὰ δῆτα τὸ θύριον
1100 Φθεγγόμενον ἄλλως κλαυσιᾷ. Ἑρ. σέ τοι, σέ τοι
Λέγω, Καρίων, ἀνάμεινον. Καρ. Οὗτος, εἰπέ μοι·
Σὺ τὴν θύραν ἔκοπτες οὑτωσὶ σφόδρα;

Ἑρ.

v. 1097. λεπὰς] oftrei genus, adeo faxis adhaerescens, vt aegre ab iis auellatur. vid. *Schol*.

v. 1099 οὐδεὶς ἔοικεν] Ianua grauiter pulfata, miratur Cario, adparere neminem.

v. 1100. κλαυσιᾷ] flet ianua, per profopopoeiam: metaphora ducta a pueris caefis, eamque ob rem mifere eiulantibus.

ἄλλως] *temere, forte, incerta de caufa*: Aelian. v. h. L. II. C. 13. καὶ παρῆν ἐκ ἄλλως: *aderat non temere*: et Dio Cuff. XLV. p. 270. καὶ ἐκεῖ τὸν Ὀκταυΐον εὑρὼν, ἄλλως ἀναβεβηκότα.

σέ τοι] *te, dico* i. e. *te volo*. Cario nemine adparente in aedes rediturus a Mercurio reuocatur, fefe modo aduenire fimulante. τοι abundat.

Ἑρ. Μὰ Δί᾽· ἀλλ᾽ ἔμελλον· εἶτ᾽ ἀνέῳξάς με φθάσας·
Ἀλλ᾽ ἐκκάλει τὸν δεσπότην τρέχων ταχύ,
Ἔπειτα τὴν γυναῖκα καὶ τὰ παιδία,   1105
Ἔπειτα τοὺς θεράποντας· εἶτα τὴν κύνα·
Ἔπειτα σαυτόν· εἶτα τὴν ὗν. Καρ. εἰπέ μοι,
Τί δ᾽ ἐςίν; Ἑρ. Ὁ Ζεὺς, ὦ πόνηρε, βούλεται
Ἐς ταυτὸν ὑμᾶς συγκυκήσας τρύβλιον,
Ἀπαξάπαντας εἰς τὸ βάραθρον ἐμβαλεῖν. 1110
Καρ. Ἡ γλῶττα τῷ κήρυκι τούτων τέμνεται.
Ἀτὰρ διατί γε ταῦτ᾽ ἐπιβουλεύει ποιεῖν
Ἡμᾶς; Ἑρ. ὁτιὴ δεινότατα πάντων πραγμάτων.

M 5 Ἑρ-

v. 1103. ἔμελλον] fcil. κόπτειν.

ἀνέῳξάς με Φθάσας] ad verbum: *aperuisti me praeuertens*: i. e. *prius aperuisti, quam pulsabam*.

v. 1107. ἔπειτα σαυτόν] Mercurius, totam Chremyli familiam euocari iubens, admodum facete et comice canem inter et porcum nominat Carionem.

v. 1109. συγκυκήσας] ex συν et κυκάω, *commisceo*.

v. 1110. βάραθρον] vide v. 431.

v. 1111. ἡ γλῶττα] Victimarum linguas Mercurio facrificabant, in ignem illas coniicientes. vid. Apollon. Rhod. comment. graeca: διὰ τὴν ἑρμηνείαν, *propter beneficium interpretationis*: Duplex igitur poteſt eſſe ſenſus: *Taline Deo, tam infausta nobis nuntianti, victimarum linguas excisas amplius sacrificemus?* vel: *hic tam ingrata nobis adportans, dignus est, cui lingua praecidatur, ut praemium nuncio dignum ferat.* Laeta enim nunciantibus mercedem dare folebant.

Εἴργασθ'. ἀφ' ὕ γὰρ ἤρξατ' ἐξαρχῆς βλέπειν
1115 Ὁ Πλῦτος, ἀδεὶς ὐ λιβανωτὸν, ἀδάφνην,
Οὐ ψαιςὸν, ἀχ ἱερεῖον, ἀκ ἀλλ' ἀδεέν
Ἡμῖν ἐπιθύει τοῖς θεοῖς. Καρ. μὰ Δί'· ἀδέ γε
Θύσει. κακῶς γὰρ ἐπεμελεῖσθ' ἡμῶν τότε.
Ερ. Καὶ τῶν μὲν ἄλλων μοι θεῶν ἧττον μέλει.
1120 Ἐγὼ δ' ἀπόλωλα κἀπιτετριμμαμ. Καρ. σωφρονεῖς.
Ερ. Πρότερον γὰρ εἶχον μὲν παρὰ ταῖς καπηλίσιν
Πάντ'

v. 1114. ἀφ' ὕ γὰρ ἤρξατο ἐξ ἀρχῆς] *eodem momento, quo visum Plutus recepit.*

v. 1115. λιβανωτὸν] vide v. 703.

δάφνην] frondes laureas fertis Deorum implicabant.

v. 1116. ψαιςὸν] vide v. 138.

ἱερεῖον] *quaelibet victima, hostia.*

v. 1119. καὶ τῶν μὲν ἄλλων] Hoc versu tritum illud sermone proverbium continetur: *proximus sum egomet mihi.*

v. 1120. κἀπιτέτριμμαι] vide v. 351.

σωφρονεῖς] ἀντὶ τῦ μόλις ἐπεςράφης· ἢ καλῶς καὶ ἀληθῆ λέγεις. Schol. Alii interpretantur: *bene sapis, qui fortunas tuas funditus euersas nunc perspicias.* Sed, vt ego arbitror, rectius ad versum antecedentem refertur, in hanc sententiam: *Admodum sapis, qui, de salute tua tantum sollicitus, reliquorum Deorum commoda negligis.*

v. 1121. καπηλίσιν] vide v. 435. Mercurius furum quoque praeses fuit, eamque ob rem a cauponibus cultus, vinum adulterare, et emtores quouis modo fallere solitis.

ARISTOPHANIS. 187

Πάντ' ἀγάθ' ἕωθεν εὐθύς· οἰνῦτταν, μέλι,
Ἰσχάδας, ὅσ' εἰκός ἐςιν Ἑρμῆν ἐσθίειν·
Νυνὶ δὲ πεινῶν, ἀναβάδην ἀναπαύομαι.
Καρ. Οὐκῦν δικαίως, ὅς τις ἐπςίεις ζημίαν   1125
Ἐνίοτε, τοιαῦτ' ἀγάθ' ἔχων. Ἑρ. οἴμοι τάλας,
                                          Οἴμοι

v. 1122. ἕωθεν] mane, diluculo: ab ἕως, aurora pro ἠώς.

οἰνῦτταν] mazam cum vino subactam. Alii dicunt eſſe genus placentae ex vino et melle confectum. Suid.

v. 1124. ἀναβάδην] Pedes in altum ſublatos habere et dormire interpretatur Suid. cum Schol. De vi aeniu et curſu laſſi ita iacentes recreantur; quae interpretatio, Mercurio, Deorum nuncio, perpetuo huc illuc curſitanti, connenire videtur. vid. Bergl. Vertit autem Kuſter. in ſublimi, cui verſioni auctoritatem adfert locus ex Acharn. Act. II. Scen. III. πῶς ἔνδον, εἶτ' ἔκ ἔνδον· ὁ νῦς μὲν ἔξω, συλλέγων ἐπύλλια, ἔκ ἔνδον· αὐτὸς (εὐριπίδης) ἀναβάδην ποιεῖ τραγῳδίαν. Quomodo fieri poteſt, vt ſit intus, et non intus? Mens quidem foris, colligens verſiculos, non eſt intus: ipſe vero (Euripides) intus eſt, et in ſublimi loco tragoediam componit. vide Suid. Inquit igitur Mercurius: Ego, Deorum nuncius, antea vltro citroque curſitando magnopere occupatus nunc, aliis otiantibus Diis, in ſublimi quoque ceſſatione torpeo, cunctis vacuus negotiis.

v. 1125. ὅςις ἐπςίεις ζημίαν ἐνίοτε] Iure, inquit, plecteris. Nam fraudatorum furumque praeſes, munera ab iis accipis, et nihilominus tamen in damnum eos, ſaepenumero incurrere ſinis, quum deprehenſi grauiter mulctantur.

Οἴμοι πλακῦντος, τῶν τετράδι πεπεμμένω.
Καρ. Ποθεῖς τὸν ἐ παρόντα, καὶ μάτην καλεῖς.
Ἑρ. Οἴμοι δὲ κωλῆς, ἧς ἐγὼ κατήσθιον.
1130 Κα. Ἀσκωλίαζ᾽ ἐνταῦθα πρὸς τὴν αἰθρίαν.

Ἑρ

v. 1127. οἴμοι πλακῦντος] oί cum nominatiuo et accusat. personae construitur; frequenter cum datiuo: vt hoc loco, adiecto genitiuo rei, πλακῦντος, vbi subaudiendum est ἕνεκα. Hei mihi! propter placentam, qua nunc spoliatus sum.

τῶν τετράδι] pro τῇ ἐν. Quartus cuiusque mensis dies Mercurio erat sacer, quo dona ei ferebant. vid. Schol.

πεπεμμένω] partic. perf. pass. a πέπτω.

v. 1128. ποθεῖς τὸν] Narrat Schol. Herculem, cum Iasone Colchida petentem, in itinere ad insulam quandam adpulisse, Hylamque dilectum ad aquam hauriendam misisse. Hunc vero a Nymphis raptum diu ab Hercule frustra esse quaesitum, tandem hanc vocem audiente, ποθεῖς κ. τ. λ. eaque verba in prouerbium deinde abiisse.

v. 1129. κωλῆς] κωλῆ, anteriores partes victimae, siue armi. Armus vero Mercurio est sacer. Intelligit iuncturas sine articulos, qui ex ossibus constant. Perstringit igitur Athenienses, vt ossa Diis immolantes.
v. Schol.

ἧν] pro quo ἧς, vt magis atticum scribit Hemsterh.

v. 1130 ἀσκωλίαζε] Caper, qui obest vitibus, ceu grata hostia, Libero sacrificabatur. Phornut. τὸν δὲ τράγον αὐτῷ θύουσι διὰ τὸ λυμαντικὸν δοκεῖν τῶν ἀμπέλων. ἀσκώλια igitur in Bacchi honorem institutum

Ἑρ. Σπλάγχνων τε θερμῶν, ὧν ἐγὼ κατήσθιον.
Καρ. Ὀδύνη σε πρὸς τὰ σπλάγχνα ἔοικ' ἐπιστρέφειν.
Ἑρ. Οἴμοι δὲ κύλικος ἴσον ἴσῳ κεκραμένης.

Καρ.

a rusticis Athenienfibus fuit festum, ἀπὸ τῦ ἀσκῦ, ab *vtre* dictum, quia in vtres, ex pellibus hircinis confectos, oleo inunctos, et vino plenos infiliebant iuuenes, rifus excitandi cauſſa, fi, quod plerumque accidit, humi prociderent. Qui autem iis infiſtebant haud delapfi, victores pronunciabantur, vtrem praemii loco auferentes. v. *Schol.* et *Suid.* In medio autem theatro ponebantur vtres, in quos vno tantum infiliebant pede. Pollux Lib. II. ἀσκωλιάζειν ἔλεγον τὸ τῷ ἑτέρῳ ποδὶ ἅλλεσθαι. confer. *Hefych.* Originem atque caerimonias huius feſti admodum venuſte depingit Virgilius Georg. Lib. II. v. 380.

> Non aliam ob culpam Baccho caper omnibus aris
> Caeditur et veteres ineunt proscenia ludi:
> Praemiique ingentes pagos et compita circum
> Thefeidae pofuere: atque inter pocula laeti
> Mollibus in pratis vnctos faliere per vtres.

v. 1131. σπλάγχνων] dicit θερμῶν, quia viſcera in facrificiis vel tota, vel ex parte, cremabantur.

v. 1132. ὀδύνη σε πρὸς τὰ σπλάγχνα] *dolor, quem capis, viſcera tua tentare videtur.* i. e. hoc non te pungit, quod homines facrificiorum intermiſſione, Deorum reuerentiam exuant, fed quod latrante ſtomacho famis fis impatientiſſimus.

v. 1133. κύλικος, ἴσον ἴσῳ κεκραμένης] *Heu! poculum, in quo vinum pari aquae portione temperatum eſt.* Quaeritur, cur alijs Diis vinum offeratur merum,

Καρ. Ταύτην ἐπιπιὼν, ἀποτρέχων ἐκ ἂν Φθάνοις;
v. 135 Ἑρ. Ἆρ' ὠφελήσαις ἄν τι τὸν σαυτῦ φίλον;
Καρ. Εἴ τι δέει γ', ὧν δυνατός εἰμί σ' ὠφελεῖν;
Ἑρ. Εἴ μοι πορίσας ἄρτον τίν' εὖ πεπεμμένον

Mercurio autem aqua dilutum? respondetur: quia vinentibus et mortuis praeest, et ab vtrisque honore adficitur. *Schol.*

κεκραμένης] partic. perf. a κεραννύω.

v. 1134. ταύτην ἐπιπιὼν] ταύτην scil. κύλικα. Cario calicem vini meracioris porrigit Mercurio hisce verbis: *vbi hoc vinum ebiberis, non properabis hinc decurrere:* ἀποτρέχων pro ἀποτρέχειν. i. e. satius duces hic remanere, quam illic, vbi antea fuisti, languere. *Girard.* Sedata iam siti Mercurius deinde Carionem rogat, vti quoque panem atque carnem ad famem explendam adferat. Non audiendus igitur mihi videtur Bisetus, cui, quod miror, vir pereruditus suffragatus est, sibi persuadens, hic post ταύτην subaudiendum esse περδήν. Carionem enim, inquit, crepitum emisisse ventris, Mercuriumque illum ebibere iussisse. Illiberale atque nefandum foret hoc ioculandi genus, leporibus et facetiis Aristophanicis plane indignum, in caupo-nulis adeo haud ferendum.

v. 1135. φίλον] amicum Carionis se dicit Mercurius, propterea quod in furtis, domi factis, saepe eum iuverat.

v. 1136. ὧν] refertur ad ἐκείνων, quod est subintelligendum: Integra igitur haec est constructio: ὠφελήσω, εἰ δέῃ γε τινὸς ἐκείνων, ὧν δυνατὸς κ. τ. λ.

v. 1137. πορίσας — δοίης] per pleonasm. pro simplici δοίης.

Δοίης καταφαγεῖν, καὶ κρέας νεανικόν,
Ὧν θύῃθ᾽ ὑμεῖς ἔνδον. Καρ. Ἀλλ᾽ ἐκ ἔκφορα.
Ἑρ. καὶ μὴν ὁπότε τι σκευάριον τῷ δεσπότῃ   1140
Ὑφείλω, ἐγώ σε λανθάνειν ἐποίων ἀεί.
Καρ. Ἐφ᾽ ᾧτε μετέχειν αὐτός, ὦ τοιχωρύχε.
Ἦκιν γὰρ ἄν σοι νᾳςὸς εὖ πεπεμμένος.
Ἑρ. Ἔπειτα τοῦτόν γ᾽ αὐτὸς ἂν κατήσθιες.
Καρ. Οὐ γὰρ μετεῖχες τὰς ἴσας πληγὰς ἐμοί.   1145
Ὁπότε

v. 1138. νεανικόν] magnum quoque Graecis significat, quia, quidquid agunt iuuenes, vehementer agere solent: sic Pollux Lib. III. C. 20. ποταμὸς nominat νεανικὸς et Lib. I. C. 10. δυνάμεις νεανικὰς.

v. 1139. ἔκφορα] exportabilia. Nefas erat quidquam eorum, quae laribus offerebantur, foras efferre. *Quae petis*, inquit, *non sunt efferenda*. Notat Schol. ἐκφορᾶν, ὀξύτονον, esse substantiuum, et significare exportationem: In nonnullis quoque sacrificiis hac formula esse vsos secundum Theopompum: εἴσω δραμὼν αἴτησον· ἀλλ᾽ ἐκ ἐκφορά.

v. 1142. ἐφ᾽ ᾧτε]' vide v. 1001. eo tamen discrimine, vt hic infinitiuo, loco accusatiui, praeponatur nominatiuus αὐτός. *Girard*.

v. 1143. νᾳςὸς] est placenta, vel panis calidus cum oleo, cuius thema νάσασθαι. *Suid*. Aliter describit *Eustath*.

v. 1145. οὐ γὰρ μετεῖχες] Facete caufam adfert Cario, quare placentam, quam vouerat, non dediffet Mercurio. In furto enim, inquit, deprehensus atque loris fum caefus, a quo fupplicio me, ope tua fretum,

Ὁπότε τι ληφθείην παρεγγυήσας ἐγώ.
Ἐρ. Μὴ μνησικακήσῃς. εἰ σὺ Φυλὴν κατέλαβες.
Ἀλλ'

haud tutum reddidifti. Solus igitur ego verberatus, folus quoque placentam comedi.

v. 1147. *μὴ μνησικακήσῃς, εἰ σὺ Φυλὴν κατέλαβες*] *μνησικακέω*, *veteris fum memor iniuriae*, *veterem iniuriam iniquo animo fero*. Ex *μνῆσις* ει *κακός*. Bello Peloponnefiaco Athenienfes, poft magnam cladem a Lacedaemoniis victi, iniquas pacis conditiones accipere cogebantur. Forma enim reipublicae gubernandae mutata, triginti viri delecti civitati praeficiebantur. Fuerunt autem omnes ex numero eorum, qui Lacedaemoniorum habebantur amici, qui deinde tyrannicum exercentes dominatum rempublicam miferis lacerabant modis, bonis ciuibus vel occifis, vel ex vrbe eiectis, inter quos Thrafybulus, vir fummi ingenii atque virtutis exful, Thebanorum auxilio caftellum Phylam in Atticam expugnat, et triginta tyrannis ad Piraeeum proelio deuictis, Critia quoque, illorum principe, interfecto, Piraeeo potitur. Qui erant in vrbe, abrogato triginta tyrannorum imperio, ad omnem controuerfiam cum iis, qui in Piraeeo erant, fedandam, conftituerunt Decemuiros, qui tamen ipfi poteftate fua abutebantur. Paufanias igitur Lacedaemoniorum rex adfuit cum exercitu, atque Thrafybulum iis, qui in vrbe erant reconciliauit. Quo facto Thrafybulus lata lege ciues adeo inreiurando obftrinxit, quo pollicerentur, omnem difcordiarum atque iniuriarum fore obliuionem, ne qua difceffio ex ante actis nafceretur. vid. Iuftin. Lib. V. Ad hanc *ἀμνηςίαν* alludit Mercutius, inquiens: *Tu*, *qui Phylam occupafti*, i. e.: *qui ditior iam factus ipfum domi habes Plutum*, *veterum iniuriarum meminiffe noli*, *mihique ignofce*.

'Αλ.' ἓν σύγοιςον πρὸς θεῶν δέξασθέ με.
Καρ. Ἔπειτ' ἀπολιπὼν τὰς θεὰς ἐνθάδε μενεῖς;
Ἑρ. Τὰ γὰρ παρ' ὑμῖν ἐςὶ βελτίω πολύ.   1150
Καρ. Τί δέ γ' αὐτομολεῖν ἀςεῖον εἶναί σοι δοκεῖ;
Ἑρ. Πατρὶς γάρ ἐςι πᾶσ', ἵν' ἂν πράττῃ τις εὖ.
Καρ. Τί δῆτ' ἂν εἴης ὄφελος ἡμῖν ἐνθάδ' ὤν;
Ἑρ. Παρὰ τὴν θύραν ςροφαῖον ἱδρύσασθέ με.
                                            Καρ.

v. 1151. αὐτομολεῖν] *transfugere:* ab αὐτόμολος, *transfuga* ex αὐτὸς et μολέω, venio.

v. 1152. πατρὶς γὰρ] secundum tritum illud: *patria eſt, vbi bene eſt.*

v. 1154. ςροφαῖον] ςροφαῖος, cognomen Mercurii, sic dicti, quod ad fores collocaretur fures obseruatum. Solent enim isti post ianuas delitescere, et fraudes suas exercere. *Suid.* Ante fores priuatarum quoque aedium Mercurii imago est collocata, vt exeuntes conuiuae gestatas a se inter edendum coronas ei imponerent: Aelian. v. h. Lib. II. C. 41. καὶ τὸν ςέφανον λαβὼν, ὅτε ἐπανῆει μετὰ τὸ δεῖπνον τῷ ἑρμῇ, τῷ πρὸ θυρῶν ἑςῶτι, ὑπέθηκεν αὐτὸν, κατὰ τὸ ἔθος τῶν ἔμπροσθεν ἡμερῶν. Vnde cognominatus est Mercurius πυλαῖος, vel ςροφαῖος. Indicat quoque haec vox eius astutiam atque versutiam, qua maxime innotuit. Facit mentionem simulacri Mercurii, Propylaei dicti, in introitu Athenarum arcis positi *Paufanias* in Attic: κατὰ τὴν ἔσοδον αὐτὴν ἤδη τὴν ἐς ἀκρόπολιν, ἑρμῆν, ὃν προπυλαῖον ὀνομάζουσι, καὶ χάριτας σωκράτη ποιῆσαι, τὸν σωφρονίσκυ, λέγουσι.

1155 Καρ. Στροφαῖον; ἀλλ᾽ ἐκ ἔργον ἐς᾽ ἐδὲν ςροφῶν.
Ερ. Ἀλλ᾽ ἐμπολαῖον. Καρ. ἀλλὰ πλυτέμεν· τί ἂν
Ἑρμῆν παλιγκάπηλον ἡμᾶς δεῖ τρέφειν;

Ερ-

v. 1155. ἐδὲν ςρεφῶν] Hac voce alludit ad ςροφαῖον
inquiens; *non opus est in aedibus nostris strophis* i. e.
fraude et fallacia.

v. 1156. ἐμπολαῖον] Sed mercatorem scil. me con-
stituite. Mercurius apud latinos a mercibus est dictus, quasi mercium curam gerens. Omnium enim
negotiorum Deum illum esse existimabant. Coleba-
tur autem maxime a negotiatoribus, quippe qui men-
suras et pondera et mercaturae quaestum inueniffe cre-
debatur: teste Diodoro. Vnde etiam cognomen ἐμ-
πολαίε accepit. Dicitur etiam ἀγοραῖος, cognomine
generaliori, qui in foro colitur, vt *Suidas* ait. In
foro enim iudicia sunt habita, et consilia de reipublicae
salute agitata. Stabat in nobilissima Atheniensium por-
ticu, quae ποικίλη dicebatur. Mercurius aeneus, ἀγοραῖος adpellatus. Meminit eius *Pausanias* in Atticis:
ἰᾶσι δὲ πρὸς τὴν ςοὰν, ἣν ποικίλην ὀνομάζωσιν ἀπὸ
τῶν γραφῶν, ἔςιν ἑρμῆς χαλκᾶς, καλέμενος ἀγοραῖος, καὶ πύλη πλησίον. Huius quoque Mercurii
mentionem facit Demosth. *in Euergum*. Κερδῶος etiam
cognominatus est Mercurius, tanquam lucri auctor, a
κέρδος. *lucrum*. Omne enim lucrum inopinatum Mercurio acceptum referebant. Vnde secundum *Suidam*
ἑρμαῖον, *lucrum insperatum*, sic dictum a primitiis,
quae in viis positae a viatoribus comedi solebant.

§ 1157. παλιγκάπηλον] Secundum Scholiasten
quinque sunt genera negotiatorum, vtpote αὐτωπό-
λης, κάπηλος, ἔμπορος, παλιγκάπηλος, μεταβο-

Ἑρ. Ἀλλὰ δόλιον τοίνυν. Καρ. δόλιον; ἥκιστά γε.

N 2 Οὐ-

λεὺς, de quorum differentia ipfum vide. παλιγκάπηλος ἐςὶ, ὁ ἀπὸ τῶ ἐμπόρω ἀγοράζων, καὶ πωλῶν: Cicero Lib. I. C. 42. de offic. *Sordidi etiam putandi, qui mercantur a mercatoribus quod statim vendant: nihil enim proficiunt, nisi admodum mentiuntur.* 'Extenuationis igitur et contemtus caufa Cario hac voce vtitur.

v. 1158. δόλιον] Celeberrima erant antiquitus in Graecia furta et rapinae, non terra modo fed et mari. Teflantur ea complures boum abactiones, hominum plagia, vrbium et agrorum direptiones, quibus tota Homeri poëfis eft referta. Factitarunt hoc viri non ignobiles, ipfi adeo heroes, non probro fed laudi fibi ducentes: ἐκ ἔχοντός πω αἰσχύνην τῦτο τῶ ἔργω, φέροντος δέ τι καὶ δόξης μᾶλλον, inquit *Thucydides* init. hiftor. Id vero ex eo confirmat, quod multis fuo etiamnum tempore decori fit hoc exercere, tum quod apud vetufliffimos poëtas, qui aliquo adpellunt, interrogant fubinde, an latrones fint. Inde forte eft, quod ab Homero laudatur Autolycus ὃς ἀνθρώπων ἐκέκαστο κλεπτοσύνῃ θ' ὅρκῳ τε, *furto ac periurio:* quod a Mercurio dicitur edoctus, quem prifci Graeci furibus praefidere ac praeire cenfuerunt. At enim maior furti laus habita, fi ita caute fieret, vt non deprehenderetur auctor. Vnde *Suid.* τὸ παλαιὸν ἐ διεβέβλητο ἡ κλοπή, εἰ μὴ Φωραθεὶς ὁ κλέπτων ὑπῆρχεν. Atque hac re potiffimum laudatur Autolycus, Sifyphus, aliique vetuftiores. *Euerhard. Feithius* antiqu. Homer. Lib. II. C. 9. Narrat *Paufanias*, ftatuam Mercurii, cognomine Dolii, ad vrbem Pellenem euntibus occurrere, hominesque eam adorantes, voti fui, qualecunque id demum fuerit, fieri compotes. Mercurius autem δό-

Οὐ γὰρ δόλᾱ νῦν ἔργον, ἀλλ' ἁπλῶν τρόπων.

1160 Ἑρ. Ἀλλ' ἡγεμόνιον. Καρ. ἀλλ' ὁ θεὸς ἤδη βλέπει·
Ὡσθ' ἡγεμόνος ἐδὲν δεησόμεσθ' ἔτι.

Ἑρ. Ἐναγώνιος τοίνυν γ' ἔσομαι. καὶ τί ἔτ' ἐρεῖς;

Πλύ-
λιος, fuit cognominatus, quia Autolycum arte furandi
imbuerat: quod cognomen haud fuit contumeliofum,
fed potius honorificum, ad follertiam eius declarandam.

v. 1159. ὖ γὰρ δόλᾱ] *Nobis*, inquit Cario, *diuitiis,
iam abundantibus, haudquaquam dolo et fallacia
fed morum fanctitate est opus.*

v. 1160. ἡγεμόνιον] Mercurium quoque habebant
viarum praefidem ac iudicem, cui facros in acernum
congerebant lapides, tum, vt Deo ὁδηγῷ honorem
exhiberent, tum vt iis, qui idem tenerent iter, com-
monstrarent viam, vide Iof. Laurent. var. facr. gentil.
C. XXIII. Hinc Mercurio, ἡγεμονὶς, *viarum ducis*,
cognomen indiderunt. Dicitur etiam πομπαῖος, quod
animas mortuorum ad orcum deducit. *Suid.* et *Sophocl.*
in Aiace. Eodem quoque fenfu πομπεὺς et πομπὸς,
vnde τὸ πομπὸν fignificat τὸ κηρύκιον, *caduceum*, tefte
Eustath. Athenienfes hunc Mercurium Hegemonium
iussu oraculi dedicaffe tradit *Schol.*

v. 1161. ὧδ' ἡγεμόνος} Facete respondet Cario:
*Quamuis sis viarum index, nobis tamen duce amplius
non est opus oculis Pluto iam restitutis.*

v. 1162. ἐνάγώνιος] i. e. ἀγώνων προστάτης, *certaminum praefes:* ita vocatur a Pindaro Pyth. Od. 2. et
ἀγώνες, quod idem eft, apud eundem Iſthm. Od. I.
et Nem. *Ex Aeschyli Agamem. v. 521. patet, alios
quoque Deos ἀγωνίως fuiffe nominatos, quum dicit,

Πλέτῳ γάρ ἐςι τῦτο συμφορώτατον,
Ποιεῖν ἀγῶνας μυσικὺς καὶ γυμνικύς.*

τὰς τ' ἀγωνίας θεὺς πάντας προσαυδῶ κ. τ. λ. Teſte Diodor. Mercurius palaeſtram, et trium chordarum lyram ad trium annī temporum ſimilitudinem inuenit. Syneſ. Ep. 32. Mercurium et Herculem palaeſtrae ἐφόρυς (inſpectores) adpellat.

v. 1163. τῦτο συμφορώτατον] Plurimum emolumenti, inquit Mercurius, Plutum ac Chremylum indè eſſe reportaturos, ſi ſe certaminum curatorem conſtituerent. Nam ſummos atque nobiliſſimos ſeſe artifices et certatores eſſe electurum, quorum fama allecti homines ad ludos ſpectandos vndique confluant, ampliſſimumque Deo lucrum frequentia ſua adferant.

v. 1164. ἀγῶνας μυσικὺς] Panathenaea, feſtum Mineruae apud Athenienſes, primum ἀθήναια, ab ἀθήνη, deinde παναθήναια vocata. vide Suid. et Pauſan. in Arcad. Erant maiora et minora, quorum illa quouis quinquennio, haec quotannis celebrata ſunt. Certamen quoque in minoribus locum habebat, quod ſuit triplex: equeſtre, muſicum et gymnicum. v. Poll. Lib. VIII. C. 9. Certaminis muſici fit mentio apud Plutarch. Lib. de muſ. τῦτο δὲ δηλοῖ ἡ τῶν παναθηναίων γραφή, ἡ περὶ τῦ μυσικῦ ἀγῶνος, et apud alios ſcriptores. Erat autem tibicinum concentus, συναυλία, vocatus. Pollux Lib. IV. C. 10. Inſtitutum fuit a Pericle, et in Odeo agi ſolitum: teſte Plutarch. in Pericl. vita: καὶ διέταξεν αὐτὸς (περικλῆς) ἀθλοθέτης αἱρεθεὶς, καθότι χρὴ τὺς αὐλιζομένυς αὐλεῖν, ἢ ἄδειν, ἢ κιθαρίζειν. ἐθεῶντο δὲ καὶ τότε καὶ τὸν ἄλλον χρόνον ἐν ὠδείῳ τὺς μυσικὺς ἀγῶνας. Et ordinauit ipſe praefectus certaminis creatus, qua ratione

1165 Καρ. Ὡς ἀγαθόν ἐς', ἐπωνυμίας πολλὰς ἔχει.
Οὐ-

oporteret tibicines tibias inflare, aut canere aut pulsare citharam. Spectarunt autem et tunc, et deinceps in Odeo musica certamina. Suid. Poëtae quoque in certamen veniebant, quatuor dramatibus simul de palma inter se contendentes; quae fabularum coniunctio τετραλογία est dicta. vid. Diogen. Laërt. in Platon. Lib. II. Pluribus de hac re disputat Meurs. in Panath. quem vide. Electi sunt quoque ἀθλοθέται, qui curam gererent certaminum, numero decem, ex vnaquaque tribu singuli. Pollux Lib. VIII. C. 9. qui pro μυσικῶν legendum esse μυσικῆς, vt magis atticum notat Lib. III. C. 30. conf. *Hemsterh.* et *Spanhem.* hanc Pollucis lectionem probantes.

γυμνικὸς] Isidorus Hispal. Lib. XVIII. orig. C. XVIII. ac XXII. ex vetusto quodam auctore quinque certaminum gymnicorum narrat species, vtpote saltum, cursum, iactum, virtutem et luctationem. Sed pugillatum virtutis designat nomine; et postea: *virtus est immensitas virium in labore et pondere corporis:* quibus tamen verbis pancratium potius, quam pugillatum designari aliquis dixerit. *P. Fabr. Agonist. Lib. I. C. 5.* Victor horum aliquo certaminum, cum quibus certasset, sodalibus epulum dabat, ipse vero praemii loco coronam oleaginam accipiebat. Philostr. in Her. Sophist. Lib. II. et *Suid.* Oleum quoque ei donabatur. *Schol.* ad Aristoph. nub. et *Schol.* Pindar. Nem. Od. X. vid. Meursii Panath.

v. 1165. ἐπωνυμίας] Permulta Mercurio, vt supra diximus, dabantur cognomina, a variis officiis atque functionibus, quae ei tribuuntur, enata. Quaedam eorum facete elegit comicus, ad quae seruus iocose ad-

Οὗτος γὰρ ἐξεύρηκεν αὐτῷ βιότιον.
Οὐκ ἐτὸς ἄπαντες οἱ δικάζοντες θαμὰ
Σπεύδουσιν ἐν πολλοῖς γεγράφθαι γράμμασιν·

luderet, quorumque irrifione Mercurium, propter fe-
nnein vt Chremyli aedibus reciperetur, anxie rogan-
tem, exagitaret.

v. 1166. βιότιον] diminutiuum, a βίος. *Hic tandem, per contemtum inquit Cario, ex multis, quibus fungitur muneribus, vnum inuenit, quo aegre fibi.
victum quaerat.* Adprime igitur conducit homini, ad
multa varia munera obeunda effe aptum.

v. 1167. ἐκ ἐτὸς] ἐτὸς, aduerb. *fruftra, abs re.*

v. 1168. ἐν πολλοῖς γεγράφθαι] Quod *Schol.* fic interpretatur: ἡ ματαίως ἄρα σπεύδουσι πολλὰ ὀνόματα
ἔχειν, ἵνα ἐὰν ἀποτύχωσιν ἑνὸς, εἰς ἄλλο δικαστήριον
δικάσωσιν. Haec obfcuriora videntur *Dukero*, non in-
telligenti, quid plura nomina poffint prodeffe, nifi
forte primum fint fortiti, qui effent iudices, deinde,
quo ordine ius dicerent. Quodfi ita eft, commodus,
fecundum Dukeri fententiam, enafcitur fenfus. Si
quis enim fortitu vno exciderat γράμματι, i. e. *dicafterio*, eo die haud amplius fortiri poterat, nifi fub
alio nomine in alio dicafterio, vt in eo forte fieret iu-
dex. Quod admodum mihi fit verifimile. Iudices
enim Athenis fuerunt numero quingenti, forte electi,
qua re maxima aequabilitas in republica fuit conferuata.
Sorte enim indigni dignis aequabantur. Ne autem
foli, quos indignos effe conftabat, ad iudicandum ad-
mitterentur, ex tanta iudicum copia nonnullos, iudicio, prudentia, et virtute praeftantes effe oportuit,
penes quos tota iudiciorum ftabat auctoritas, caeteris

Ἑρ. Οὐκοῦν ἐπὶ τούτοις εἴσω; Καρ. καὶ πλῦνέ γε
1170 Αὐτὸς προσελθὼν πρὸς τὸ φρέαρ τὰς κοιλίας,
Ἵν' εὐθέως διακονικὸς εἶναί δοκῇς.

ΚΟΜΜΑΤΙΟΝ ΧΟΡΟΥ
ΔΡΑΜΑΤΟΣ ΠΕΜΠΤΟΥ.
ΣΚΗΝΗ ΔΕΥΤΕΡΑ.
ΙΕΡΕΥΣ ΤΟΥ ΔΙΟΣ, ΚΑΡΙΩΝ.

Τίς ἂν φράσειε, ποῦ 'στι Χρεμύλος, μοι σαφῶς;
Καρ. Τί δ' ἐστὶν, ὦ βέλτιστε; Ἱερ. τί γὰρ ἄλλ' ἢ
κακῶς;

'Αφ'

contentis, quod non neglecti viderentur. v. Ant. Thyf. de republ. Athen. Discurs. polit.

v. 1169. πλῦνε] *Abi ad puteum victimarum exta lavatum.* Per contemtum tam vile ministerium Mercurio demandat Cario. Probat Heinsterh. lectionem εἰς pro πρὸς in margine edit. Gryph. notatam, verba πλῦνέ εἰς τὸ φρέαρ τὰς κοιλίας, connectens, ac facete, αὐτὸς προσελθὼν, interiectum esse existimans, in hanc sententiam: *Abi victimarum exta ad puteum lavatum αὐτὸς προσελθὼν* i. e. *ipse vero ito, neque cuiquam alii hoc negotium demandato.*

v. 1171. διακονικὸς] Hemsterh. metri causa legendum putat vel; ἵν' εὐθέως διακονικὸς εἶναί δοκῇς vel Ἵν' εὐθέως διάκονος εἶναί μοι δοκῇς: prior autem lectio admodum est probabilis.

v. 1173. ὦ βέλτιστε] Per ironiam sic illum adpellat.

ARISTOPHANIS. 201

Ἀφ' ὃ γὰρ ὁ Πλῦτος οὗτος ἤρξατο βλέπειν,
Ἀπόλωλ' ὑπὸ λιμῦ. καταφαγεῖν γὰρ ὑκ ἔχω. 1175
Καὶ ταῦτα τῦ Σωτῆρος ἱερεὺς ὢν Διός.
Καρ. Ἡ δ' αἰτία τίς ἐςιν, ὦ πρὸς τῶν θεῶν;
Ἰε. Θύειν ἔτ' ὑδεὶς ἀξιοῖ. Καρ. τίνος ἕνεκα;
Ἰε. Ὅτι πάντες εἰσὶ πλύσιοι· καίτοι τότε,
Ὅτ' εἶχον ὑδὲν, ὁ μὲν ἂν ἥκων ἔμπορος 1180

N 5   Ἔθυ-

τί γὰρ ἀλλ'] *Quid aliud, nisi quod male mihi est.*
Omnia, quae hic impressi Carioni tribuunt, Cod.
Lugd. B. Chremylo adsignat, praeter versum 1186,
in Carionis partes translatum, Hemsterhusio suffragante.

v. 1176. σωτῆρος] Notat *Schol.* in vrbe cultum Servatorem Iouem, et ibi eius fuisse templum. A quibusdam Eleutherium quoque adpellari; id quod testatur *Hesych.* τῶν μήδων ἐκφυγόντες ἱδρύσαντο τὸν ἐλευ-θέριον Δία· τῦτον δὲ ἔνιοι καὶ σωτῆρα φασί. conf. *Harpocr.* in ἐλευθέριος ζεύς. Huius Iouis templum erat in Piraeeo, et ara iuxta, atque Minervae simulacrum. *Plin. Lib. XXXIV. C. 8. Cephisodorus (fecit) Mineruam mirabilem in portu Atheniensium, et aram ad templum Iouis Seruatoris in eodem portu, cui pauca comparantur.* Soteris adpellatione insignitos Deorum plerosque, ac nonnullos etiam regum Asiaticorum, obvium est ex nummis, atque aliis veterum monimentis. In primis autem hoc cognomine Aesculapium insignivere. v. Oct. *Falcon. not. ad inscript.* Dioscuri quoque σωτῆρες dicti, quia inuocati in proeliis seruare homines putabantur: *Theocr. Idyll.* ἀνθρώπων σωτῆρας ἐπὶ ξυρῦ ἤδη ἐόντων.

Ἔθυσεν ἱερεῖόν τι σωθείς· ὁ δέ τις ἂν
Δίκην ἀποφυγών· ὅδ᾽ ἂν ἐκαλλιερεῖτό τις.
Καὶ μετεκάλει τὸν ἱερέα. νῦν δ᾽ οὐδὲ εἷς
Θύει τοπαράπαν οὐδέν, οὐδ᾽ εἰσέρχεται.

Πλὴν

v. 1181. σωθείς] feruatus fcil. ex multis periculis,
quibus funt obnoxii nauigantes.

v. 1182. Δίκην ἀποφυγών] *iudicio abfolutus:* faepe
quoque abfolute, omiſſo accufatiuo, vfurpatur: vt
apud Aelian. v. h. Lib. XIII. C. 38. εὔηθες τὸν ἔχοντα
δίκην, ζητεῖν ἀποφυγεῖν, ἐνὸν φυγεῖν.

ἐκαλλιερεῖτο] καλλιερῶ, *lito.* Gentiles tunc fe lita-
re putabant, quum Daemoni alicui immolantibus laeta
in extis adparebant. Et hoc vocant καλλιέρημα, quum
ex fallacibus fignis coniiciunt, facrilicium aliquod Daemoni gratum eſſe. *Suid.*

v. 1183. μετεκάλει] *Suid.* interpretatur: ἐπειδὴ νόμος ἐςὶ τὰ ὑπολειπόμενα τῆς θυσίας τὸν ἱερέα λαμ-
βάνειν. Non intelligo, fi ex lege reliquias facrificii
accipiebat facerdos, qua ratione a poëta μετεκάλει,
dici poſſit. Victimarum pellem et vifcera lege fibi vin-
dicabat facerdos, v. *Schol.* Non igitur ei inuitatione
vel venia haec auferendi a facrificante erat opus. Mea
quidem feutentia, compofitum μετεκάλει pro fimplici
ἐκάλει vfurpatur: vt apud Aelian. v. h, Lib. IX. C. 18.
εἶτα παριόντα δημοσθένη ἐκάλει fcil. ἐπὶ δεῖπνον, ad
coenam inuitabat. Nam facrificio peracto coena erat
parata, ad quam facrificans amicos fuos inuitabat, partem victimae cum iis comedens. Dicit igitur facerdos, *fe faepius a facrificantibus, quum victimarum exta laeta fignificarent, ad opipare conuiuium fuiſſe ad-
hibitum.*

Πλὴν ἀποπατησόμενοί γε πλεῖν ἢ μυρίοι. 1185
Καρ. Οὐκῶν τὰ νομιζόμενα σὺ τέτων λαμβάνεις;
Ἱε. Τὸν ὖν Δία τὸν Σωτῆρα κᾀυτός μοι δοκῶ
Χαίρειν ἐάσας, ἐνθάδ' αὐτῦ καταμενεῖν.
Καρ. Θάρρει. καλῶς ἔσαι γὰρ ἢν Θεὸς θέλῃ.
Ὁ Ζεὺς ὁ Σωτὴρ γὰρ πάρεστιν ἐνθάδε, 1190
Αὐτόματος ἥκων. Ἱερ. πάντ' ἀγαθὰ τοίνυν λέγεις.
Καρ.

v. 1185. ἀποπατησόμενοι] *ventrem exoneraturi*, ab ἀποπάτημα, *stercus*, quod deriuatur a πάτος, *via*. *Suid*. Queritur sacerdos, tam vile templum haberi Iouis, vt ingens turba non sacrificandi, sed saturitatis tantum emittendae caussa, id ingrediatur.

πλεῖν] *plus, amplius*: att. pro πλέον.

v. 1186. νομιζόμενα] Sacerdoti secundum Scholiasten pellis et viscera victimarum cedebant. Ridicule igitur quaerit Cario, num quoque partem, ex stercore ipsi debitam, sibi vindicaret?

v. 1188. χαίρειν ἐάσας] χαίρειν ἐᾶν significat, *valedicere, repudiare*, vt apud Plutarch. in Alcibiade et Platon. de leg. Pro quo et dicitur χαίρειν φράσαι. Aelian. v. h. Lib. V. C. 6. et εἰπεῖν Lib. XIV. C. 30.

ἐνθάδ' αὐτῦ] ἐκ παραλλήλω.. *Ego*, inquit, *relicto Ioue hunc Deum, cultores suos ditantem, sequi constitui*.

v. 1191. αὐτόματος ἥκων] αὐτόματος, vltro aliquid faciens, spontaneus. Quidam compositum putant ex αὐτὸς et μάομαι, *promptus sum*: vel ex αὐτὸς et μάτην, secundum *Eustath*. Putat *Hemsterh*. haec verba αὐτόματος ἥκων cum interrogatione sacerdoti esse ad-

Καρ. Ἱδρυσόμεσθ᾽ ἂν αὐτίκ᾽. ἀλλὰ περίμενε

Τὴν

signanda, qui quum non intelligeret, antecedentis versus verbis, ὁ ζεὺς ὁ σωτὴρ, Plutum significari, magnopere mirans interrogat: *Hem! Itane spontaneus huc venit scil. Iupiter iste seruator?* Quod, vt magis comicum, a vero non est alienum.

παντ᾽ ἀγαθὰ] *Laetitiae*, inquit sacerdos, *mihi adfert cumulum. Si enim ipse Iupiter ad Plutum transfugit*, idem mihi quoque licere existimo.

v. 1192. ἀλλὰ περίμενε] *Sed mane parumper.* Multa de Pluto in arce collocando animo volutans, perplexe loquitur Cario: Constructio haec est: αὐτίκα ἂν (ἀλλὰ περίμενε) ἱδρυσόμεθα τὸν πλοῦτον, ὕπερ πρότερον ἦν ἱδρυμένος, ἀεὶ Φυλάττων τὸν ὀπισθόδομον τῆς θεᾶ. Erat in arce ὀπισθόδομος, *aerarium*, teste *Hesychio*: ὀπισθόδομος ἐν τῇ ἀκροπόλει, ᾧ τὸ δημόσιον ἀργύριον ἀπέκειτο. Nomen accepit, quia erat retro templum Mineruae, vti *Suid.* tradit: ὀπισθόδομος μέρος τι τῆς ἀκροπόλεως τῶν Ἀθηναίων, ἔνθα ἦν τὸ ταμιεῖον ὄπισθεν τῷ τῆς ἀθηνᾶς ναῷ: ἐν ᾧ ἀπετίθεντο τὰ χρήματα, confer. *Schol.* Erat ibi statua quoque Pluti, et quidem videntis, haud vero caeci, vt alias fingitur, aurea et alata, vti tradit *Philostr.* Icon. Lib. II. ἐφέστηκε τῇ ἀκροπόλει καὶ ὁ δαίμων ὁ πλοῦτος· γέγραπται δὲ πτηνὸς μὲν ὡς ἐκ νεφῶν· χρυσοῦς δὲ, ὡς ἀπὸ τῆς ὕλης, ἐν ᾗ ἐφάνη. γέγραπται καὶ βλέπων· ἐκ προνοίας γὰρ αὐτοῖς ἀφίκετο. Diuitiarum igitur Deus ibi erat collocatus, vt aerarium custodiret. Falsi sunt, qui cum Girardo putant, post verba, ἦν ἱδρυμένος, vocem, ζεὺς, esse subaudiendam, adeoque Carioni fuisse in animo, Plutum in Iouis locum illic collocare. Ita igitur hic locus est vertendus: *Quare, sed parumper*

ARISTOPHANIS.

Τὸν Πλῦτον, ὖπερ πρότερον ἦν ἰδρυμένος.
Τὸν ὀπισθόδομον ἀεὶ Φυλάττων τῆς θεῦ.
Ἀλλ' ἐκδότω τις δεῦρο δᾷδας ἡμμένας,   1.195
Ἵν' ἔχων προηγῆ τῷ θεῷ σύ. Ἱερ. πάνυ μὲν ὖν
Δρᾶν ταῦτα χρή. Καρ. τὸν Πλῦτον ἔξω τις κάλει.

mane, illico Plutum collocabimus eo loco, quo ante erat collocatus, aerarium (pone Mineruae templum situm) semper custodiens. Dicit ergo Cario, Plutum, qui a Ioue excaecatus; ac sede sua quasi pulsus, extorris hucusque oberrasset, nunc, oculis ei restitutis, In pristinum locum, vbi videns antea steterat, esse restituendum.

v. 1193. ὖπερ] pro οὗ, quod pro ὅπου, vbi.

v. 1195. δᾷδας ἡμμένας] Cario Plutum magna cum pompa in arcem deducturus faces poscit.

ἡμμένας] part. perf. pass. ab ἅπτω, incendo.

v. 1197. τίς κάλει] imperatiue, *aliquis vestrum euocato.* Plena constructio haec est: σύ, τίς ἂν εἴης, τὸν πλῦτον κ. τ. λ. Plures forsan aderant, quorum quendam Plutum foras euocare iubet, vt apud Plautum: *aperite aliquis ostium:* vel si sit perispomenon καλᾶ; cum interrogatione est efferendum: *Ecquis Plutum hic euocat?* vid. *Girard.*

ΔΡΑ-

ΔΡΑΜΑΤΟΣ ΠΕΜΠΤΟΥ
ΣΚΗΝΗ ΤΡΙΤΗ.
Τρίμετροι καὶ Ἀναπαιστικοὶ Ἀριστοφάνειοι.
ΓΡΑΥΣ, ΚΑΡΙΩΝ, ΧΟΡΟΣ.

Ἐγὼ δὲ τί ποιῶ; Καρ. τὰς χύτρας, ἃς τὸν θεὸν
Ἱδρυσόμεσθα, λαβοῦσ᾽ ἐπὶ τῆς κεφαλῆς φέρε
1200 Σεμνῶς· ἔχυσα δ᾽ ἦλθες αὐτὴ ποικίλα.

Γρ.

v. 1198. *ἐγὼ δὲ τί ποιῶ*] Anus, quae sperauerat, fore, vt Plutus precibus suis adductus, iuuenem sibi reconciliaret, cuncta iam ad deducendum Plutum esse parata, seque spe deiectam videns, domo exit, queribunda clamans voce: *Ego vero, quid nunc agam?*

τὰς χύτρας] Facete respondet Cario: *Sume istas ollas, ac capiti impone.* Aras, vel Dei cuiusdam simulacrum dedicaturi, legumina elixa primitiarum loco ii offerebant, cui ara vel statua erigebatur, vt hac ratione gratias Deo agerent. Ollae autem, in quibus erant legumina, a mulieribus versicolore veste indutis, ferebantur. v. *Schol. et Suid.* Scythis etiam, aras dedicaturis aut simulacra, fuisse morem legumina elixa pro primitiis offerre, dicata ob memoriam grati de primo victu humano animi teste Herod. Lib. IV. notat *Iof. Laurentius* var. sacr. Gentil. C. 1.

v. 1200. *σεμνῶς*] *decenter, grauiter.* Hic ludibrio sibi habet Cario aniculam. Quo enim grauius atque elatius ea sese inferebat, eo maiori spectatores risu quatiebat.

ποικίλα] scil. ἱμάτια, idem significat, quod ποικιλομόρφα v. 530. Apud Aeschyl. ποικίλα ἀλυργῆ et πορφύραν de eadem re dici notat *Bergl.* πορφύροις γὰρ καὶ ποικίλοις ἱματίοις ἐπόμπευον, inquit *Scholiastes.* ἀλυργὸν, vti notat Etymol. dicitur quasi ἁλὸς ἔργον,

Γρ. Ὦν δ' ἕνεκ' ἦλθεν; Καρ. πάντα σοι πεπράξεται.
Ἥξει γὰρ ὁ νεανίσκος ὥς σ' εἰς ἑσπέραν.
Γρ. Ἀλλ' εἴγε μέν τοι, νὴ Δί', ἐγγυᾷ σύ μοι,
Ἥξειν ἐκεῖνον ὥς ἔμ', οἴσω τὰς χύτρας.
Καρ. Καὶ μὴν πολὺ τῶν ἄλλων χυτρῶν τἀναντία   1205
Αὗται ποιοῦσι. ταῖς μὲν ἄλλαις γὰρ χύτραις
Ἡ γραῦς ἔπες' ἀνωτάτω· ταύτης δὲ νῦν

Τῆς

i. e. maris opus, quod ex marina concha fiat. Legitur ἁλιεργός et ἁλιεργής. Interdum ἁλιεργῆ sine substantiuo, ponitur.

αὐτή] αὐτὸς interdum eum significat, qui sponte aliquid facit: vt apud *Homer*. τί με σπεύδοντα καὶ αὐτὸν ὀτρύνεις. Dicit autem Cario, peropportune anum variegata veste indutam adesse, quae, quamuis sic ornata, eo haud venisset consilio, vt ollas ferret, sed amato vt placeret iuueni, operam tamen quoque suam in deducendo Deo ipsis iam commode praestare posset.

v. 1201. ὧν δ' ἕνεκ' ἦλθον] Sermo hic praecisus ita est supplendus: τί δ' ἐκείνων, ὧν ἕνεκ' ἦλθον, γενήσεται: *Quid autem ea de re (scil. de recuperando iuuenis amore) cuius caussa huc veneram, nunc est futurum?*

πάντα σοι πεπράξεται] *Omnia optata impetrabis.* His verbis Cario aniculae, cuius mentem statim intelligebat, sermonem interrumpit, ad optimam spem eam erecturus, atque ad ollas haud grauate ferendas, commoturus.

v. 1203. ἐγγυᾷ σύ μοι, ἥξειν ἐκεῖνον] Carionem hic nutu atque gestu signum dare, sese eius rei fore sponsorem eoque adductam esse, ex amore insanientem mulierculam, vt statim, ollis in caput sublatis, pompam sequeretur, notat *Hemsterh*.

v. 1205. καὶ μὴν πολὺ] Haec et sequentia verba Cario dicit spectatoribus, aniculae canos cauillans.

v. 1207. ἡ γραῦς] Magna hic in ambigua voce γραῦς,

Τῆς γραὸς ἐπιπολῆς ἔνεισιν αἱ χύτραι.

Χο. Οὐκ ἔτι τοίνυν γ' εἰκὸς μέλλειν ἡδ' ἡμᾶς, ἀλλ' ἀναχωρεῖν
1210 Ἐς τὔπισθεν. δεῖ γὰρ κατόπιν τύτων ᾄδοντας ἕπεσθαι.

ineſt elegantia atque vis comica. Significat enim tum *anum*, quam *cruſtulam ſeu ſpumam, in coctis prouenientem*: Ariſt. Lib. II. de generat. anim. C. 4. ἐν τοῖς ἐψήμασιν ἡ καλυμένη γραῦς. *Longe aliter*, inquit Cario, *hae ollae* (quas capite ſuſtinet vetula) *atque aliae, ſunt comparatae. In reliquis enim ſpuma eſt in ſummo: hae autem ollae ſunt ſupra ſpumam* (ſiue quod propter vocis ambiguitatem idem eſt) *ſupra canam hanc mulierculam*: paucis vt exprimam: *In aliis ollis ſpuma eſt ſupra, in his infra*.

v. 1208. ἐπιπολῆς] *in ſuperficie, ſummitate:* ſaepe cum genitiuo conſtruitur: Gal. ad Glauc. ἐπιπολῆς τῦ θέρματος, *in ſumma cute*. Significat inde etiam, ἄνω, ἐπάνω, *ſupra*. Sunt qui ab ἐπιπλέω deriuant, *ab iis, quae inhatant*.

ἔνεισιν] Melius apud Heinſterh. ἔπεισιν.

v. 1209. μέλλειν] *cunctari*. vide v. 255.

v. 1210. εἰς τὔπισθεν] pro τὸ ὄπισθεν: *pone, a tergo*. Quum iam ſollemnis ducitur pompa, chorus inquit, haud par eſt, nos cunctari, ſed aliquantulum retrocedere, vt viam ei demus, deindeque cantu illam proſequi.

κατόπιν] pro κατόπισθεν.

τύτων] horum ſcil. magnifico cum adparatu Plutum comitantium.

ᾄοντας] Vetuſtiſſimo tempore chorus teſte Horatio in arte poët. ex Satyris fuit compoſitus, inconcinne tripudiantibus. Sublato deinde hoc more indecoro, homines ſunt inducti, qui modulate cantare, pedesque ad numerum modosque mouere didicerant.

FINIS NOTARVM IN PLVTVM.

Quum, diuulgata iam editione Brunckiana Aristophanis, libellus meus nondum totus typis esset exscriptus, gratissimum lectori me esse facturum putavi, si Viri litteratissimi emendationes plane nouas, et quasdam animaduersiones, nec non eiusdem verfionem latinam, meis in Plutum notis adiungerem, atque ita coronidem operi, hoc additamento insigniter decorato, imponerem.

SELECTAE QVAEDAM EX BRVNCKII IN PLVTVM NOTIS.

Quatuor sunt MSS. codd. ad quos fabulam hanc contuli:
A. Regius membranaceus MMDCCXII.
B. Regius chartaceus MMDCCXVII.
C. Regius bombycinus, post impressum catalogum in bibliothecam illatus, quo continentur Plutus, Nubes, Ranae, cum scholiis et glossis inter versus.
D. Meus, quo continentur tres eaedem fabulae. Codex est bombycinus, eleganti manu scriptus, cum scholiis aliquot in margine, et glossis, inter versus, minio scriptis. In extrema vltimi folii pagina librarii nomen et loci, vbi scriptus fuit codex, his verbis notatum: Μιχαὴλ ὁ τῶ λυγκᾶ πενίᾳ συζῶν ἐξέγραψεν ἐν Ῥυθύμνῃ Κρήτης.

v. 17. Ἀποκρινόμενος] Sic perite legendum esse vidit Bentleius: refertur enim ad proximum ἔπος. Codd. etiam vt impressi habent ἀποκρινομένη, quod pro genitiuo abfoluto habuerunt veteres: nec tamen fatis illis conflitit; vtro pertineret, an ad proximum herum, an ad remotiorem coecum hominem. Hoc oftendit glossa codicis mei, τῷ τυφλῷ ἢ τῷ χρεμύλῳ. Sed queri non poterat feruus, fibi coecum non refpondere, quem nondum percunctatus fuerat.

v. 51. εἰς τῦτο ῥέπει. Sic tres codices recte. τυτί, a correctore eſl, ignorante vim litterae ῥ, qua praecedens breuis vocalis producitur. —

v. 56. ἄγε δὴ, πρότερον σὺ σαυτόν. Sic membr. concinniore, quam in impressis, ordine.

v. 65. ἢν μὴ φράσῃς γὰρ — Sic tres codices.

v. 69. ἀναθεὶς γὰρ ἐπὶ κρημνόν τινα, κᾆτ' αὐτὸν λιπών — Sic optime fcriptus eſl hic verfus in membr. vulgo peſſumdato metro.

v. 75. In membr. μέθεσθέ μα τοπρῶτον. — ἢν μεθίεμεν.

v. 81. Hic verfus vulgo Carioni continuatur. Multo melius in B. hero tributus eſt. —

v. 115. Apud Suidam legitur haec nota; ἀναπηρίαν, ὕτως Ἀριςοφάνης Πλύτῳ. In fabula, quam habemus, vox illa, quantum recordor, non occurrit. Erant fortaſſe prioris Pluti exemplaria, in quibus fic fcriptus erat hic verfus: ταύτης ἀπαλλάξειν σε τῆς ἀναπηρίας. Hefych. ἀναπήροις, τυφλοῖς. ἀνάπηρος, τυφλός, πηρός, νοσώδης.

v. 117. In membr. verba τί φῄς; Chremylo tributa: fequens verfus Carioni. —

v. 119. Huius loci emendandi rationem partim vidit Kufterus, cuius haec eſl coniectura:

ὁ ζῆς

ὁ ζεὺς μὲν ἂν εἰδὼς τὰ τύτων μῶρ' (ἐπεὶ πύθοιτ'
ἂν) ἐπιτρίψει με.

*Iupiter equidem, cognitis ſtultis horum conſiliis (poſt-
quam reſciuerit) me perdet.* Sic Kuſterus graeca ſua
vertere debebat. Sed quod ipſum procul dubio non fugiebat, aliis diſſimulare voluit, quam inepta iſta eſſet pa-
renthelis, nihil ad ſententiam conferens, quam quod
iam erat in praecedente participio εἰδὼς. Sub poſtrema
hac voce latebat vlcus. Legendum ſine parentheſi, pla-
no ſenſu, molliterque decurrente phraſi:

ὁ ζεὺς μὲν ἂν εἰδ' ὡς, τὰ τύτων μῶρ' ἐπεὶ πύθοιτ' ἂν, ἐπιτρίψει με.

*Iupiter enim, ſat ſcio, quum primum ſtulta horum fa-
cta animaduertet, penitus me perdet.*

Praeclarae emendationis laudem mihi tribuere pof-
ſem, certus, neminem exſtiturum, qui eam ſibi aut
alii vindicet. Sed cuius propria ſit, ingenue profite-
bor. Eſt ea perantiqua, et e vetuſtiſſimo codice, vt videtur, deprompta. In margine codicis mei ab eadem
manu, ſed atramento paullo dilutiore ſcriptum, οἶδ' ὡς.

v. 126. In membr. ſic ſcriptus eſt hic verſus: ἐὰν
ἀναβλέψῃς σὺ κἂν ἐπὶ σμικρὸν χρόνον. In tribus aliis
vulgata eſt lectio, niſi quod omittunt particulam γε
ſine qua verſus ſtare non poteſt.

v. 140. δήπυθεν. Atticis nihil aliud eſt, quam δηλονότι.

v. 164. ὁ δὲ χρυσοχοεῖ γε. Sic A. C. optime.

v. 166. Verſus hic, vt vulgo legitur, ſtatim clau-
dicat in primo pede. δὲ produci non debet ante κυ —
In Regis membrana, ſcriptum eſt, γναφεύει — —

v. 170. Ab hoc verſu vsque ad verba ἐμπέσοι γε σοι
in v. 180. permutatae fuerant perſonarum ſedes, quae

heri funt, famulo tributis, et vice verfa — ita vt verbis, ὁ τιμοθέυ δὲ πύργος famulo tributis, verfus clauſula in heri partes cedat, quod et flagitat decori ratio —— Ad rectam Attici fermonis norinam melius legeretur, ὁ μέγας δὲ βασιλεὺς et v. feq. ἡ 'κκλησία δ᾽ ἐχί. v. 178. ἡ ξυμμαχία, metri neceſſitate coacti librarii articulum retinuerunt, quem alioquin omiſiſſent etiam.'

v. 181. Hic et fequentes quatuor verfus in membr. Chremylo continuati, non interpoſita Carionis perſona, ——

v. 196. Pro ἀνύσῃ fcripfiſſe poëtam, ἀνύσηται, fola metri ratio euincere poſſit. ἀνύσῃ, quod iuxta codd. impreſſi habent, mediam femper et vbique corripit. Praeterea acquirendi notio, quam fententia verbo ineſſe debere oſtendit, foli formae mediae competit.

v. 225. Pro Ἴσον in membr. et meo recte fcriptum Ἴσον.

v. 227. κρεάδιον. Gloſſa in codd. τὴν χύτραν: quae manifeſto refertur ad alteram lectionem, cuius meminit Schol. τοῦτο δὲ τὸ λεβήτιον. Hanc veram eſſe, metri oſtendit, ni fallor, ratio. Nam vt in aliis diminutiuis, terminatis in ἄδιον, antepenultima corripitur, fic etiam in κρεάδιον, ac proinde vocem illam non admittit verfus. Ollulam manu geſtabat Cario, in qua erat fruſtum carnis, immolatae victimae pars, quod ex Appollinis templo extulerat. Huius rei explicatio, ex veterum more fatis noto, in integris, quibus caremus, fcholiis, gloſſam peperit, vnde in textum venit κρεάδιον.

v. 297. πινῶντα. Sic vere Bentleius. Vulgo πενῶντα.

v. 298. Vulgo legitur καὶ κραιπαλῶντα. Iſtud καὶ ver-

versum perimit. Quae participio subiici debebat copula τε, in καὶ mutata, ei ab imperito librario praefixa fuit.

v. 306. πάντας τρόπους. Sic, vt Reg. membr. primariae duae editt. (Vulgo, πάντα τρόπον, quod respuit metrum.)

v. 329. ἕνεκα, liquido scriptum in IV. codd. Perperam εἵνεκα.

v. 331. παρείην τῳ λαβεῖν. Male vulgo excusum τῷ. Accentu in membr. caret vocula.

v. 366. μελαγχολᾷς ἄνθρωπε. Sic tres regii, recte. Vocatiuis omnibus solebant, qui olim inter codicum lineas glossas scribebant, superponere ὦ, inepte plerumque, vti hic, vbi ipsa terminatio nominis casum indicat. In B. scriptum in textu ἄνθρωπε, et superpositum ὦ. Inde orta diuersa lectio, quae in impressis exstat ὦ 'νθρωπε.

*v. 373. ἤδε μὴν — γε. Tres sunt particulae quae adgregari solent. In membr. diuisim scriptum.

v. 380. Hic et sequens versus sic vulgo legebantur ante Hemsterhusium.

καὶ μὴν φίλος γ' ἂν μοι δοκῇς, νὴ τὺς θεὺς
τρεῖς μνᾶς ἀναλώσας γε λογίσασθαι δώδεκα.

Bene ille pro δοκῇς e codice δοκεῖς reposuit, et in altero versu particulam γε expunxit. Sed ne sic quidem locus erat persanatus, nec satis intelligebat eruditus Batavus, quid sibi vellet nominatiuus iste φίλος, quoue nexu cum caeteris orationis partibus cohaereret. In membr. scriptum καὶ μὴν φίλως γ' ἂν μοι δοκεῖς. In C. etiam, φίλως cum glossa προσφιλῶς. In B. φίλος superscripto ω. Ordo est: καὶ μὴν δοκεῖς μοι, νὴ τὺς θεὺς, τρεῖς μνᾶς ἀναλώσας φίλως ἂν λογίσασθαι δώδεκα (hoc senfu: *Et quidem hercle, vt mihi videris, tribus hanc in rem impensis minus, familiariter mihi duodecim imputares*, Faceta, manifestaque ironia. Particula ἂν ad λογίζεσθαι pertinet, non ad δοκεῖς. In hac conſtructione faepe peccarunt librarii — —

v. 388. ἀπάρτι. Sic III. Codd.

v. 390. σὺ μὲν ἂν σεαυτόν. . Hic aliisque multis in locis elegantius videretur: σὺ μὲν ἂν 'ἑαυτόν.

v. 392. ὁποῖον. Sic codd. omnes. In C. ſuperſcripta gloſſa: ἐρωτηματικὸν, ἀντὶ τῆ ποῖον. Recte. Id quidein, ὁποῖον interrogantis eſſe, negat Dawes. proindeque hic reſcribendum cenſet ποῖον. Sed fallitur. — — ὅπως, ὁποῖες, οἷος, ὅςις apud Comicum, aliosque poëtas Atticos centies occurrunt in interrogatione. Eurip. Phoen. 1718. Bac. 652. — —

v. 402. ὥσπερ πρότερον. Sic bene tres Regii.

v. 417. ἡράκλεις. Hercules te inuoco. Vt ἀλεξίκακον, .et monſtrorum domitorem. vid. Plant. Moſt. II. 2. 94.

v. 438. ποῖ τις φύγῃ; Codd. vt impreſſi φύγοι. In C. ſuperſcriptum ἂν — — Requiritur (particula ἂν) quidem cum optatiuo, ſed omitti non poteſt. Scriptum oportuit vel ποῖ τις ἂν φύγοι; vel ποῖ τις φύγῃ; Prius quum metrum non admittat, alterum a poëta eſſe certo certius eſt.

v. 450. ποίαν ἀσπίδα. Sic optime primariae editt. — — Lectio ποίαν δ' ἀσπίδα metro quidem non repugnat, ſed frigida eſt. Multum vigoris orationi decedit, ſi quauis particula membra connectantur.

v. 468. τοπρῶτον αὐτή. Vulgo legitur αὐτῆ, conſentientibus etiam codd. In C. ſuperſcripta gloſſa: τοπικὸν, ἢ μᾶλλον χρονικόν. Siue loci, ſiue temporis ſit aduerbium, ineptum eſt.

v. 471. τῦθ' ὅ τι ἂν ὑμῖν. Sic IV. Codd. bene.

v. 481.

v. 481. Verba καλῶς λέγεις eiusdem personae esse debent, cuius sint praecedens quaeſtio τί δῆτα — — in III. Codd. Chremylo tributa sunt.

v. 505. IV. mei codd. exhibent ὐκῶν, non ὐκεν: et v. seq. superscripta textus verbis ὁδὸν ἥντιν' ἰὼν glossa in C. μέθοδον ἥντιν' ἐλθὼν ὁ Πλῦτος. Vnde liquet non aliter ista veteribus ac nobis intellecta fuisse.

v. 513. ἡ τροχοποιεῖν. In priore Pluto, quem intentcratum habuisse videtur Pollux, pro hoc verbo erat ζυγοποιεῖν, quod ille ex Aristoph. Pluto citat VII. 115.

v. 528. ὅτ' ἐν δάσισιν. Sic bene apud Suidam, et in scholiis ad Vesp. v. 676. Occurrit eadem vocis forma Coucion. 840. Vulgo ὅτε τάπησιν.

v. 531. τύτων πάντων ἀπορῦσι. Sic optime Regius B. —

v. 566. Numeri huius versus restitui sunt e membr. vt iam cum emendati posse monuerat Hemsterh. — —

v. 567. τοίνυν ἐν. Sic IV. Cod. omissa, quae vulgo inseritur, particula.

v. 580. ταύτην δ' ἡμῖν. Haec verba absurde vulgo Chremylo continuantur, qui si Paupertati pergeret loqui, non ταύτην sed σε diceret. Sunt Blepsidemi, quod acute vidit Bentleius.

v. 581. κρονικαῖς λήμαις — Sic recte IV. codd.

v. 586. κοτίνῳ ςεφάνῳ. In IV. meis Codd. vt in Oruillisno scriptum κοτίνῳ ςεφάνῳ, quorur consensus suspicionem mihi mouet, vulgatum Aldi coniecturae deberi. Sane Codd. lectio infinitis poëtarum exemplis defendi potest, in quibus nomina substantivo adiectiuorum vicem sustinent.

v. 592. Tres Codd. habent vt supra κοτίνῳ ςεφάνῳ
v. 596. κατὰ μῆν' ἀποπέμπειν. Sic bene membr. et B.

vti et Suidas in ἑκάτην. προπέμπειν metro quidem satisfacit; sed a re, de qua hic agitur, aliena est illius verbi significatio.

v. 614. Pro ὦ παῖ καρῶν leg. παῖ καρῶν. Nam prima in καρῶν necessario producitur, quum seruile hoc nomen deriuatur a regionis nomine Καρία, vnde Κᾶρες, prima in vtroque semper producta. IV. codd. exhibent παῖ καρῶν, in nullo comparet ὦ — —

v. 627. Θησείοισι. Sic B. In membr. et in meo recte scriptum μεμυσιλημένοι: alii vt vulgo μεμισυλημένοι; antiquo errore, cuius origo in praua curiositate etymologias sectantium, vt colligi potest ex iis, quae apud Eustathium leguntur. p. 1368. l. 48 — —.

v. 670. ὁ πρόσπολος Sic IV. codd. quibus consentientibus eo magis obsequi debui, quod sic suauiores fiunt numeri. Vulgo πρόπολος — —

v. 674. τῦ γραδίυ. Perperam vulgo τῦ. Encliticum est, pro τινός. Praeterea male vulgo excusum γραῦδίυ. Trisyllaba vox est γράδιον. vid. not. ad Thesm. 1194.

v. 688. ὡς ᾔσθετο δὴ μυ τὸν ψόφον. Particulam δὴ, habent editt. priores. (Omittitur autem in quibusdam cum versus labe.) Eam solae exhibent membranae.

v. 689. τῇ χείρ' ὑφῆρει, scil. τὴν χύτραν. Vulgo τὴν χείρ' ὑφῆρει, quod manifesto mendosum est, nec vllam interpretationem admittit. Sic etiam tres Codd. —— — Stabat olla prope aniculae caput: simulac servi eam attingentis strepitum audit, manu clam exserta ollam propius ad se reducit. Quae sequuntur ὀδὰξ ἐλαβόμην referuntur ad propius substantiuum, e quo repetendum αὐτῆς τῆς χειρός.

v. 707.

v. 707. Vulgo legitur profligato metro: μετὰ ταῦτά γ' εὐθὺς ἐγὼ μὲν συνεκαλυψάμην. — — Membr.
μετὰ ταῦτ' εὐθὺς ἐγὼ μὲν — — quam lectionem
confirmat codex C. In eo eadem eſt ſcriptura, quae
in membranis: ſed verbi συνεκαλυψάμην primis ſylla-
bis ſuperſcriptum ab eadem manu eve, quod dat ἐνεκα-
λυψάμην. Hoc autem compoſito poëtam hic vſum
fuiſſe, praeter metri rationem, ſermonisque proprie-
tatem, manifeſto oſtendit v. 714. Nub. 11. et 735.

v. 709. περιῄει πάντα. Nulla hic erat ratio, cur
ſcriberetur περιῄειν, ſequente conſonante — Sic etiam tres codices. In B. quae primum omiſſa fuerat
littera ν, ſuperne addita fuit poſtmodo.

v. 713. συ δὲ πῶς ἑώρας. In B et C. σὺ δὲ πῶς
ἑώρακας. Vt hic commutata fuerunt ἑώρας et ἑώρακας, ſic etiam Theſm. 32. admodumque probabile eſt,
graſſatam etiam fuiſſe librariorum libidinem in verſu
huius fabulae 98.

v. 721. κατέπλασεν. Sic IV. Codd. recte. Vulgo
κατέπλασσεν. Geminationem iſtam litterae σ non
admittit Attica ſcena. Vt autem eſſet temporis imper-
fecti, ſcriptum oporteret κατέπλαττεν. Quia prae-
ceſſit ἔφλα, minime neceſſe eſt, ſequens verbum in
eodem eſſe tempore: praeceſſerat enim iam antea Aoriſt.
ἐνεχείρησε. — —

v. 723. ἀνάξας. Perperam vulgo ἀναίξας.

v. 736. ὥς γ' ἐμοὶ 'δόκει. A. C. ὥς ἐμοὶ δοκεῖ.
B. D. ὥς γ' ἐμοὶ δοκεῖ.

v. 738. ὦ δέσποιν, ἀνεςήκει. Sic meus, vt vulgo.
At tres Regii: ὦ δέσποινα γ' ἑςήκει, cum gloſſa in C.
ἀνεςηκὼς ἦν.

v. 746.

v. 746. ὅτι βλέπον τὸν πλᾶτον ἐποίησεν ταχύ. Collocatae hoc ordine voces in B. quam scripturam ob sequentem versum praetuli.

v. 777. εἰδὼς ἠδὲν ὁ τλήμων ἐγώ. Non sane hic versus in eorum numero veniet, quorum exemplo quis forte probare conabitur, vocalem brevem produci posse ante tenuem et liquidam. Nam manifestum est scriptum oportuisse, ὦ τλήμων ἐγώ. Qua ratione augetur etiam affectus.

v. 794. εἴτ᾽ ὀχὶ δέξει δῆτα. Tres Regii δέξῃ δῆτα. Atticam terminationem reposui, o perpetuo Comici vsu.

v. 800. ὡς δεξίνικες ἠτοσί. Sic perspicue membr. et C. optime. —— (Coniecturas Bentleii et Hemsterhusii metri lex prorsus respuit.) ——

v. 805. Post hunc versum vulgo legitur insertus iste:

ἤτω τὸ πλυτεῖν ἐςιν ἡδὺ πρᾶγμά τι.

quem tanquam parallelum primo Carionis versui librarius olim margini adscripserat, vnde ab alib in textum fuit illatus. Merito eum expunxit Bentleius. Alibi observaui, solitos olim fuisse librarios in codicum margine versus, qui sententias continerent, scribere, praefixo lemmate γνώμη, horumque versuum complures maxime in Scenicorum scriptis in textum postea intrusos fuisse, quod hic accidisse, iam dudum mihi fuit persuasum. Ecce vero manifestum interpolationis indicium ostendit Cod. C. In eo versus in lineas non sunt distincti, sed tanquam, si soluta esset oratio, continuata scriptura est, cuius specimen hic subiicio:

ἐπισπέπαικεν ἠδὲν ἠδικη
κόςιν· Γνῶ᾽᾽ ἤτω τὸ πλυτεῖν, ἡδύ ἐςι
πρᾶγμά πυ. ἡ μὲν γὰρ σιπύη ——

Vides

Vides librarium non solum marginalem verfum, fed etiam illjus lemma in contextus feriem intuliffe. In meo et in B. idem lemma verfui praefixum eft. Caeterum in eo verfu tres Regii habent πρᾶγμά πȣ.

v. 825. Perſonam hic et deinceps in toto hoc colloquio Chremyli pono, vbi vulgo perſona eſt Carionis, idque ex triùm codd. auctoritate. Solus B. famulo tribuit, quae manifeſto heri eſſe nemo non ſentit, certiſſimisque argumentis oſtendit Heinſterh. — —

v. 833. ἐπέλιπεν. Sic optime membr.

v. 838. κᾶκ ἐδόκȣν μ᾿ ὁρᾷν ἔτι. Et me videre ſe diſſimulabant. Graecorum vim non perceperat Berglerus. Vide Valkenarium ad Eurip. Hippol. p. 217. Pace 1051. μὴ νῦν ὁρᾷν δοκῶμεν αὐτόν: Feſons ſemblant de ne pas le voir. — —

v. 855. Carioni tributa haec vulgo, Chremylo adſignant tres codd.

v. 860. ἥνπερ ᾿μὴ ᾿λίπωσιν. Sic bene Daweſius. Vulgo μὴ λίπωσιν.

v. 864. Huic verſui in tribus Regiis praefixa perſona Carionis, melius in meo tribuitur Chremylo.

v. 869. καὶ τίνα. Quaeſtionem hanc Chremylo adſignant tres codd. vt et v. 870.

v. 877. ἄρα priori longa, metro ſic flagitante.

v. 879. In tribus codd. ſcriptum ὁ θεός ἔσθ᾿ ȣτοσί εἰ τȣς συκοφάντας. Quartus B. in eo tantum differt, quod habet ȣτοσὶν — Inde adparet, ſinceram lectionem ſic reconcinnandam eſſe, eiecto verbo ſubſtantiuo:

ἅπασι τοῖς ἕλλησιν ὁ θεὸς ȣτος, εἰ
τȣς συκοφάντας ἐξολεῖ κακὼς κακῶς.

v. 886.

v. 886. ἀλλ' ἐκ ἄν ἐςι. Perperam vulgo ἀλλ' ἐκ ἔνεςι. — — Hunc verſum Chremylo recte tribuit cod. meus. In tribus Regiis famulo adſcriptus eſt.

v. 890. Hic verſus in tribus Regiis famulo tribuitur: melius in meo Chremylo.

v. 897. κακόδαιμον — Verba haec tres Regii hero tribuunt melius quam meus, qui ea, vt impreſſi, famulo adſcribit.

v. 902. In toto hoc diuerbio, quae vulgo Iuſto tribuuntur, meus et B Chremylo adſcribunt.

v. 909. βύλομαι, volo. Publica crimina cuilibet licebat Athenis exſequi; quod notum e follemni legum formula, quae toties apud oratores occurrit vt: δοκιμασίαν μὲν ἐπαγγειλάτω Ἀθηναίων ὁ βυλόμενος. Hinc iocus, qui mox fequitur.

v. 947. τῦτον τὸν ἰχυρὸν θεόν. Sic recte tres Regii — — Vulgo inuerſo ordine et profligato metro.

v. 956. Huic verſui in meo codice recte praefixa perſona Chremyli.

v. 958. ὅτι ἔς' — Sic bene membr.

v. 960. Haec, vt pleraque huius dramatis, manifeſto ſunt e Pluto priore, in quo Chorus ſuas agebat partes. Chremylus abducto ſecum Viro Iuſto domum ingreſſus fuerat: ſolus erat in ſcena chorus, canticumque canebat. Superuenit anus, quae ſcire cupiens vbinam habitaret nouus Deus, nullos alios, quam Chori perſonas percunctari poterat. Male Hemſterh. verba ὦ φίλοι γέροντες ad Chremylum et Iuſtum Virum refert, verſuique 962 Chremyli perſonam praeponit. Sic quidem eſt in B. At verius tres alii duos illos verſus Choro tribuunt. In ſcenam non amplius prodit Vir Iuſtus. In

C.

EX BRVNCKII NOTIS.

C. textui inserta παρεπιγραφὴ, sic: Γραῦς τις φησι πρὸς τὸν χερόν. Γραῦς. ἀρ᾽ ὦ φίλοι γέροντες.

v. 965. τῶν ἔνδοθεν. Sic IV. Codd. recte — Mallem hic etiam καλῶ.

v. 967. λέγειν σ᾽ ἐχρῆν. Sic B. recte. In C. λέγειν σε χρή.

v. 980. Concinnius in membr. ταῦτα παντ᾽ — Sed pro ταῦτα sententia flagitat ταὐτά i. e. τὰ αὐτὰ vel κατὰ τὰ᾽ αὐτά.

v. 984. εἰς ἱμάτιον. Inutilem particulam γε vulgo subinnguut. Eam nullus agnofcit Regiorum. Qui verſui fulcrum hoc addidit librarius, arbitrabatur primam in ἱμάτιον corrIpi, quae producitur semper. vid. supra 530. 540. — — Eadem profodiae ignorantia dedit occasionem peruertendae sententiae in verſu abhinc secundo.

v. 986. τῇ μητρί θ᾽ ἱματίδιον. Vulgo θοιματίδιον. Articulum respuit sensus et linguae indoles. θοιματίδιον significat la robe: ἱματίδιον vne robe. Quam perite hic mendam sustulit Dawesius, eandem relinquere non debebam in Nub. v. 179. Si versum hunc conferas cum eiusdem fabulae v. 1498. intelliges, quid interſit inter ἱμάτιον et θοιμάτιον, seu substantiuum definitum per articulum, et indefinitum sine articulo —

v. 1000. ἄμητα προσαπέπεμψεν — — Copulam nullus agnofcit codicum, qui habent ἄμητα προσέπεμψεν —

v. 1006. ἅπαντ᾽ ἐπήσθιε. Vulgo ἅπαντα κατήσθιε. Venuſlam Toupii coniecturam recepi, quem vide ad Suidam III. 272. Elegans vsus est praepositionis ἐπὶ cum verbis comedendi, nominibusque cibi et obsonii. Pace 123. Acharn. 835. Supra 628. Eadem hic est vis praepositionis in composito ἐπήσθιε.

v. 1013.

v. 1013. *ἔπειτ' ἴσως ᾔτησ' ἄν εἰς ὑποδήματα.* Sic optime duo Regii. Ipsa sunt verba vetulae v. 983. quae facete ei regerit Chremylus. — —

v. 1019. *παγκάλας.* Sic membr.

v. 1020. *ὁπότε προτείνειάν γε δραχμὰς εἴκοσιν.* Sic membr. Non alium apud Comicum verfum effe credo, in quo nominis *δραχμὴ* prior producatur. Forte hic olim legebatur *ὁπότε προτείνειαν τάχα δραχμὰς εἴκοσιν.*

v. 1021. *ὄζειν τε τῆς χρόας ἔφασκεν ἡδύ με.* Vulgo conftructione admodum intricata, fi modo aliqua eft, *ἡδύ με.* Si pronomen in genitiuo fit, nomen a quo pendet, debet effe in accufatiuo, quod diu ante Heinfterhufium intellexit librarius, cuius manu defcriptus fuit Cod. C. In eo enim exftat: *ὄζειν δὲ τὰς χρόας ἔφασκεν ἡδύ μα.* Sed ad aliam lectionem refertur gloffa; *ὀσμὴν ἐξιέναι ἀπὸ τῦ σώματος,* fcilicet ad eam, quam repofuimus: *καὶ ἔφασκεν ὄζειν με ἡδὺ τῆς χρόας.* Verbum *ὄζω* neutrum conftruitur cum genitiuo partis illius, quae odorem emittit, per ellipfin praepofitionis *ἀπό.* — —

v. 1031. Verfus (vt vulgo legitur) ftructura eft Intricatior obfcuriorque, quam vt in ea poëtae manum agnofcas. Nil tamen difcrepabant, quos contuleram, tres codd. Vero propius accedit Heinfterhufii coniectura: *ἢ μηδ' ὁτιῶν ἀγαθὸν δίκαιον ἔσ' ἔχειν.* Quam verborum collocationem vulgata meliorem reperio in C. Sed pro *δίκαιον* dubium non eft, quin fcripferit poëta multo elegantius *δίκαιος,* vt Nub. 1283 et 1434. Eurip. Supplic. 188. Heracl. 143. Nihil apud quosuis fcriptores hac conftructione frequentius.

v. 1038. *εἰ τυγχάνει γ'* — Vulgo *εἰ τυγχάνει* — — *εἰ* conditionale eum optatiuo femper conftruitur, quando

do in altero membro praecedit, vel fequitur verbum eiusdem modi, cum particula ἄν: nec aliter vsquam Comicus: vt Lyſ. III. Thesm. 773. 1281. Ran. 533. 585. et Aeſchyl. S. Th. 405. Sophocl. Philoct. 1047. —
— — (Falſus eſt igitur Hemſterh. inquiens; τυγχάνει cur mallet Kuſterus, cauſa non erat; vtrumuis aeque ex vſu linguae graecae ponere licebat.) Quod ad hunc locum attin , litem dirimunt duo Regii codd. In B ſcriptum eἰ τυγχάνοι γ' — In C. εἰ τυγχάνοι δ'.

v. 1046. ὡρακέναι. Vulgo, reclamante metro, ἑωρακέναι.

v. 1063. μέντ' ἄν. Sic A. B. recte.

v. 1064. ἐπεὶ νῦν μὲν — Sic IV. codd.

v. 1066. τῦ προσώπῦ τὰ ῥάκη. Sic recte IV. Codd. Ab imperito homine fulcrum γε fubditum verſui, quo non indigebat. Eandem particulam inſulſe interſeruit aliis in Comici noſtri verſibus ex ignorantia proprietatis litterae ϱ. In Veſp. 983 (et multis aliis).

v. 1079. ἐκ ἄν ποτ' ἄλλῳ τῦτ' ἐπέτρεπον ποιεῖν. Secunda in ἐπέτρεπον hic producta eſt contra artem et Comici vſum. Quis dubitet, quin ille ſcripſerit?

ἐκ ἄν ποτ' ἄλλῳ τῦτο γ' ἐπέτρεπον ποιεῖν.

v. 1083. διαλεχθείην. Gl. ὁμιλήσαιμι. Sic quidem hic accipi poſſit. Non tamen alium ſenſum Comici animo obuerſatum fuiſſe credo, ac Nub. 425. vbi de Diis, quos vulgus hominum colebat, Strepſiades ait:

ἐδ' ἄν διαλεχθείην ἀτεχνῶς τοῖς ἄλλοις, ἐδ' ἄν ἁπάντων.

v. 1086. ξυνεκποτέ ἐςί. Sic bene membr. — vt Lyſ. 411. ἐμοὶ μὲν ἐν ἐς' ἐς ςαλαμῖνα πλευςέα — —

v. 1100. σέ τοι, σέ τοι λέγω, Καρίων, ἀνάμεινον. In membr. ita conſtitutus hic locus

σέ τοι λέγω,
ὁ Καρίων, ἀνάμεινον —

Sic poëtae vera manus debet reflitui. Prima in Καρίων neceſſario producitur — (vid. v. 624.)

v. 1124. ἀναβάδην. Gloſſae: ὕπτιος. τιθέμενος τὸν ἕνα πόδα ἐπάνω τῷ ἑτέρῳ.

v. 1133. ἴσον ἴσῳ. Sic bene in codd. ſcriptum: at in impreſſis· perperam ἴσον ἴσῳ: (repugnante metro.)

v. 1134. Signum interrogationis in fine huius verſus poni debuit. Aliquid praecipientes, iubentes, verbo Φθάνω vtuntur cum negatione per interrogationem. Sic Eurip. Iph. T. 245.

v. 1141. ὁπότε — ὑφέλοι·. Sic bene Daweſius emendat. Quod vulgo legitur, ὑφείλε, ſoloecum eſt, et metrum peſſumdat: nec illud eſt in vetuſtioribus libris — — In membr. perſpicue ſcriptum ὑφέλοις, ad veram lectionem multo propius, poſito ſaltim verbo in eo modo, quo poni debuit. Sed ſurripiendi, ſuffurandi ſignificatio in formam activam non cadit. ὑφαιρεῖν *ſubtrahere, ſubruere* ſignificant vt ſupra 688: et in Luciani exemplo T. II. p. 151. Sic ἀφαιρεῖν *eximere, demere*, nullo ad agentis commodum reſpectu. In Lyſ. 1028. vbi ſenex mulierem orans, vt ſibi culicem ex oculo exinat, ait: κᾆτα δᾷξον ἀφελοῦσά μοι. In Ran. 657. vbi Xanthias ait, τὴν ἄκανθαν ἔξελε: ſalua linguae indole dici non potuiſſet ἀφελομένη et ἐξελοῦ. — — At vero vbi quis quid capit, quod in commodum ſuum vertat, quo vtatur, fruatur, tum forma media adhibetur, nec amplius actiua. Vide Theſm. 761. 812. 844. 935. Sophocles Philoct. 376. Nub. 179. 1199. etc.

v. 1142. μετέχειν καὐτός. Sic IV. codd.

v. 1147

v. 1147. Phylen* occupauit Thrasybulus anno 4. Olymp. XCIV. Proinde in priore Pluto versus hic esse non potuit, nec v. 550.

v. 1148. ἀλλὰ ξύνοικον. In B. C. ἀλλὰ σύνοικον. In Membr. ἀλλά γε σύνοικον.

v. 1151. τί δέ; ταὐτομολεῖν. Vulgo τί δὲ γ' αὐτομολεῖν, perperam omisso articulo, quem loquendi recta ratio nentiquam abesse patitur. — τοίνυν ἔσομαι. Sic. IV. codd, sine inserta particula γ' quam impressi exhibent.

v. 1171. ἴν' εὐθέως διακονικὸς εἶναι δοκῇς. Vulgo εἶναί μοι δοκῇς. Pronomen sententiae inutile est: immo melior ea, si generalior sit: *ut statim idoneus exsequendis ministeriis videaris*, non mihi solum, sed quibuscunque, qui te opus facientem videbunt. At numeros prorsus corrumpit: ab imperito homine insertum suit, cui versus hoc tibicine indigere videbatur, quia secundae in διακονικὸς syllabae modulum ignorabat: producitur ea semper apud quosuis poëtas. Vide Av. 73. 74. Menand. apud Athen. p. 172. D. Strato Epigr. XXXVI. α, quia longum est, in η vertunt Iones, διήκονος.

v. 1173. τί δ' ἐςὶν — Haec et quae in sequentibus famulo vulgo tribuuntur, in heri partes transierunt III. Regii.

v. 1186. Hic versus etiam Chremylo tribuitur in membr. et in C. nec vlla est decori ratio, quae eum illi abiudicet. In B. persona est famuli.

v. 1192. ἱδρυσόμεθ' ἂν αὐτίκα μάλ', ἀλλὰ περίμενε. Sic IV. Codd.

v. 1205. In tribus Regiis hi versus Chremylo tributi sunt; vnde satis liquet librarii errore in B. positam suisse ille Carionis perſonam ante v. 1185. Vtroque in loco Hemſterhuſii iudicium ſequutus ſum, probabile illud quidem, ingenioſisque ſuffultum rationibus. Nunc tamen video nullas in extrema fabula Carionis partes eſſe debere. Is cum Mercurio domum ingreditur poſt v. 1170. nec amplius in ſcenam prodit Tollatur itaque binis in locis cius perſona, eique ſufficiatur Chremylus. In meo cod. Sacerdos primum cum famula conſabulatur: inducitur herus v. 1191. tribuunturque ei rurſus verba τὸν πλῆτον, v. 1196. τὰς χύτρας 4. ſeq. πάντα σοι v. 1201. reliqua famulo. Haec diſtinctio vulgata, cuius vitium ſcite exſequutus eſt Hemſterhuſius, vtique eſt melior; ſed ingenio librarii debetur ; coniecturisque illis omnibus potior eſt trium Reg. codd. fides, praeſertim antiquiſſimorum A. C. qui nullas prorſus famulo partes tribuunt, poſtquam Sacerdos ſcenam ingreſſus eſt.

v. 1206. Vulgo ταῖς μὲν ἄλλαις γὰρ — Concinniore ordine voces transpoſuimus ταῖς γὰρ ἄλλαις μὲν —

v. 1208. ἐπιπολῆς ἔπεισιν. Sic bene Hemſterhuſius. Vulgo ἔνεισιν. Supra v. 996. καὶ τἄλλα τἀπὶ τῇ πίνακος τραγήματα ἐπόντα. et Ran. 928. 1046. Licet nihil frequentius occurrat, praepoſitionis repetitio librarium offendiſſe videtur, qui in locum idonei et proprii verbi ἔπεισι alienum ἔνεισι ſuppoſuit.

v. 1208. τοίνυν εἰκὸς — Sic C. In duobus aliis Regiis τοίνυν μέλλειν, omiſſo in A εἰκὸς, quod B. in verſus fine habet.

SVPPLEMENTVM
EMENDATIONVM IN ARISTOPHANIS
PLVTVM
CVM VARIIS LECTIONIBVS
E MS. COD. BIBLIOTHECAE REGIAE
QVI ANTEA COLLATVS NON FVERAT.

Integra non exstat in codice haec fabula, nec quod eius superest, ab eadem scriptum est manu. Scilicet in vnum volumen compactae fuerunt complurium mutilorum codicum reliquiae. Versus Pluti habentur ibi tantum 787. in trium aut quatuor diuersorum codicum collatis foliis. Octo prima continent versus ab initio 239. eleganti manu, nec forte vna eademque, scriptos, sed parum emendate, in quibus post v. 87 personae amplius non sunt notatae, nec vllae vocibus superscriptae glossae. Sex sequentia folia, e recentiore codice decerpta, quantum ex charta et litterarum formis, colligere est, partem fabulae continent a v. 179 vsque ad 355. in iis sunt glossae, adscriptaeque personae. Demum a v. 355. incipit antiquioris peritiorisque manus scriptura, qua exaratae Ranae et pars Nubium. Lacuna est post v. 615 vsque ad 769. a quo incipit trium, quae supersunt foliorum primum, quibus continetur pars fabulae, vsque ad v. 941. Reliqua desiderantur.

v. 48. Nequiquam sollicitari debuit codicum omnium lectio δηλονοτιη καὶ τυφλῷ γνῶναι δοκεῖ τῦϑ'. Optima est, modo diuisim scribatur δῆλον ὅτιη — Graece perinde scribitur τυφλὸς δοκεῖ γνῶναι, et τυφλῷ δοκεῖ γνῶναι, vt perinde dicitur δοκεῖ μοι ποιεῖν et δοκῶ μοι ποιεῖν. Quod autem

228 SVPPLEMENTVM EMENDATIONVM

autem δοκεῖ temere damnauerim, id feſtinationi imputari velim, qua me illas notas ſcribere oportuit. Nullum enim aliud verbum comico ipſi magis frequentatur —imino eo vti ſolent, quum de re maxime certa loquuntur vt in Ran. v. 1420. τῦτον ἄξειν μοι δοκῶ i. e. ἄξω, *abducere mihi decretum eſt.* In Conc. v. 170. αὐτή γὰρ ὑμῶν γ᾽ ἕνεκα μοί λέξειν δοκῶ i. e. λέξω, *conſtitutum eſt mihi verba facere.* Exempla paſſim obvia.

v. 147. ἔγωγέ τοι διὰ μικρὸν ἀργυρίδιον. Sic optime hic codex, vt ex meo legendum eſſe oſtendi.

v. 159. Scriptum in cod. τῇ μοχθηρίᾳ. Voluit igitur: ὄνομά τι περιπέττυσι τῇ μοχθηρίᾳ. Perinde dicitur περιπέττειν τὴν μοχθηρίαν ὀνόματι et περιπέττειν ὄνομα τῇ μοχθηρίᾳ. Inuno equidem reconditius hoc et elegantius indico.

v. 253. ταυτὸν θύμον Φαγόντες. Caue Kuſtero fidem habeas ταυτὸν accipienti pro τὸν αὐτόν. Ex hoc enim verſu in indicem ſuum retulit ταυτός, quae vox eſt plane barbara. ταυτὸν valet pro τὸ αὐτὸ. Vt τοσοῦτον et τοσῦτο in neutro dicitur, ſic ταυτὸν et ταυτό. Vid. Nub. 674. Av. 400. Duplici autem genere effertur ὁ θύμος et τὸ θύμον.

v. 340. Cod. θαυμαςὸν ὅπως.

v. 380. Hic verſus et ſequens plane in codice ſcripti, vt eos edidi: καὶ μὴν Φίλως γ᾽ ἄν μοι δοκεῖς — abſente in altero γε. Aduerbio Φίλως ſuperſcripta gloſſa, εἰρωνικῶς τῦτο.

v. 392. Daweſii emendationem adfirmat hic cod. in quo σὺ πλῦτον; ποῖον; ſed librarii eſt allucinatio. δεινότατον. Cod. δειλότατον, quod altero haud deterius videri poſſit: *nous ferons l'aſtion du monde la plus Lache, ſi —*

v. 468.

IN ARISTOPHANIS PLVTVM. 239

v. 468. Cod. hic etiam αὐτῦ. Gloſſa. ἐνταῦθα. ἢ τὸ τῦτῦ καὶ τὸ αὐτῦ ἐκ τῦ παραλλήλυ.

v. 485. Gloſſa. ταχέως πείσεσθε τῦτο, ἡττηθέντες. ἢ ταχέως ποιήσετε τῦτο πρός με ἡττηθεῖσαν. πράττω γὰρ τὸ ποιῶ καὶ τὸ πάσχω. Vera eſt prior explicatio.

v. 567. τοίνυν ἐν. Sic etiam in hoc cod.

v. 586. In hoc etiam cod. hic & infra v. 592. ſcriptum: κοτίνῳ ςεφάνῳ.

v. 765. Etiamſi potuiſſet ſcribere poëta εὐαγγέλιά σε κριβανωτῶν ὁρμαθῷ, nollem tamen ideo praepoſitionem expungi. Quin vulgatam lectionem ſinceram puto. ἐν apud Atticos etiam ſic ex abundanti poſitum occurrit. Av. 906. 1735. (Vtroque in loco praepoſitio abeſſe poteſt ſine ſententiae detrimento.)

v. 777. ὐδὲν ὁ τλήμων. Sic etiam ſcriptum fuit in hoc codice a prima manu. Ab emendatore poſtmodo breuis o in longam ω mutata fuit, vt legendum eſſe dixi. Nullibi apud Comicum ante τλήμων breuis vocalis producitur. Recte in pace 723. πόθεν ἦν ὁ τλήμων ἐνθάδ᾽ ἕξει σιτία;

v. 800. ὡς δεξίνικος ἔτοσι. Sic liquido in hoc etiam cod. ſcriptum ſuperducta nomini lineola, proprium eſſe indicante, cum eadem gloſſa, quam ex alio codice protulimus.

v. 814. τὰς σαπρὰς. Cod. σαθρὰς. Has voces ſaepiſſime commutari notum eſt.

v. 827. Vt ſupra male duas voces δῆλον ὅτι in vnam coniunxerant v. 48. hic contrario modo peccarunt, ex vna duas perperam facientes. Longe melius in codice meo ſcriptum δηλονότι. Nimirum, vt videris, e bonorum numero es.

P 3   v. 854.

v. 854. πολυφόρῳ. Gloſſa, πολλαπλασίῳ, πολλά κακά φέροντι.

v. 856. Dubium non eſt, quin ſcripſerit poëta, ὅ τι πέπονθεν ὤνθρωπος κακόν.

v. 883. Aliter hunc verſum exhibet cod. numeris concinnioribus: ἰχθὲς δ' ἔχοντα σ' εἶδον ἐγὼ τριβώνιον.

v. 893. Scriptum in Cod. μηδενός γ' ἐμπεπλησμένος. Sic eſt etiam in membr. nec aliter in C. ſcriptum eſſe opinor. Non temere inſerta comparet illa particula γε. Scripſerat comicus: διαῤῥαγείης, μηδενός γ' ἐμπλημένος. Librarius hic vt ſaepe alias, ἐμπλημένος mutauit in ἐμπεπλησμένος. Vide not. ad Conc. 56.

v. 912. Cod. εὐεργετεῖν, ὦ — omiſſo pronomine.

v. 997. ὑπερπάτης nihil aliud ſignificat, quam προσιπάτης, eandem poteſtatem habente in hoc compoſito praepoſitione, quam in ὑπᾴδειν. Ran. 874. nec vllam aliam ſignificationem ſententia admittit.

FINIS SELECTARVM BRVNCKII IN PLVTVM
NOTARVM.

ARISTO-

ARISTOPHANIS
LVTVS,
A
BRVNCKIO
LATINE REDDITVS.

DRAMATIS PERSONAE:

Cario famulus.
Chremylus herus.
Plutus.
Chorus Rusticorum.
Blepsidemus amicus Chremyli.
Paupertas.
Mulier vxor Chremyli.
Vir Iustus.
Sycophanta.
Anus.
Adolescens.
Mercurius.
Sacerdos Iouis.

ACT. I.
SCEN. I.

CARIO, CHREMYLVS, PLVTVS, CHORVS.

Cario.

O Iupiter Diique, quam molesta res est seruum esse desipientis domini! Si enim optuma quaeque seruus dixerit, secus autem facere hero videatur, seruo euenire aliquid mali necesse est. Nam qui natura corporis sui dominus est, eum in illud ius habere non sinit Fortuna, sed illum, qui id emerit. Atque haec quidem ita se habent. Sed Loxiam, qui vaticinatur e tripode aureo, accuso hac iusta accusatione, quod, medicus quum sit et vates, vt aiunt, sapiens, atra bili percitum dimisit herum meum; qui pone sequitur hominem coecum, contra faciens atque eum conueniebat facere. Nam nos, qui videmus, coecos ducimus: iste autem sequitur, ac me insuper sequi cogit, nihil prorsus mihi respondens. Quapropter non potest fieri vt taceam, nisi dixeris, cur hunc sequamur tandem, here; sed facessam tibi negotium: non enim me verberabis, qui coronam habeo.

Chremylus. Immo hercle, detracta prius corona, si mihi molestus eris, vt magis dolorem sentias.

Cario. Nugae! non enim quiescam, priusquam dicas mihi, quis tandem sit iste. Animo namque prorsus beneuolo hoc sciscitor.

Chremylus. At te non celabo: meorum enim vernarum fidelissimum te duco et occultissimum. Ego, qui

vir fum pius et iuſtus, iniqua vtebar fortuna, et pauper
eram.

Cario. Noui equidem.

Chremylus. Alii autem diteſcebant ſacrilegi, cauſi-
dici, et ſycophantae et ſceleſti.

Cario. Credo.

Chremylus. Scitatum igitur profectus ſum ad Deum,
meam quidem hominis miſeri rem familiarem fere iam
exiſtumans exhauſtam eſſe: de filio autem, qui mihi
vnicus eſt, interrogaturus, an eum oporteat mutatis moribus fieri improbum, iniuſtum, omnis honeſtatis exper-
tem, vtpote qui vitae id putarem conducere.

Cario. Quid ergo Phoebus profatus eſt e ſertis?

Chremylus. Audies. Clare namque Deus mihi dixit hocce: *cui occurrerem primum egreſſus, ab eo me iuſ-
ſit non amplius diſcedere, eique perſuadere, vt me ſequa-
tur domum.*

Cario. Cui ergo primo occurriſti?

Chremylus. Huic.

Cario. Itane non intelligis mentem dei, hominum
ineptiſſume, quae tibi dicit clariſſume, filium tuum vt
educes vernaculo more?

Chremylus. Quonam argumento iſtuc iudicas?

Cario. Nimirum vel coecus hoc cognoſcere ſibi videatur, *valde eſſe conducibile, nihil boni conari hoc tempore.*

Chremylus. Non poteſt fieri, vt oraculum illo ver-
gat, ſed ad maius aliud quidpiam. Quodſi nobis dixerit iſte, quinam ſit, et qua gratia, et cuius rei indi-
gens venerit nobiscum huc, intelligeremus, quaenam
ſit mens oraculi noſtri,

Cario.

Cario. Agedum, tutemet te indica, quinam sis, priusquam faciam, quae deinceps consecutura sunt. Dicere oportet quam citissume.

ACT. I.
SCEN. II.

Plutus. Equidem eiulare te iubeo.

Cario. Intelligis, quem se dicat esse?

Chremylus. Tibi dicit, non mihi. Nam rustice et duriter eum interrogas. At tu, si tibi placent hominis candidi mores, dic mihi.

Plutus. Plorare equidem tibi dico.

Cario. Amplectere virum et omen oblatum a Deo.

Chremylus. Haud impune, ita mihi Ceres propitia sit, id feres amplius.

Cario. Nisi enim declares, qui sis, male te malum perdam.

Plutus. O boni, discedite a me.

Chremylus. Haudquaquam.

Cario. Equidem optimum est, quod dico, here: perdam hominem hunc pessume. Statuam enim eum in loco aliquo praerupto: post ibi relicto homine abibo, vt inde delapsus cernices frangat.

Chremylus. Tolle vero sublimen ocius.

Plutus. Nequaquam.

Chremylus. Dicesne Igitur?

Plutus. Sed si audiatis me, qui sim, sat scio, aliqnid mali facietis mihi, nec me dimittetis.

Chremylus. Nos quidem hercle, si modo velis ipse.

Plu-

Plutus. Amittite nunc me primum.

Chremylus. Ecce amittimus.

Plutus. Audite iam. Necesse est enim, vt videtur, me dicere, quae celare constitueram. Ego enim sum Plutus.

Chremylus. O impurissime hominum omnium! itane vero tacebas, Plutus quum esses?

Cario. Tu Plutus, tam aerumnoso statu?

Chremylus. O Phoebe Apollo, et dii et daemones et Iupiter! Quid ais, illene reuera es tu?

Plutus. Ille inquam.

Chremylus. Is ipsusne es?

Plutus. Ipsissimus.

Chremylus. Vnde igitur, dic' mihi, squalidus incedis?

Plutus. E Patroclis domo venio, qui non lauit postquam natus est.

Chremylus. Coecitatem autem hanc dic mihi, undenam te afflictet?

Plutus. Iupiter ita me male habuit, hominibus inuidens. Ego enim, quum essem adhuc adolescentulus, minatus eram, me ad iustos et sapientes et modestos solos iturum: ille autem me fecit coecum, vt ne dignoscerem illorum quemquam: adeo ille probis inuidet.

Chremylus. Atqui a probis honore adficitur solis et a iustis.

Plutus. Adsentior tibi.

Chremylus. Age, quid ergo? si rursus cerneres, vt antidhac, fugitaresne tum malos?

Plu-

Plutus. Ita aio.

Chremylus. Iresne vero ad bonos?

Plutus. Maxume quidem: multo enim eos non vidi tempore.

Chremylus. Et nihil mirum sane: nec enim ego, qui cerno.

Plutus. Dimittite nunc me. Iam enim me et mea omnia cognifcitis.

Chremylus. Non hercle: sed multo magis te retinebimus

Plutus. Nonne dicebam fore, vt molestias exhibeatis mihi?

Chremylus. At tu sine, quaeso, vt hoc tibi persuadeam, et ne deseras me. Non enim inuenies me ipso, etiamsi quaeras, hominem melius moratum. Non inquam, Iouem testor: nec enim est alius, praeterquam ego.

Plutus. Haec dicunt omnes: quando autem me adepti sunt reuera, et euaserunt diuites, plane supra modum siunt mali.

Chremylus. Ita quidem obtinet: sunt tamen non omnes mali.

Plutus. Non hercle omnes modo, sed ad vnum omnes simul.

Cario. Flebis largiter.

Chremylus. At tu vt scias, quanta, si apud nos maneas, euentura sint bona, aduorte animum, vt intelligas. Arbitror enim, modo Deus adnuat, me ista te liberaturum coecitate, restituto tibi visu.

Plutus. Minume istuc feceris; nolo enim rursus visum recipere.

Chre-

Chremylus. Quid ais?

Cario. Homo iste ingenio natus est ad miseriam.

Plutus. Iupiter enim, sat scio, quum primum stulta horum facta animaduertet, penitus me perdet.

Chremylus. Nunc vero nonne hoc facit, qui te passim ostendentem errare sinit?

Plutus. Nescio: at ego illum formido maxume.

Chremylus. Itane? O timidissime omnium deorum! Putasne vero fore Iouis tyrannidem et fulmina trioboli; si visum recipias tu vel in modicum tempus?

Plutus. Vah! ne dixeris ista miser.

Chremylus. Quiesce: ego enim ostendam, te Ioue multo plus posse.

Plutus. Mene tu?

Chremylus. Per coelum iuro. Et primum quidem, per quemnam imperat Iupiter Diis?

Cario. Per argentum; plurimum enim est ei.

Chremylus. Age, quis itaque est, qui hoc ei praebet?

Cario. Hicce.

Chremylus. Per quem vero sacrificant illi? nonne per hunc?

Cario. Et quidem hercle precantur palam, vt ditescant.

Chremylus. Nonne igitur hic causa est, et facile finem imponat, si velit, his rebus?

Plutus. Quid ita?

Chremylus. Quia haud quisquam hominum sacrificaret amplius nec bouem, nec libum, nec aliud quicquam, te nolente.

Plu-

Plutus. Quomodo?

Chremylus. Quomodo? nullo modo fiet, vt emat scilicet, nisi tu praesens ipsi des argentum: itaque Iouis potentiam, si tibi molestus fuerit, tolles solus.

Plutus. Quid antumas? Per me sacruficant ei?

Chremylus. Aio ego. Atque hercle, si quid est praeclarum, et pulchrum, aut venustum hominibus, id per te fit: omnia enim diuitiis parent.

Cario. Sane equidem propter pauxillum argenti seruus sum factus, quod non aeque essem diues.

Chremylus. Et meretriculas aiunt Corinthias, si quando eas pauper quispiam adtentauerit, ne animum quidem aduortere: si vero diues, clunem eas extemplo illi obuortere.

Cario. Quin et pueros aiunt idem illuc factitare, non amatorum, sed pecuniae gratia.

Chremylus. Non probos vero, sed meritorios, quoniam non flagitant pecuniam prohi.

Cario. Quid ergo?

Chremylus. Alius equum generosum, alius canes venaticos.

Cario. Namque dum pudet eos forte pecuniam petere, verbo involuunt malitiam.

Chremylus. Artes item omnes propter te et commenta quaeuis callida inter homines sunt inuenta. Alius enim eorum corium secat in sutrina sedens.

Cario. Alius ferrum cudit, alius fabricatur e ligno.

Chremylus. Alius aurum fundit, quod a te accepit.

Cario. Alius edepol obuios in viis expilat, alius parietes perfodit.

Chre-

Chremylus. Alius fullonicam exercet.

Cario. Alius lauat pelles.

Chremylus. Alius coria macerat: alius vendit cepas.

Cario. Alius deprehensus in adulterio propter te vulsuram patitur.

Plutus. Hei me miserum! haec me dudum latuerant.

Cario. Magnus vero Rex nonne propter hunc superbit?

Chremylus. Concio nonne propter hunc agitur?

Cario. Quid? triremes nonne tu imples? dic mihi.

Chremylus. Conductum vero in Corintho exercitum nonne hic alit?

Cario. Pamphilus nonne propter hunc plorabit?

Chremylus. Nonne Belonopoles vna cum Pamphilo?

Cario. Nonne Agyrrhius propter hunc pedit?

Chremylus. Nonne Philepsius tui causa fabulas narrat?

Cario. Nonne propter te auxilia sunt Aegyptiis?

Chremylus. Nonne propter te Philonidem amat Lais?

Cario. Timothei autem turris —

Chremylus. Ea quidem te obruat. Nonne omnia negotia propter te geruntur? Solus enim omnino tu omnium es causa, et malorum et bonorum: hoc probe scias ita esse.

Cario. Itaque et in bellis superiores identidem sunt super quibus iste sessitauerit solus.

Plutus. Egone tanta possum solus efficere?

Chre-

ARISTOPHANIS.

Chremylus. Et iftis hercle multo plura. Ideo nec plenus tui quisquam eft factus vnquam. Nam aliarum rerum eft omnium fatietas: amoris.

Cario. Panum.
Chremylus. Muficae.
Cario. Bellariorum.
Chremylus. Honoris.
Cario. Placentarum.
Chremylus. Virtutis.
Cario. Ficuum.
Chremylus. Ambitionis.
Cario. Pultis.
Chremylus. Imperi.
Cario. Lentis.

Chremylus. Tui autem plenus nemo vnquam fuit. Sed fi quis talenta lucratus fuerit tredecim, multo magis cupit fedecim lucrarier: quae fi confecerit, quadraginta volt, aut fibi vitalem vitam effe negat.

Plutus. Recte quidem mihi videmini dicere omnino: fed de vno tantum follicitus fum.

Chremylus. Qua de re? memora.

Plutus. Quo pacto ego potentiae huius, quam vos dicitis habere me, compos fiam.

Chremylus. Enimuero hercle haud temerarium eft, quod dicant omnes, rem plenam timoris effe diuitias.

Plutus. Minume vero: fed me calumniatus eft parietum perfoffor quispiam. Quum enim aliquando irrepfiffet in domum, nihil potuit illinc auferre, occlufis omnibus repertis: tunc prouidentiam meam nominavit timiditatem.

Q *Chre-*

Chremylus. Ne iam tibi curae fit quioquam: nam fi eris prompto et parato animo ad res agendas, faxo, vt cernas acutius Lynceo.

Plutus. Quomodo igitur poteris hoc efficere, mortalis quum fis?

Chremylus. Spem aliquam bonam foueo ex illis, quae mihi dixit Phoebus ipfe, Pythicam quatiens laurum.

Plutus. Ergone ille etiam horum eft confcius?

Chremylus. Ita inquam.

Plutus: Videte —

Chremylus. Liquido es et tranquillo animo, o bone: ego enim, fcias hoc velim, tametli me neceffe fit mortem oppetere, ipfe haec efficiam.

Cario. Et, fi voles, ego etiam.

Chremylus. Multi autem erunt et alii nobis adiutores, quibus, vtpote iuftis viris, non eft, vnde vitam fuftentent.

Plutus. Papae! Miferos vtique praediens nobis adiutores.

Chremylus. Non. Si modo ditefcant denuo. Sed tu curriculo curre.

Cario. Quid faciam? dic.

Chremylus. Socios noftros agricolas arceffe (*forte autem inuenies in agris eos cum aerumnis conflictantes*) vt quilibet huc veniens, aequalem nobiscum accipiat huius Pluti partem.

Cario. Iam eo: fed carnis hoc fruftum e domo aliquis capiat, et intro ferat.

Chremylus. Mihi erit curae: fed perge currere. Tu vero, Plute, deorum omnium praeftantiffume, intro

tro mecum huc ingredere: domus enim haec est, quam te diuitiis oportet hodie implere, quo iure, qua iniuria.

Plutus. At aegre admodum fero, deos teslor, quod mihi identidem in domum alienam ingrediundum sit. Quippe nihil inde boni mihi obtigit vnquam. Si enim ad parcum forte ingressus fuero, continuo me defodit in ima terra: tum si quis accedat probus homo et amicus rogatum, vt sibi commodet pauxillum pecuniae, negat se vidisse me vnquam. Sin ad insanum et prodigum hominem intrauero, scortis et aleis obiectus, nudus domo excido, cis breuissimum tempus.

Chremylus. Non enim in hominem moderatum incidisti vnquam, qualis fere sum ego semper; nam et parsimonia delector, vt nemo alius; et rursus, si quando vsus veniat, sumtibus. Sed ingrediamur: nam volo, vt te videat vxor mea, et gratus vnicus, quem ego post te amo maxume.

Plutus. Credo.

Chremylus. Cur enim tibi quispiam veritatem non dicat?

ACT. II.
SCEN. I.

Cario. O qui saepe iam cum hero meo commune allium edistis, amici viri, et populares, laborisque amantes, ite, properate, festinate: nam tempus non est cunctandi, sed est in ipso articulo, quo oportet vos opem ferre.

Chorus. Nonne vides nos iam dudum properantes alacriter, vt par est viros imbecillos, et iam senes? at tu forte aequum censes, me currere, priusquam istuc dicas mihi, qua gratia herus tuus arcessiuerit nos.

Cario.

Cario. Nonne iam dudum tibi dico? Ipse vero non audis. Herus enim meus dicit vos iucunde omnes victuros, frigida ista et dura viuendi ratione solutos.

Chorus. Quaenam vero res est illa, aut vnde, quam ille narrat?

Cario. Aduenit huc habens secum senem quendam, o miseri, squalidum, incuruum, aerumnosum, rugosum, caluum, edentulum, et hercle etiam arbitror, verpum eum esse.

Chorus. O, qui aureum nuntium adportas, quid ais? itera dum ista mihi: significas enim, eum cum aceruo pecuniarum aduenire.

Cario. Immo cum aceruo senilium malorum.

Chorus. Num putas, si nos deluseris, id te impune laturum, me praesertim baculum habente?

Cario. Prorsusne vero hominem ingenio me putatis adeo versuto esse, nec vnquam arbitramini, me sani quicquam dicere?

Chorus. Quam seuerus est perditissimus ille; at tibiae tuae clamant, *Iu, iu,* choenices et compedes desiderantes.

Cario. Quum iam sorte ducta littera ius in loculo dicturus sis, quid ire cessas? Charon vero tibi symbolum dat.

Chorus. Disrumparis; vt molestus es, et ingenio versipelli, qui deludis nos, et nondum dicere sustinuisti, cuius rei causa nos herus tuus vocauerit huc; qui multis laboribus exerciti, quamuis non esset otium, strenue huc aduenimus, permultas alliorum radices transeuntes.

Cario. Sed non celabo amplius: venit enim, o amici, Plutum adducens herus: qui vos diuites faciet.

Chorus.

Chorus. An reuerâ dinitibus effe nobis licet omnibus?

Cario. Ita hercle: et quidem Midas faciet, ſi aures aſininas ſumatis.

Chorus. Vt laetor, vt delector, vt cupio tripudiare prae gaudio; ſiquidem tu haec re ipſa vera praedicas.

Cario. At ego volo, *threttanelo*, Cyclopem imitans, et hoc modo pedibus impellens vos agere. Sed eia, filioli clamitantes, et cum balatu edentes ouicularum caprarumque olentium carmina, ſequimini arrectiſque veretris, inſtar hircorum laſciuite.

Chorus. Nos autem conabimur, *threttanelo*, Cyclopem te, vbi balantes inuenerimus ſordibus inquinatum, peram habentem et olera agreſtia, vino grauem, ducentem ouiculas, temere alicubi ſomno oppreſſum, excoecare, ſumta ingenti et praeuſta ſude.

Cario. At ego Circam illam, quae medicamina miſcet, quae ſodalibus Philonidis aliquando Corinthi perſuaſit, vt tanquam porci ſubactam merdam comederent, quam ipſa ſubegerat illis, imitabor omnibus modis: vos autem prae gaudio grunnientes, ſequimini matrem porcelli.

Chorus. Nos itaque te Circam, miſcentem medicamina, et pſſuciis ſublinentem atque contaminantem ſocios, comprehendentes, prae gaudio Laërtis filium imitantes, a teſticulis ſuſpendemus; ſtercoreque tibi oblinemus, tanquam hirco, nares: tu vero, vt Ariſtyllus, ore hiante lambens, dices: *ſequimini matrem porcelli*.

Cario. Sed ohe; omiſſis iam cavillationibus, ad aliud cantici genus convertimini. Ego autem domum ingreſſus, clam hero meo volo ſumere nonnihil panis et carnis; atque vbi manducauero, ſic poſtea opus obire.

Chorus. Deeſt cantiuncula chori.

ACT.

ACT. II.
SCEN. II.

CHREMYLVS, CHORVS, BLEPSIDEMVS, PAVPERTAS.

Chremylus. Si faluos vos eſſe iubeam, o populares, ea iam antiqua eſt et obſoleta compellatio: itaque amanter vos complector, quod veniſtis prompte et contente, nec focorditer. Facile autem vt etiam in caeteris rebus mihi adiutores adſitis, ſimulque veri huius dei ſeruatores.

Chorus. Confide: namque videbor tibi prorſus Martium quiddam intueri. Eſſet enim abſurdum, ſi propter tres quidem obolos identidem in concione alii alios trudimus et impellimus, ipſum autem Plutum pateretur a quoquam mihi eripi.

Chremylus. Atqui video etiam Blepſidemum huncce accedentem. Satis adparet ex inceſſu eius et feſtinatione, eum aliquid harum rerum inaudiuiſſe.

ACT. II.
SCEN. III.

Blepſidemus. Quid hoc rei ſit? Vnde et quomodo Chremylus diues factus ſit repente? Non credo. Tametſi me hercle ſermones multi ferebantur hominum in tonſtrinis deſidentium, eum repente factum eſſe diuitem. Eſt autem quum hoc ipſum mirandum, tum quod, proſpera vtens fortuna, amicos arceſſit. Non ſane facit hoc pro recepto hic more.

Chremylus. Sed nihil celando, ita me Dii ament, dicam, o Blepſideme. Melius quam heri nobiscum

nunc

nunc agitur: adeoque participem te fieri bonorum, nihil prohibet; es enim vnus ex amicis.

Blepfidemus. Verene es factus, vti praedicant, diues?

Chremylus. Fiam equidem adutum, si Deus volet: inest, inest eniui periculum, quidpiam in hoc negotio.

Blepfidemus. Quale?

Chremylus. Rogas?

Blepfidemus. Dic cito, quod dicere vis.

Chremylus. Vt, si rem istam ex sententia geramus, simus perpetuo fortunati: sin aliquid fuerit offensum, vt funditus pereamus.

Blepfidemus. Mala merce mihi videris onustus; nec mihi istuc placet. Nam subito sic ditari nimis, et rursus in metu esse, hominis est, qui nihil boni patrauit.

Chremylus. Quemadmodum nihil boni?

Blepfidemus. Si nimirum quidpiam furatus inde venis, aut argentum, aut aurum ab Apolline, et nunc forte facti te poenitet.

Chremylus. Pro averrunce Apollo! Haud equidem hercle.

Blepfidemus. Desine nugari, o bone; noui enim clare.

Chremylus. Noli tu quicquam tale de me suspicari.

Blepfidemus. Heu! quam nihil omnino sani est apud quemquam! verum omnes ad vnum seruiunt lucro.

Chremylus. Per Cererem, haud sana mente mihi esse videris.

Blepfidemus. Quam multum recessit a pristinis moribus.

Chremylus. Mi homo, te certe atra bilis agitat.

Blepsidemus. At neque voltu est satis composito et quieto; sed et is indicio est, eum aliquid mali perpetrasse.

Chremylus. Tu quidem quid blateres, noni: nempe, quasi ego quidpiam suratus fuerim, cupis particeps fieri.

Blepsidemus. Particeps fieri cupio? cuiusnam?

Chremylus. At non ita se res haec habet: sed aliter longe.

Blepsidemus. Num vi aliquid, non furto, abstulisti?

Chremylus. Laruae et intemperiae te agitant.

Blepsidemus. At vero nec cuiquam damnum fecisti?

Chremylus. Non certe ego.

Blepsidemus. O Hercules! age, quonam igitur quis se vertat? nam verum non vis fateri.

Chremylus. Accusas enim, priusquam rem cognoveris.

Blepsidemus. O amice, hoc tibi negotium exiguo admodum sumtu volo expedire, priusquam audiant ista ciues, os oratorum nummis obturans.

Chremylus. Et quidem hercle, vt mihi viderie, tribus hanc in rem impensis minis, familiariter mihi duodecim imputares.

Blepsidemus. Video non neminem, qui ad tribunal sedebit, et supplex olluae ramum protendet, cum liberis et vxore; qui prorsus non differet quicquam ab Heraclidis Pamphili.

Chremylus. Apage istaec, insane: solos enim probos, et lepidos, et modestos mox diuites reddam.

Blepsidemus. Quid ais? adeone multa furatus es?

Chremylus. Vah! tu istis, commemorandis malis me perdes.

Ble-

Blepsidemus. Tu quidem te ipsum, vt mihi videris.
Chremylus. Non equidem; quoniam Plutum, o stulte, habeo.
Blepsidemus. Tu Plutum? quemnam?
Chremylus. Ipsum Deum.
Blepsidemus. Et vbinam est?
Chremylus. Intus.
Blepsidemus. Vbi?
Chremylus. Apud me.
Blepsidemus. Apud te.
Chremylus. Omnino.
Blepsidemus. Nonne in malam rem abibis? Plutus apud te?
Chremylus. Ita inquam, per Deos adiuro.
Blepsidemus. Verane dicis?
Chremylus. Aio.
Blepsidemus. Per Vestam obsecro.
Chremylus. Testor Neptunum.
Blepsidemus. Marinumne dicis?
Chremylus. Si alius est quispiam Neptunus, alium etiam illum.
Blepsidemus. Itane ad nos amicos tuos non transmittes eum?
Chremylus. Res nondum in eo est.
Blepsidemus. Quid ais? non in eo, vt nos participes facias?
Chremylus. Non hercle: oportet enim prius —

Blepsidemus. Quid?

Chremylus. Curare nos, vt videat —

Blepsidemus. Quisnam videat? cedo.

Chremylus. Plutus, vt antehac, quouis tandem pacto?

Blepsidemus. Esíne enim reuera coecus?

Chremylus. Ita: coelum testor.

Blepsidemus. Non temere ergo factum, quod ad me nunquam venerit.

Chremylus. At iam porro veniet, si Dii voluerint.

Blepsidemus. Annon medicum oportuit introducere aliquem?

Chremylus. Quis vero medicus est nunc in vrbe? nam et merces nihili est, et ars.

Blepsidemus. Videamus tamen.

Chremylus. At nullus est.

Blepsidemus. Neque mihi videtur.

Chremylus. Non hercle. Verum, quod dudum meditabar ego, optimum est, si illum in Aesculapii fano incubare faciamus.

Blepsidemus. Multo quidem certe, ita me Dii ament. Ne igitur cunctare; sed da operam, vt perficias aliquid.

Chremylus. Atqui iam vado.

Blepsidemus. Festina igitur.

Chremylus. Hoc ipsum facio.

ARISTOPHANIS.

ACT. II.
SCEN. IV.

Paupertas. O qui facinus audax, et impium et nefarium facere fustinetis, homunculi miseri! Quo? quo? Quid fugitis? nonne resistetis.

Blepsidemus. Hercules, te inuoco.

Paupertas. Ego enim vos perdam malos male: facinus enim audetis non tolerabile, sed quale nemo alius vnquam est ausus, neque deus, neque homo: adeoque periistis.

Chremylus. Tu vero, quaenam es? pallida namque mihi videris esse.

Blepsidemus. Fortasse Erynnis est ex Tragoedia: et quidem furibundum quid et tragicum intuetur.

Chremylus. At vero faces non habet.

Blepsidemus. Plorabit igitur.

Paupertas. Quam vero putatis me esse?

Chremylus. Cauponam, aut ouorum venditricem, non enim tanto clamore nos adorta esses, nulla prouocata iniuria.

Paupertas. Itane? annon vero grauissima perpetrastis, qui me cogitatis ex omnibus locis eiicere?

Chremylus. Nonue superest tibi barathrum? sed quaenam sis, quidni statim dicis?

Paupertas. Quae efficiam hodie, vt detis poenas pro eo, quod me quaeritis hinc penitus exstirpare.

Blepsidemus. Numquid est caupona ista ex vicinia, quae iniqua cotylarum suarum mensura semper me fraudat?

Pau-

Paupertas. Equidem Paupertas ego sum, quae vobiscum habito a multis annis.

Blepsidemus (aufugiens, audito paupertatis nomine) O rex Apollo, diique, quo quis fugiat?

Chremylus. Heus tu, quid agis? o timidissimum animal! nonne manebis?

Blepsidemus. Minume omnium.

Chremylus. Non manebis? sed viri duo feminam fugimus vnam?

Blepsidemus. Paupertas enim est, o miser, qua nusquam vlla nata est bellua pestilentior.

Chremylus. Sta, obsecro, sta.

Blepsidemus. Non ego certe.

Chremylus. Atqui, tibi dico, scelus multo pessumum omnium scelerum admittimus, si deum solum relinquentes aliquorsum fugerimus, huiusce metu, neque depugnauerimus.

Blepsidemus. Quibus armis, aut qua potentia freti? Quam enim loricam, quem clypeum impurissima haec pignori non opponit?

Chremylus. Bono animo es: scio enim Deum illum solum facile hanc profligaturum.

Paupertas. Etiamne vos mutire audetis, o piacula, quum manifeste in flagitio pessumo deprehensi sitis?

Chremylus. Tu vero perditissuma, quid conuiciis incessis nos, ne tantillum quidem iniuriae passa?

Paupertas. Nullane, quaeso, putatis vos me iniuria adficere, qui Plutum facere conamini oculatum denuo?

Chr.

Chremylus. Quid vero? iniuriine in te sumus, si vniuersis hominibus bona praebemus?

Paupertas. At quid vos boni excogitare possitis?

Chremylus. Quid? Primum dum si te eiiciamus e Graecia.

Paupertas. Si me eiiciatis? et quonam putatis vos malo maiore mactaturos homines?

Chremylus. Quonam? Si nimirum huius incepti obliuiscamur.

Paupertas. Atqui primum ipsa volo vobis de hac re rationem reddere. Et si ostendero, solam me vobis omnium esse bonorum causam, meoque beneficio vos viuere, recte est: sin minus, facite iam, quodcunque vobis videbitur.

Chremylus. Hoccine tu audes, impurissima, dicere?

Paupertas. Patere modo te doceri: nam perquam facile arbitror, me ostensuram, te tota via errare, si iustos te ais ditaturum.

Chremylus. O fustes et nerui, nonne opem feretis?

Paupertas. Ne quiritare, neue exclama, priusquam rem intellegas.

Blepsidemus. Ecquis vero possit non exclamare, Iu, iu, talia audiens?

Paupertas. Qui mente est integra.

Chremylus. Quam ego multam tibi irrogabo, si causa cecideris?

Paupertas. Quaecunque tibi videbitur.

Chremylus. Recte autumas.

Pau-

Paupertas. Idem enim, fi vincamini, vobis patiundum erit.

Blepfidemus. Putasne fufficere mortes viginti?

Chremylus. Huic quidem: at nobis duae fufficient folae.

Paupertas. Effugere non poteritis, quin hoc patiamini: aut quid poffit habere aliquis, quod mihi iure opponat?

ACT. II.
SCEN. V.

Chorus. Sed iam oportet vos argutum quidpiam proferre, quo vincatis hancce, adlatis rationibus ei contradicentes: nihil vero molliter et remiffe agatis.

Chremylus. Ego me arbitror cognouiffe, iftuc omnibus ex aequo effe in promtu, nimirum iuftum effe, vt bonis hominibus bene fit; malis autem et impiis contra. Hoc quum nos cuperemus, vix tandem inuenimus, quo id effectum daremus, confilium pulchrum et generofum, et per omnia vtile. Si enim Plutus nunc cernat, neque coecus obambulet, ad bonos homines ibit, et eos non deferet: malos autem et impios fugitabit: atque fic deinde efficiet, vt omnes fiant boni et diuites, rerumque diuinarum obferuantes. Atqui quod hominibus melius fit illoc ipfo, quis inuenire poffit?

Blepfidemus. Nemo. Ego tibi huius rei teftis ero: ne hanc interroges.

Chremylus. Vt enim nunc humana vita comparata eft, quis non putabit infaniam effe, vel potius furorem? Plurimi enim hominum, licet fint mali, opibus abun-

abundant, quas iniuste collegerunt: Plurimi autem, quamuis probi admodum, inopia et fame laborant, et tecum maxumam aetatis partem degunt. Aio itaque, si Plutus cernat aliquando, esse aliam, quae his rebus finem imponat, viam, quam si ingrediatur ille, maiora bona hominibus praebeat.

Paupertas. At O qui omnium facillume hominum adducti estis, vt insaniretis, duo vetuli, in delirando et allucinando socii, si hoc fiat, quod vos cupitis, nego id vobis profuturum esse. Si enim Plutus de integro cernat, distribuatque aequaliter sese, nec artem vllam, nec scientiam quisquam hominum colet. Ambabus autem istis sublatis, quis volet ferrum cudere, aut naues compingere, aut vestes confuere, aut rotas facere, aut coria secare, aut lateres coquere, aut vestimenta polire, aut coria macerare, aut, aratris proscisso terrae solo, Cereris fruges metere, si otiosis esse licebit vobis, ista omnia negligentibus?

Chremylus. Nugaris. Nam ista omnia nobis, quaecunque modo enumerasti, famuli perficient.

Paupertas. Vnde igitur habebis famulos?

Chremylus. Ememus scilicet pecunia.

Paupertas. At primo quis erit, qui vendat, quando pecuniam et ille habebit?

Chremylus. Lucri cupidus mercator quispiam e Thessalia veniens, a plurimis plagiariis.

Paupertas. At primo nec plagiarius erit vllus, iuxta illam nempe, quam dicis, rationem. Quis enim diues volet, istuc faciens, discrimen adire vitae? Itaque ipse arare coactus et fodere, et alia opera facere, multo aerumnosius teres aetatem, quam nunc.

Chremylus. In caput tuum vertat!

Pau-

Paupertas. Praeterea non poteris aut in sponda dormire; non enim erit: aut in tapetibus; quis enim texere volet, cui aurum suppetat? Neque vnguentis inungere poteritis sponsam, quando eam ducitis domum, nec eam ornare sumtuosis vestibus ostro perfusis et acu pictis. Atqui ditescere quid iuuat istis omnibus egentes? Apud me autem ea omnia in promtu sunt, quibus indigetis. Ego enim tamquam domina adsideo, cogens opificem, vt propter egestatem et penuriam quaerat, vnde victum habeat.

Chremylus. Tune vero praebere quicquam boni possis, praeter pustulas e balneo, et puerulorum esurientium anicularumque turbas, numerumque pediculorum et culicum et pulicum, nec dico quantum prae multitudine? qui molesto circa caput stridore expergefaciunt, canentes, *esuries, sed surge.* Praeterea vt habeant pro veste pannos, pro lecto stramentum e iuncis, culicibus plenum, quod dormientes excitat: et stoream vt habeant pro tapete putridam, pro puluino lapidem praegrandem sub capite: et vt pro pane comedant maluae germina: pro pulte folia exilium raphanorum: vtque habeant pro scamno fracti vrcei operculum: pro mactra dolioli latus, idque etiam rimosum. Nunquid multorum bonorum te omnibus hominibus ostendo esse causam?

Paupertas. Tu quidem meam vitam non memorasti: illam autem mendicorum exagitasti.

Chremylus. Atqui mendicitatis paupertatem dicimus esse sororem.

Paupertas. Vos quidem, qui etiam Thrasybulo Dionysium similem esse dicitis. Verum mea vita nihil tale experta est; nihil hercle, neque experietur.

Men-

Mendici enim vita, quam tu dicis, est, vivere nihil habentem: pauperis autem, viuere parce, laboribus addictum: nihil quidem ei superesse, verum etiam nihil deesse.

Chremylus. Pro Ceres! quam beatae memoriae vitam eius narras! si parcendo et laborando tantum non relinquat, vnde sepeliri possit.

Paupertas. Deridere incipis et cauillari, posthabitis seriis: ignorans me homines meliores reddere, quam Plutus, et ingenio et specie. Nam apud hunc podagrosi, ventriosi, et crassi suras, pinguesque sunt supra modum: apud me autem tenues et graciles, hostibusque formidabiles.

Chremylus. Forsan enim a fame hanc ipsis gracilitatem praestas.

Paupertas. De temperantia iam disseram vobis, et demonstrabo, mecum esse modestiam, Pluti autem esse, iniurias inferre.

Chremylus. Sane itaque furari modestum est, et parietes perfodere.

Blepsidemus. Ita hercle: siquidem latere haec facientem oportet, quidni modestum est?

Paupertas. Adspice modo oratores in vrbibus, vt se, quam diu sunt pauperes, populo et reipublicae iustos praestant, at e publicis pecuniis ditati, mox iniusti fiunt, et insidiantur plebi, popularisque status fiunt hostes.

Chremylus. At non mentiris horum quicquam, licet sis valde maledica. Verum tamen nihilominus plorabis, ne propterea superbias, quoniam sudes nobis persuadere, meliorem esse paupertatem diuitiis.

R *Pau-*

Paupertas. Tu vero refutare me nondum potes in ista re, sed nugaris, et fruſtra ſtrepis.

Chremylus. Qui fit ergo, vt te omnes fugitent?

Paupertas. Quia meliores eos reddo. Contemplari licet hoc maxume in pueris: etenim illi patres fugitant, qui bene cupiunt ipſis: adeo difficile eſt dignoſcere, id quod iuſtum eſt.

Chremylus. Dices itaque Iouem non ſatis dignoſcere, quod ſit optumum: nam et ille diuitias habet.

Blepſidemus. Hanc autem ad nos ablegat.

Paupertas. At ô qui mentem lippientem habetis Saturniis gramiis, Iupiter inops eſt vtique; idque iam clare te docebo. Si enim diues eſſet, quomodo inſtituens ipſe Olympiacum certamen, vbi Graecos vniuerſos quinto quoque anno congregat, proclamaret victores athletas, coronatos oleaſtri ramo? atqui auro potius oportebat, ſi eſſet diues.

Chremylus. Hoc ipſo ergo oſtendit ille, ſe magni facere diuitias. Dum enim parcit, et nihil earum volt erogari, dumque rebus nihili victores coronat, diuitias ſibi ſeruat.

Paupertas. Rem ei multo turpiorem, quam eſt inopia, ſtudes adfingere, ſi, diues quum ſit, adeo eſt ſordidus et lucri cupidus.

Chremylus. Sed te Iupiter perdat oleaſtro prius redimitam.

Paupertas. Vosne mihi auſos contradicere, quaſi non omnia vobis bona eueniant propter paupertatem!

Chre-

Chremylus. Ex Hecata hoc quaerere licet, an ditescere, an vero esurire sit melius. Dicit enim eos, qui abundant opibus, coenam sibi singulis mensibus adpositum venire, eam vero pauperes homines rapere, priusquam adposita sit. Sed perieris, et ne mutias quicquam amplius. Non enim persuadebis, tametsi persuadeas.

Paupertas. O ciues Argiui, audite qualia dicat.

Chremylus. Pausonem inuoca commensalem tuum.

Paupertas. Quid agam misera?

Chremylus. In maxumam malam crucem abi ocius a nobis.

Paupertas. Quorsum autem eam?

Chremylus. In necuum ito: ne cessa, sed propera.

Paupertas. Atqui vos me aliquando huc arcessetis.

Chremylus. Tum redibis: nunc vero te auser. Melius est enim, vt ego ditescam: tuo autem capiti male sit.

Blepsidemus. Equidem, hercle, volo diues factus conuiuari cum liberis meis et vxore; et lotus atque nitidus procedens e balneo, opificibus et paupertati oppedere.

ACT. II.
SCEN. VI.

Chremylus. Nobis quidem abiit perdita ista; ego vero et tu Deum quam citissume ducamus in Aesculapi fanum, vt illic incubet.

Ble-

Blepsidemus. Ne vero cessemus, ne rursus aliquis accedens impedimento sit, quo minus faciamus, quod ad rem pertineat.

Chremylus. Heus Cario famule, stragula efferre oportet, ipsumque Deum ducere, vt moris est, caeteraque simul, quae intus parata sunt.

Chorus. Deest chori canticum.

ACT. III.
SCEN. I.

CARIO, CHORVS, MVLIER, PLVTVS, CHREMYLVS.

Cario. O qui saepe Theseis tenuiter epulati estis, senes, pane admodum modico, quam nunc estis fortunati, quam beata est sors vestra, caeterique omnes, qui probis estis moribus!

Chorus. Quid est, optume tuorum sodalium? Videris enim aduenire nuntius alicuius boni.

Cario. Herus meus factus est fortunatissimus vel potius ipse Plutus: nam ex coeco factus est oculatissimus, habetque nitentes pupillas, Aesculapio vsus medico propitio.

Chorus. Nuntias mihi, quod gaudeam, nuntias mihi, quod exclamem.

Cario. Licet iam laetari, velitis, nolitis.

Chorus. Alta voce laudabo optumi patris filium, et ingens illud mortalibus iubar, Aesculapium.

ACT. III.
SCEN. II.

Mulier. Quisnam iste clamor est? Nuntiabitne aliquid boni? hoc enim cupiens ego dudum intus desideo, hunc opperiens.

Cario. Cito, cito affer vinum, hera, vt et ipsa bibas. Lubens enim oppido hoc facis. Nam omnia bona vno quasi fasce comprehensa tibi fero.

Mulier. Vbi ergo sunt?

Cario. Ex illis, quae dicam, cognosces illico.

Mulier. Age igitur, expedi, quidquid dicis tandem.

Cario. Ausculta igitur: nam ego rem omnem a calce vsque in caput tibi dimensam dabo.

Mulier. Ne, quaeso, in caput mihi.

Cario. Annon bona ea, quae modo euenerunt?

Mulier. Non res ipsas inquam.

Cario. Etenim quum extemplo peruenimus ad Deum, virum ducentes, tunc quidem miserrumum, at nunc felicem ac beatum, si quisquam alius, primum quidem ipsum ad mare deduximus, deinde abluimus.

Mulier. Edepol nae ille beatus erat: homo senex, frigido lotus mari.

Cario. Deinde ad delubrum Dei concessimus. Postquam autem in ara placentae et liba consecrata fuere flamma Vulcani, reclinauimus Plutum, vti par erat: nostrûm autem vnusquisque torum sibi consarcinauit.

Mulier. Aderantne alii etiam, opem Dei desiderantes?

Cario. Vnus quidem Neoclides, qui coecus quidem est, at iurando facile videntes superat; aliique
multi, omnis generis morbis impliciti. Postquam autem lucernis exstinctis nos iussit dormire Dei minister,
edixitque, vt, si quis sonitum sentiret, taceret, omnes
placide decubuimus. Ego autem dormire non poteram, sed me pultis olla quaedam percellebat, posita
non procul a capite aniculae cuiusdam, ad quam misere cupiebam adrepere. Deinde suspiciens video sacerdotem liba rapere et caricas de sacra mensa. Post
illa circumibat aras omnes ordine, sicubi aliquod pa-
nificium esset relictum: deinde haec sacro ritu conde-
bat in sacculum aliquem. Ego autem existumans, iam
omnino fas esse talia facere, ad ollam illam pultis
erigor.

Mulier. Sceleſtiſſume hominum! non verebaris
Deum?

Cario. Immo equidem hercle, ne prius ad ollam
accederet cum suis corollis; nam sacerdos eius mihi
documento fuerat. Anicula vero, quum iam strepitum meum sentiret, manu ollam subtrahere conata est:
ego autem, sibilo edito, mordicus eam adripui, non
secus ac si Parias anguis fuissem: illa vero exemplo
manum retraxit, iacuitque quiete, stragulis inuoluta,
prae metu visiens acerbius mustela. At ego tunc bonam partem pultis absorbui: post impletus requieui.

Mulier. Deus vero ad vos non accesserat?

Cario. Nondum. Posthaec etiam ridiculum quiddam feci: nam accedente ipso vehementer admodum
pepedi: nam venter meus inflatus erat.

Mu-

Mulier. Mirum, ni illi nauseam moueris.

Cario. Minume: verum Iaso quaedam, quae ipsum sequebatur, erubuit: et Panacea sese auertit, naribus compressis: nam thus ego non pedo.

Mulier. Ipse autem Deus?

Cario. Ne id quidem hercle curauit.

Mulier. Vtique inurbanum hunc Deum esse dicis.

Cario. Neutiquam hercle: sed merdiuorum.

Mulier. Hem scelus!

Cario. Post illa me ipse etiam extemplo cooperui, timens: ille autem iuit circumcirca, morbos inspiciens omnes recte admodum atque ordine: deinde puer ei lapideum mortariolum adposuit, et pistillum et capsulam.

Mulier. Lapideam?

Cario. Non hercle inquam, non ipsam capsulam.

Mulier. At vero quomodo videbas, o ter venefice, qui te coopertum fuisse dicis?

Cario. Per palliolum: pol enim foramina habebat non pauca. Primo itaque Neoclidi medicamentum ad illinendum coepit terere, iniectis alliorum Teniorum tribus capitibus: deinde contudit illa in mortario, admiscens gummi et scillam: his deinde aceto perfusis Spheltio, obleuit ei palpebras extrorsum versas, vt cruciaretur magis. At ille vociferans atque clamans fugit exsiliens: ipse autem Deus ridens dixit: *hic iam sede perlitus, vt mea opera desinas interesse concioni, possisque eam eiurare.*

Mulier. Quam amans reipublicae est ille Deus et sapiens!

Cario.

Cario. Poſthinc Pluto adſedit; et primo quidem caput attrectauit: deinde puro ſudario ſumto, palpebras circumabſterſit: Panacea vero obuelauit ei caput purpureo inuolucro, et faciem totam: deinde Deus ſibilauit, atque proſiluerunt illico e delubro ſerpentes duo immani magnitudine.

Mulier. Dii boni!

Cario. Iſti autem tacite purpureum inuolucrum ſubeuntes, palpebras circumlambebant, vt mihi quidem videbatur; et priusquam tu heminas vini decem ebiberes, Plutus, hera mea, ſurrexit videns. Ego autem plauſi prae gaudio, herumque excitaui. At Deus ſtatim ſe abſcondit, ipſique ſerpentes in delubrum. Qui autem iuxta ipſum cubabant, quantopere exiſtimas? Plutum amplexi ſunt, et tota nocte vigilarunt, vsque dum illuxit. Ego autem laudabam Deum maximopere, quod cito Plutum feciſſet videntem, Neoclidem vero magis feciſſet coecum.

Mulier. Quantam h bes potentiam, O rex Domine! ſed dic mihi, vbi eſt Plutus?

Cario. Venit. Verum circa eum erat immenſa hominum turba. Qui enim prius iuſti fuerant, victumque habuerant modicum, ipſum amplexabantur, ſalutabantque omnes gaudio perfuſi: quicunque autem fuerant diuites, opesque multas habuerant, et victum ſibi iniuſta ratione acquiſiuerant, ſupercilia contrahebant, vultumque prae ſe ferebant tetricum. Illi autem pone ſequebantur, fertis redimiti, ridentes, bona verba dicentes: Perſonabat autem calceus ſenum, in numerum compoſitis greſſibus euntium. Sed eia omnes pariter vno ordine ſaltate, tripudiate, choreas ducite: nemo enim vobis domum ingreſſis nuntiabit, farinam non ineſſe in ſacco.

Mu-

Mulier. Equidem, ita mihi Hecate propitia fit, volo coronare te, ob laetum nuntium, panum clibanitiorum serie, qui talia nunciaueris.

Cario. Ne ergo cunctare amplius: iam enim viri adsunt prope ostium.

Mulier. Age vero domum ingressa, afferam bellaria, tanquam in recens emtos oculos effundenda.

Cario. Ego autem obuiam procedere illis volo.

Chorus. Deest chori cantiuncula.

ACT. III.

SCEN. III.

Plutus. Et quidem primum saluto Solem, deinde almae Palladis inclytum solum, vniuersamque Cecropis regionem, quae me excepit. Pudet autem me miseriae meae. Mene cum istiusmodi hominibus inscium conuixisse! illos autem, qui digni erant meo consortio, fugitaui, omnium rerum ignarus, ego miser. Quam male vtrumque feci! Sed omnibus in contrarium conuersis, ostendam deinceps cunctis hominibus, quam inuitus me ipsum improbis tradiderim.

Chremylus. Facesse in malam rem. Quam molesti sunt amici, qui statim apparent protinus, quum quis prospera vtitur fortuna! Etenim fodicant, et tibias fricant, declarantes vnusquisque beneuolentiam quamdam. Nam quis me non salutauit? Quaenam me in foro non circumdedit senilis turba?

Mulier. Cariſſume vir, et tu, et tu ſaluete. Age nunc, moris enim eſt, bellaria iſta ſumam, et te iis perfundam.

Plutus. Nequaquam. Me enim primum, poſtquam viſum recepi, domum ingrediente, nihil efferre decet, ſed potius inferre.

Mulier. Itane non accipies bellaria haec?

Plutus. Intus quidem apud focum, vti mos eſt. Praeterea irriſionem ſic quoque vitabimus. Non enim decet poëtam caricas et bellaria ſpectatoribus proiicere, et iſtis eos ad riſum compellere.

Mulier. Recte prorſus autumas. Nam ecce Dexinicus iſte iam ſurrexit, tanquam arrepturus caricas.

Chorus. Deeſt canticum chori.

ACT. IV.

SCEN. I.

CARIO, VIR IVSTVS, CHREMYLVS, SYCOPHANTA, CHORVS.

Cario. Quam ſuaue eſt, o viri, rem feliciter gerere, praeſertim ſi nihil domo extuleris. Nobis enim bonorum aceruus in domum irruit, ſine vllo cuiusuis intertrimento. Panarium quidem plenum eſt alba farina: amphorae autem vino rubro fragranti: argento et auro omnia nobis vaſa efferta ſunt, adeo vt mirari ſubeat: puteus oleo plenus: ampullae vnguentis refertae: coenaculum caricis. Acetabula omnia, et patellae,

lae, et ollae aereae iam funt: fcutellas vero putidas, pifcarias illas argenteas iam videre eſt: mufcipula autem uobis repente facta eſt eburnea. At nos famuli ludimus par impar ſtateribus aureis: nates autem detergimus, non lapillis amplius, fed alliis, prae luxuria femper. Et nunc herus quidem meus immolat fuem et hircum et arietem coronatus: me autem exire compulit fomnus: nec enim poteram intus manere: nam palpebras mihi mordebat.

ACT. IV.
SCEN. II.

Iuſtus. Sequere me, puer, vt ad Deum eamus.

Chremylus. Eia, quis iſte eſt, qui huc accedit?

Iuſtus. Homo primus quidem mifer, nunc autem fortunatus.

Chremylus. Apparet e numero bonorum te eſſe.

Iuſtus. Maxume.

Chremylus. Quid ita vis tibi?

Iuſtus. Ad deum iſtum venio: nam is mihi magnorum bonorum auctor eſt. Ego enim quum facultates fatis amplas a patre mihi relictas accepiſſem, fubueniebam inopibus amicis, exiſtimans, hoc in vita eſſe vtile.

Chremylus. Mirum, ni te cito defecerit pecunia.

Iuſtus. Omnino.

Chremylus. Itaque poſtea mifer eras?

Iuſtus.

Iuſtus. Omnino. Et ego quidem arbitrabar, quibus antea benefeciſſem indigentibus, eos me habiturum amicos vere firmos, ſi quando egerem: illi autem me auerſabantur; et me videre ſe diſſimulabant.

Chremylus. Etiam deridebant te, ſat ſcio.

Iuſtus. Omnino. Squalor enim meae ſupellectilis me perdidit.

Chremylus. Sed iam non amplius.

Iuſtus. Ea propter ad Deum merito huc veni, vt eum adorem.

Chremylus. Sed quid detritum pallium facit ad Deum, quod fert puer hic, qui te comitatur? dic mihi.

Iuſtus. Et hoc dedicaturus ad Deum venio.

Chremylus. Num in hoc pallio initiatus es, maioribus myſteriis?

Iuſtus. Non: verum in eo alſi annos tredecim.

Chremylus. Calcei vero?

Iuſtus. Et iſti vna hibernum frigus tolerarunt.

Chremylus. Ergo iſtos etiam dedicandos attuliſti?

Iuſtus. Ita hercle.

Chremylus. Lepida ſane dona Deo ferens venis.

ACT.

ACT. IV.
SCEN. III.

Sycophanta. Hei infortunatus ego! quam penitus perii miser! O terque quaterque infortunatus, et quinquies, et duodecies, et decies millies. Iu, iu ita multiplici obrutus sum infortunio.

Chremylus. Apollo auerrunce et Dii seruatores! quid est, quod huic homini euenit mali?

Sycophanta. Annon vero intoleranda mihi nunc euenerunt mala? qui amisi omnia, quae domi habebam, per Deum hunc, qui futurus est coecus de integro, si modo iura non deficiant.

Iustus. Ego propemodum rem cognoscere me arbitror: accedit enim aliquis oppressus calamitate: videtur autem esse homo prauae notae.

Chremylus. Ita hercle. Recte ergo ei fit, quod periit.

Sycophanta. Vbi, vbi est iste, qui solus nos omnes opulentos extemplo se facturum pollicitus fuerat, si modo visum rursus reciperet? At ille multo potius perdidit nonnullos.

Chremylus. Et quemnam sic male adfecit?

Sycophanta. Me ipsum.

Chremylus. Num vnus ex improbis eras et parietum perfossoribus?

Sycophanta. Nihil hercle sane vobis ambobus inest, nec fieri potest, quin meam habeatis pecuniam.

Cario.

Cario. Pro magna Ceres! quam se ferocem intulit hic sycophanta! Apparet, eum fame vrgeri.

Sycophanta. Tu quidem mox cito ad forum ibis: ibi enim tormentis cogeris in rota confiteri tua scelera.

Cario At tu eiula.

Iustus. Ita me Iupiter seruator amet, vt magni faciendus est Graecis omnibus Deus ille, quod Sycophantas perditurus est malos male.

Sycophanta. Hei miser ego! num tu etiam huius furti particeps me derides? nam alioqui vnde accepisti vestimentum hocce? heri autem te vidi detrito amictum pallio.

Iustus. Nihil te moror. Gesto enim emtum drachma ab Eudamo annulum hunece.

Chremylus. Sed nullum reperias contra sycophantae morsum.

Sycophanta. Quid est, nisi hoc insignis contumelia est? Irridetis, at quid hic agatis, nondum dixistis. Etenim nulli bono hic estis.

Chremylus. Non tuo hercle: scias hoc velim.

Sycophanta. De meo enim edepol coenabitis.

Chremylus. Vt hoc verum est, ita tu cum tuo teste disrumparis, cibo nullo repletus.

Sycophanta. Negatis? Intus est, o impurissimi, magna vis piscium in frusta concisorum et carnium assatum. Vhu, vhu, vhu, vhu, vhu, vhu.

Chremylus. Odorarisne aliquid, scelus?

Iustus.

Iuſtus. Frigus fortaſſe, quia tam detrito amictus eſt pallio.

Sycophanta. Haeccine toleranda ſunt, o Iupiter, Diique ceteri! mene ab iſtis ſic ludibrio haberi! Hen, quam crucior, quod vir bonus et patriae amans haec mala ſuffero!

Chremylus. Tune patriae amans et vir bonus?

Sycophanta. Vt nemo alius.

Chremylus. Atqui reſponde mihi, quod te interrogabo.

Sycophanta. Quidnam?

Chremylus. Esne agricola?

Sycophanta. Tu me adeo inſanire putas?

Chremylus. Sed mercator?

Sycophanta. Sane me eum eſſe ſimulo, ſi quando vſus venit.

Chremylus. Quid ergo? num artem aliquam addidiciſti?

Sycophanta. Non hercle.

Chremylus. Quomodo igitur victitabas, aut vnde, quum nihil ageres?

Sycophanta. Publica negotia procuro et priuata omnia.

Chremylus. Tune? qua impulſus cauſa?

Sycophanta. Sic lubet.

Chremylus. Quomodo igitur tu ſis vir bonus, o parietum perfoſſor, ſi in iis, quae nihil ad te adtinent, odium tibi concilias?

Syco-

Sycophanta. Itane vero ad me non adtinet de mea mihi patria me bene mereri pro meis viribus, o satue?

Chremylus. Bene mereri de patria eſne aliena curare?

Sycophanta. Eſt ſane legibus ſuccurrere, quae poſitae fuerint, et non permittere, ſi quis peccet.

Chremylus. Annon vero data opera ciuitas indices conſtituit, qui his praeſint?

Sycophanta. At quis nomina defert?

Chremylus. Qui volt.

Sycophanta. Atqui is ego ſum: proinde in me recidunt ciuitatis negotia.

Chremylus. Improbum igitur hercle praeſidem habet. At nonne malles tranquillitate perfruens in otio viuere?

Sycophanta. At tu pecudis vitam commemoras, ſi nullum erit ſtudium, in quo aetatem teras.

Chremylus. Nec meliora te doceri ſineres?

Sycophanta. Non, ſi mihi dares Plutum ipſum et Batti ſilphium.

Chremylus. Depone ocius veſtem.

Cario. Heus tu, tibi dicit.

Chremylus. Deinde calceos exue.

Cario. Omnia haec tibi dicit.

Sycophanta. Quin age, accedat aliquis veſtrum huc ad me, ſi quis volt.

Cario. Atqui is ſum ego.

Sycophanta. Hei miſer! Interdiu veſtibus ſpolior.

Cario.

Cario. Tu enim vis, aliena negotia curans, cibum habere.

Sycophanta (ad testem). Viden' tu, quae facit? Horum te testem voco.

Chremylus. Sed in pedes se coniecit, quem adduxti testem.

Sycophanta. Vae mihi! solus ab istis circumclusus sum.

Cario. Nunc clamitas?

Sycophanta. Vae iterum mihi!

Cario. Da tu mihi detritum istud pallium, quo amiciam sycophantam huncce.

Iustus. Minume vero: nam Pluto consecratum est dudum.

Cario. Vbinam ergo melius dedicabitur, quam si homini nequam et parietum perfossori iniiciatur? At Plutum ornari decoris vestimentis par est.

Iustus. Calceis autem istis quid faciemus? dic mihi.

Cario. Et istos adhrtum ad frontem, tanquam ad oleastrum, clauis adsigam huic.

Sycophanta. Abibo: nam sentio me multo inferiorem esse vobis. Si vero socium mihi adsciuero quempiam, tametsi ficulneum, potens iste Deus vt mihi poenas det, faxo hodie! quandoquidem solus et vnus tollit manifesto popularem statum, re nec in senatu, nec apud populum deliberata.

Iustus. Tu vero, quoniam armatura mea instructus incedis, age in balneum curre: Deinde ibi primam statiuem obtinens te calefacies: nam et eandem ego olim tenui.

S   *Chre-*

Chremylus. Sed balneator protrahat eum foras prehensum testiculis: nam, vbi eum viderit, animadvertet ipsum esse ex sequioris notae hominibus. At nos ingrediamur, vt adores Deum.

Chorus. Deest chori canticum.

ACT. IV.
SCEN. IV.

ANVS, CHORVS, CHREMYLVS, ADOLESCENS.

Anus. Anne, optimi senes, ad domum noui istius Dei vere peruenimus, aut tota via aberrauimus?

Chorus. At scito ad ipsum te peruenisse ostium, adolescentula: nam lepide sciscitaris.

Anus. Age ergo, familiarium quempiam euocabo foras.

Chremylus. Ne faxis: ego enim ipse egressus sum; Sed quam ob rem maxume veneris, dicere te par est.

Anus. Perpetior grauia et nefaria, o amice: nam ex quo Deus iste coepit videre, haud vitalem reddidit vitam mihi.

Chremylus. Quid vero est? num tu etiam sycophantria inter mulieres eras.

Anus. Haud ecastor ego.

Chremylus. Aut litteram non sortita es, quae tibi ius daret gratiis bibendi?

Anus. Irrides: ego vero perii. Ita vror misera.

Chremylus. Annon itaque properabis dicere, q... te tam male vrat?

Anus.

Anus. Ausculta. Erat mihi adolescentulus, quem amabam, pauper quidem, sed venusto voltu et pulcher et probus. Nam si qua re mihi forte opus esset, omnia faciebat mihi decenter et scite; ego vero vicissim in iisdem omnibus operam ei dabam.

Chremylus. Quid autem erat, quod a te peteret maxume?

Anus. Non multa: etenim me impendio reuerebatur. Sed viginti drachmas petebat quandoque ad vestem emendam: octo autem ad calceos: et tunicam sororibus emere me iubebat, matrique pallam, frumentique petebat modios quatuor.

Chremylus. Haud multa sane, ita me Apollo amet, ista sunt, quae commemorasti; sed apparet illum te reueritum esse.

Anus. Et haec quidem non ex auaritia petere se a me dicebat, verum amicitiae gratia, vt meam gestans vestem, mei recordaretur.

Chremylus. Hominem narras supra modum tui amantem.

Anus. Sed nunc scelestus non eodem amplius erga me est animo: verum prorsus est immutatus. Quum enim placentam istam, ceteraque ei bellaria, quae huic lanci imposita sunt, misissem, et praedixissem me ad vesperam venturam —

Chremylus. Quid fecit? dic mihi.

Anus. Placentulam istam nobis insuper remisit, ea lege, vt ne amplius illuc venirem, addito etiam hoc dicterio: *Olim fuere fortes Milesii.*

Chremylus. Apparet moribus fuisse non improbis:
dein-

deinde diues factus, non amplius capitur lenticula: antehac autem prae inopia omnia deuorabat.

Anus. Atqui antehac quotidie, ita me amet Ceres et Proserpina, ad ostium meum accedebat semper.

Chremylus. Efferendi causa?

Anus. Non ecastor, sed tantum vocis meae audiendae cupidus.

Chremylus. Quinimmo accipiendi gratia.

Anus. Tum pol, si quando tristem me esse sentiret, *anaticulam* me et *palumbulam* blande vocabat.

Chremylus. Deinde forte nummos petebat ad calceos.

Anus. Maioribus autem Eleusiniis, quia vectam me carpento forte quis adspexisset, ob id toto die vapulaui: tanta aemulatio incesserat illum adolescentulum.

Chremylus. Nam lubenter, vti videtur, comedebat solus.

Anus. Quin et manus me perpulchras habere solebat dicere.

Chremylus. Quum scilicet porrigerent viginti drachmas.

Anus. Cutemque meam suaue dicebat olere.

Chremylus. Merito hercle, si quando nimirum Thasium infunderes.

Anus. Adspectumque me habere mollem et pulchrum.

Chremylus. Non inficetus erat homo, sed sciebat, vetulae subantis viatica comedere.

Anus.

Anus. Haec itaque Deus iste, o amice, non recte facit, qui profitetur, se iniuria lacessitis praesto futurum semper.

Chremylus. Quid igitur faciat, dic: et effectum dabitur.

Anus. Ecastor aequum est cogere eum, qui a me beneficia acceperit, vt mihi vicissim benefaciat: aut indignus est, qui ne minumo quidem fruatur bono.

Chremylus. Nonne igitur singulis tibi noctibus referebat gratias?

Anus. At dicebat se viuam me nunquam deserturum.

Chremylus. Recte quidem: at nunc non amplius viuere te putat.

Anus. Prae moerore enim contabui, o amicissume.

Chremylus. Non: sed putrefacta es, vt mihi videris.

Anus. Itaque profecto per annulum me transire feceris.

Chremylus. Siquidem is annulus sit cribri circulus.

Anus. Sed eccum, ipsus me aduenit adolescentulus, de quo dudum conqueror. Videtur comissatum ire.

Chremylus. Apparet. Coronam etenim gestans et facem incedit.

ACT. IV.
SCEN. V.

Adolescens. Saluere iubeo.

Anus. Quid ait?

Adolef-

Adolefcens. Amica vetus, celeriter fane incanuifti, coelum teftor.

Anus. Mifera ego, quanta contumelia adficior!

Chremylus. A multo tempore te non videtur vidiſſe.

Anus. Quanto tempore, mifer, qui heri apud me fuerit?

Chremylus. Ergo contra ei euenit, atque aliis plerisque: ebrius enim, vt apparet, acutius cernit.

Anus. Minume: fed femper in compofitis fuit moribus.

Adolefcens. O rex maris Neptune, et Dii feniles, quantum rugarum in facie habet!

Anus. Ah, ah! facem mihi ne admoue.

Chremylus. Recte fane autumat. Si enim ipfam vel unica fcintilla attigerit, tanquam vetuſtum oleae ramum eam comburet.

Adolefcens. Vin' aliquantifper mecum ludere?

Anus. Vbinam? mifer?

Adolefcens. Iſthic, fumtis nucibus.

Anus. Quemnam ludum?

Adolefcens. Quot habes dentes?

Chremylus. At cognofcam ego etiam: habet enim tres fortaſſe, aut quatuor.

Adolefcens. Solue: nam vnicum tantum molarem habet.

Anus. Homo miferrime! Non mihi videris eſſe fanae mentis, qui coram tot viris me comiciis perfundis.

Adolef-

Adolefcens. Equidem tibi prodeffet, fi quis te calida perfunderet.

Chremylus. Non fane, quia nunc mangonice fefe habet: fin abluatur ifta ceruffa, videbis manifefto faciei rugas.

Anus. Quum fis homo fenex, deliras, vbi video.

Adolefcens. Fortaffe attentat te et papillas contrectat tuas, exiftumans, haec fe clam me facere.

Anus. Non meas quidem, non inquam, fceleffe, ita me Venus amet.

Chremylus. Non fane, ita mihi Hecate propitia fit; nam vtique infanirem. Verum tamen, o adolefcens, non finam adolefcentulam vt odio habeas iftam.

Adolefcens. Ego vero eam effictim amo.

Chremylus. Atqui te accufat.

Adolefcens. Qua de re accufat?

Chremylus. Ait te petulantem effe et dicere, *Olim fortes fuiffe Milefios.*

Adolefcens. Ego de hac tecum non contendam.

Chremylus. Quid ita?

Adolefcens. Reuerentia aetatis tuae: nam nunquam alteri conceffiffem, vt iftuc faceret. Nunc vero laetus abi, adfumta adolefcentula.

Chremylus. Noui mentem tuam; noui: non amplius forte vis effe cum illa.

Anus. Quis autem eft permiffurus?

Adolefcens. Non follicitarem fane anum fubagitatam inde a tredecies mille annis.

Chremylus. Attamen quoniam vinum non dedignatus es bibere, etiam faex tibi exhaurienda erit.

Adolescens. Sed haec faex est nimis vetus et putris.

Chremylus. Ergo colum istis omnibus medebitur.

Adolescens. Sed abi intro. Deo enim volo ingressus dedicare coronas hasce, quas habeo.

Anus. Ego vero ei etiam aliquid dicere volo.

Adolescens. At ego iam non intrabo.

Chremylus. Bono animo es: nihil formida: non enim tibi vim inferet.

Adolescens. Recte omnino mones: nam satis multo tempore eam subleui.

Anus. I. prae: ego autem pone te ingrediar.

Chremylus. Quam pertinaciter, o supreme Iupiter, haec anicula, velut ostreum, adolescenti adhaerescit!

Chorus. Deest chori canticum.

ACT.

ACT. V.
SCEN. I.

CARIO, MERCVRIVS, SACERDOS IOVIS, CHREMYLVS, ANVS, CHORVS.

Cario. Quis eſt, qui pultat fores? Quid hoc eſt? nemo, vt videtur, pultat: ſed nimirum oſtiolum ſic temere ſonitu edito gemit.

Mercurius. Tibi, tibi inquam dico, Cario, reſiſte.

Cario. Eho, dic mihi, tune fores pultabas tam improbe?

Mercurius. Non hercle, ſed iam pultaturus eram: deinde occupaſti aperire. Sed curriculo curre, et euoca huc herum, deinde uxorem eius et liberos, deinde et famulos, deinde canem, deinde te ipſum, deinde porcum.

Cario. Dic mihi, quid eſt?

Mercurius. Iupiter, o miſerrume, volt in eodem vos comminſtos catino vniuerſos in barathrum iniicere.

Cario. Iſtiusmodi rerum nuntio lingua exciditur. Sed cur tandem haec facere cogitat nobis?

Mercurius. Quia facinus grauiſſumum patraſtis. Ex quo enim denuo coepit videre Plutus, nemo nec thus, nec laurum, nec libum, nec victimam, nec aliud quicquam nobis Diis ſacruficat.

Cario. Non hercle; neque ſacruficabit. Male enim noſtri curam gerebatis tunc.

Mercurius. De ceteris quidem Diis minus anxie laboro: at ego perii et interii.

Cario. Recte sapis.

Mercurius. Antea enim apud cauponas mane statim habebam omnis generis lautitias, offam vino subactam, mel, caricas, quaecunque par est Mercurium edere: nunc autem esuriens, sursum porrectis pedibus, requiesco.

Cario. Nonne vero merito, vt qui damno cauponas mactabas subinde, quum tamen istiusmodi bona ab illis haberes?

Mercurius. Heu miser ego! heu placentam quarto cuiusuis mensis die pistam!

Cario. Absentem desideras et frustra vocas.

Mercurius. Eheu pernam, quam ego comedebam!

Cario. Vni tu pernae innixus hic sub dio salta.

Mercurius. Et intestina calida, quae ego comedebam!

Cario. Intestinorum tormina te videntur vexare.

Mercurius. Eheu calicem aequali portione vini et aquae temperatum!

Cario. Hoc insuper epoto, quam primum hinc facesse.

Mercurius. Nunquid me amicum tuum ope tua iuuares?

Cario. Si eiusmodi re tibi opus est, in qua tibi prodesse possim.

Mercurius. Si mihi panem bene pistum praebens, comedere dares, et magnum frustum carnis victimarum earum, quibus totus sacruficatis.

Cario. At illa efferri nefas est.

Mer-

ARISTOPHANIS.

Mercurius. Atqui quando aliquod vasculum heri tui surripiebas, semper ego faciebam, vt latere posses.

Cario. Ea quidem conditione, vt ipse particeps fieres, o parietum perfossor: nam obuenire tibi solebat grandis placenta bene pista.

Mercurius. Quam deinde solus comedere solebas.

Cario. Non enim partem aequam plagarum mecum accipiebas, si quando deprehenderer flagitio aliquo commisso.

Mercurius. Ne memineris veterum malorum, si Phylen occupasti. Sed, per Deos, obsecro, contubernalem me recipite.

Cario. Itane, Diis relictis, hic manebis?

Mercurius. Vestra enim conditio est melior multo.

Cario. Quid vero? Num transfugere tibi lepidum videtur?

Mercurius. Patria enim est omnis regio, vbi homini bene est.

Cario. Quem, quaeso, vsum nobis praestabis, si hic sueris?

Mercurius. Ianuae vertundae me praesidem facitote.

Cario. Vertundae? atqui nihil opus est versutiis.

Mercurius. At negotiationum.

Cario. At nunc ditescimus. Quid ergo Mercurium cauponarium alere nobis opus est?

Mercurius. Itaque doli artificem.

Cario.

Cario. Doli? minume. Non enim opus est iam dolo, sed simplicibus moribus.

Mercurius. At viae ducem.

Cario. Sed Deus iam videt: adeoque duce non amplius indigebimus.

Mercurius. Itaque certaminum praeses ero: et quid adhuc dices? Pluto enim conuenientissimum est instituere certamina musica et gymnica.

Cario. Quam bonum est cognomina multa habere! Iste enim hac ratione inuenit sibi victum. Non temere omnes iudices omni saepe studio contendunt, vt multis tribunalium litteris inscribantur.

Mercurius. Itaque hac conditione ingrediar.

Cario. Et quidem elue ipse ad puteum accedens exta victimarum, vt statim officiolum te mihi probes.

ACT. V.
SCEN. II.

Sacerdos. Quis possit mihi certo indicare, vbi sit Chremylus?

Chremylus. Quid est, vir optume?

Sacerdos. Quid, nisi male? Ex quo enim Plutus iste coepit videre, pereo fame: nam quod comedam, non habeo, tametsi sum sacerdos Iouis Seruatoris.

Chremylus. Quaenam vero, amabo, causa est huius rei?

Sacerdos. Nemo dignatur amplius sacruficare.

Chre-

Chremylus. Quam ob rem?

Sacerdos. Quia omnes sunt diuites. At tunc, quum nihil habebant, mercator saluus reuorsus domum mactabat victimam aliquam: alius item quispiam, quod iudicio absolutus fuisset! alius vero litabat, et inuitabat sacerdotem: nunc nemo sacruficat prorsus quicquam, neque in fanum intrat, nisi cacatum plus quam decies milleni.

Cario. Nonne ergo ex his, quae tibi rite obueniunt, sumis?

Sacerdos. Igitur ipse etiam mihi videor, Ioue Seruatore deserto, hic mansurus.

Chremylus. Bono animo es: nam Deo volente bene erit. Iupiter enim Seruator hic adest, sponte adueniens.

Sacerdos. Omnia bona itaque nuntias.

Chremylus. Dedicabimus ergo acturum; inanta modo, Plutum in eo loco, vbi antehac erat, aerarium Deae perpetuo custodiens. Sed efferat aliquis huc faces incensas, vt tu eas gestans praecedas ante Deum.

Sacerdos. Omnino quidem haec fieri oportet.

Chremylus. Plutum aliquis euocet foras.

ACT. V.
SCEN. III.

Anus. Ego vero quid faciam?

Chremylus. Ollas, quibus Deum dedicabimus cape,
et

et in capite fer modeste, siquidem venisti varia veste
induta.

Anus. At illa; quorum causa veneram?

Chremylus. Omnia confient. Veniet enim ad te adolescentulus ad vesperam.

Anus. At tu quidem si pro illo spondeas venturum eum ad me, ita ecastor portabo ollas.

Cario. Profecto ollis istis contra atque aliis euenit; nam ceteris quidem ollis anus in summo est: huic autem nunc anui in superficie sunt ollae.

Chorus. Haud amplius itaque decet nos cunctari, sed recedere retrorsum: nos enim cantantes oportet istos a tergo sequi.

www.ingramcontent.com/pod-product-compliance
Lightning Source LLC
Chambersburg PA
CBHW022118230426
43672CB00008B/1425